倉石一郎

映像と旅する教育学

歴史・経験のトビラをひらく

昭和堂

まえがき――本書の活用の仕方

本書は大学生を対象に、教育学の初学者向けの入門書として書かれたものである。すべての章（本書では第1講、第2講……と呼んでいる）の題材として、古今東西から吟味した映像資料（劇映画、伝記映画、ドキュメンタリー、テレビドラマ等）が挙げられている。本文を参照しつつ、教室で映像を一緒に観ながら理解を深めるように作られている。

教育学の初学者向け、と書いたが、そもそも数学や化学、国文学や西洋文学、政治学や経済学などの諸学問とちがい、教育学という分野には高校での教育課程に対応する教科・科目が存在しない。初回の講義ではつねに、どんな内容の授業なのかまったく見当がつかず、とりあえず見に来た、という感想を受講者から聞く。高校を卒業した時点ですでに十二年以上の長い月日を「生徒」として過ごしてきているわけだが、にもかかわらずかれらは学校や教育そのものに思いをはせる思考回路を遮断され、目の前に敷かれたレールの上をただひたすら歩むことだけを求められてきた。

学校や教育に対していろいろな疑問があるでしょう？といきなり問うても、あまり芳しい答えが得られない場合も多い。返ってくるのはいじめ、不登校、受験競争といった、すでに語りつくされ手垢のついた話題が多い。むろん、これらの問題への直面から持つにいたった疑問も大切にしてよい。だが、そこにとどまることなくより根源的な、深層を穿つような探求へと進んでもらいたい。学校教育という人づくりのシステムが、これほど人生に深く食い込み生きざまを左右するようになってから、たかだか二百年に過ぎない。悠久の人類の歴史の中ではあまりにも底の浅い学校という装置が、これほどの威力をふるっている秘密はどこにあるのだろうか。そして人類はそのおかげで本当に幸せになったのだろうか。教育への問いは必然的に諸社会の歴史、そして人間のあり方そのものを問い直す旅につながっていく。標題の『映像と旅する教育学』はこなれない表現だが、そうした連なりを言いあらわしたものである。

本書はそのとっかかりとして、四つの切り口を提示した。一つ目は**光の学校／カゲの学校**（第Ⅰ部）という視角である。教育機関と言っても制度化された学校ばかりでなく、非公認だったりオルタナティブと呼ばれるものも存在する。第1講では日本の学習塾を取り上げる。そして学校の中にも、光の当たる存在とそうでない者との分断がある。俗に「スクール・カースト」などと呼ばれる問題に第2講でスポットを当てる。二つ目の切り口は**分ける教育／分けない教育**（第Ⅱ部）である。すべての子どもを一律に扱うことを近代公教育（国民教育）は建前としているが、実際には属性によって子どもを分ける別学という仕組みを種々のかたちで織り込んできた。男女という性別、部落差別に起因する出自、そして障害の有無に基づく別学と共学の問題を、それぞれ第3、4、5講で扱った。

三つ目は**社会としての学校／社会のなかの学校**（第Ⅲ部）である。教室での人間模様には独自の力学がはたらく一方で、外部の社会情勢からも大きな影響を受ける。第6講では戦時下の学童疎開先という特殊な環境での小学生の経験を取り上げ、子どもだけの世界における権力や暴力について考える。第7講は教科書というモノを通して、時の政治の流れに翻弄され続けた学校の姿をクローズアップする。第8講では作文（綴方）教育の実践を通して教師や子どもが社会の現実にどうぶち当たったかを考察する。最後の視点は**良い生／悪い生／唯の生**（第Ⅳ部）である。学校には「優秀／劣等」という二分法が支配しており、子どものあるがまま全てが無条件に受け容れられるわけではない。その根底には「良い生／悪い生」を規定し人間を分類、序列化しようとする近代社会の仕組みが横たわっている。第9講で学校が隠蔽してきた排泄と食の問題、第10講では非生産者としての子どもという存在をクローズアップする。

各講で取り上げた素材（映像やその原作などのテクスト）の選定基準として、日本・海外の作品の間のバランス、ジェンダーバランス（主要登場人物が両性どちらにも偏らず、作者や監督も男女同数に近づける）、マイノリティの存在への配慮、特別支援教育やいじめ問題など近年注目が高まるテーマをカバーしていること、そして何より教育や学校や教師を考える上で示唆に富む良質なものであることを重視した。またすでに大学で学ぶ立場にない一般の方にとっても新鮮な刺戟が得られるよう工夫した。たとえば『奇跡の人』や『君たちはどう生きるか』のように、タイトルは知っているが深く読んだ（観た）ことはないであろう作品を取り上げている。本書を契機にこうした古典と新たに出会ってくれればうれしい。

また本書は、拙著『テクストと映像がひらく教育学』（昭和堂、二〇一九年）の続編である。前掲書は幸いにも、新聞書評で取りあげられるなど好評を博した。内容的にはそれぞれ独立しているのでどちらを先に読んでもらっても差し支えないが、あわせて味読いただければさらにうれしい。

『映像と旅する教育学——歴史・経験のトビラをひらく』目次

▒『みかづき』
（森絵都）

▩『綴方教室』（豊田正子）

第8講　綴方と世間

光の学校／カゲの学校

第一部

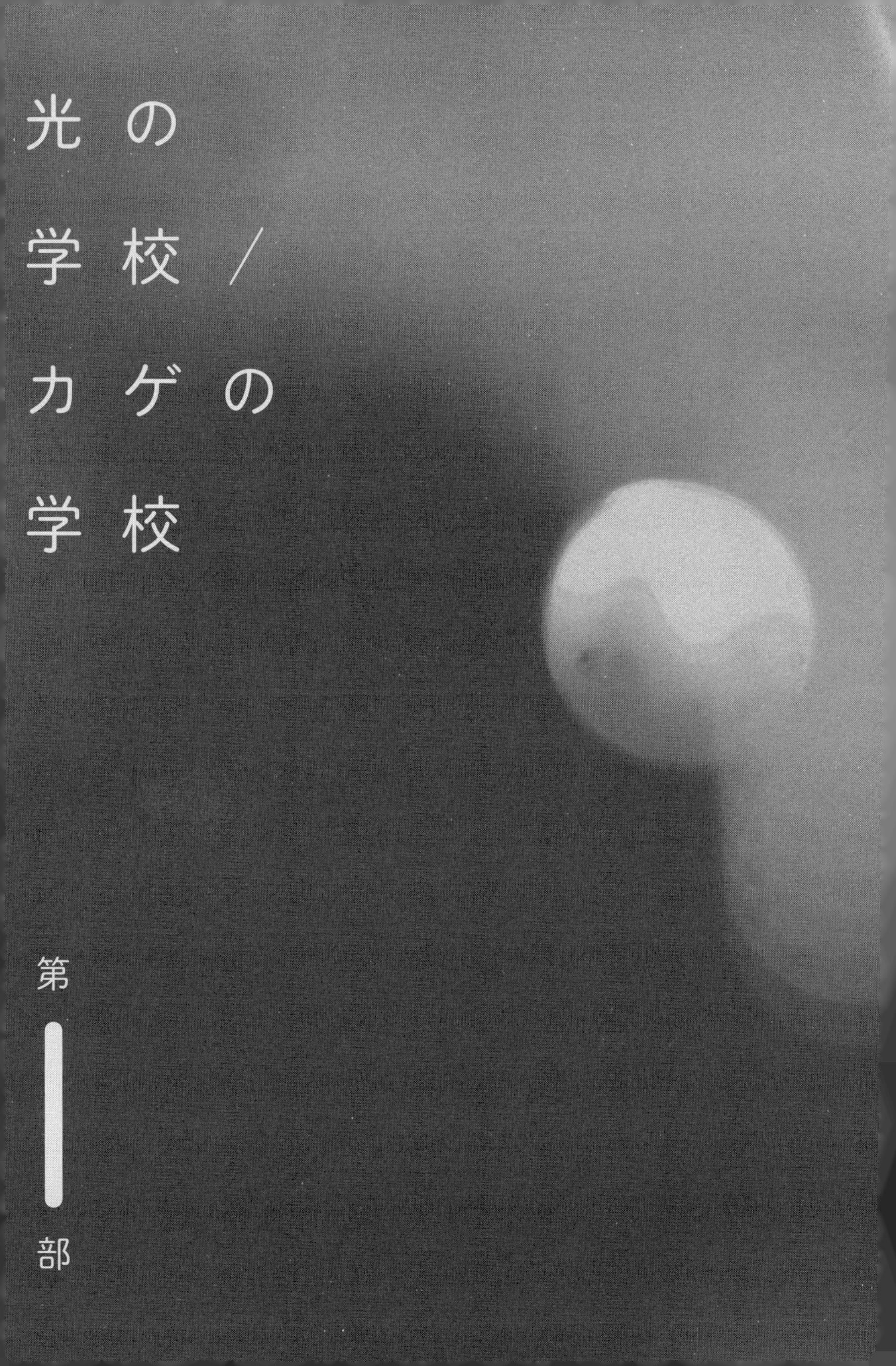

第1講

用務員室とスホムリンスキー

[学習塾は本当に教育界の「日陰者」なのか]

▩『みかづき』(森絵都原作［二〇一六年］・水橋文美江脚本TVドラマ［二〇一九年］)

キーワード

スホムリンスキーと独ソ戦
塾の構造的ジレンマ
国民学校と小学校
補習塾と進学塾と総合塾
偏差値教育
敵対から連携へ
学校週休二日制

はじめに：ウクライナ情勢に心痛めながら読む「学習塾クロニクル」

森絵都の小説『みかづき』は、千葉県八千代市を発祥の地とする学習塾を舞台に、創始期の一九六一年から、低所得世帯の塾代補助を各自治体があらそって政策化する時代の前夜にあたる二〇〇八年までの約半世紀におよぶ創業一家「大島家」三代を綴った物語である。登場人物はみな架空であるが、細部に至るまでリアリティがしっかりしており教育学の素材に十分耐えうる。創業者の大島千明は一九三四年(昭九)生まれ、本書第6講で扱う『長い道』(『少年時代』)の原作者柏原兵三や藤子不二雄Ⓐ、ならびに主人公の子どもたちの一学年下という設定である。教育者たちが戦争を煽り、また敗戦と同時に「民主主義者」に変貌して占領軍に尻尾を振る醜態を目に刻んだ世代だ。千明のパートナーで、小学校用務員を経てともに塾を興す大島吾郎は五歳年下、幼少期に戦火によって自分と父をのぞく家族全員を亡くした喪失体験をもつ。物語は高度成長期に始まりリーマンショックの頃までだが、その原点に戦争体験があることは記憶しておいていい。

森絵都『みかづき』集英社文庫

「みかづき」DVD 全二枚、発行・販売元：NHKエンタープライズ、©2019 NHK・テレパック

＊1 森絵都『みかづき』三三頁。

本書は本屋大賞第二位、中央公論文芸賞にかがやくなど多くの日本の読者に受け入れられテレビドラマにもなったが、その過程で広まった名前がある。ウクライナの教育者、ワシリ・アレクサンドロヴィチ・スホムリンスキーである。その道では、クルプスカヤ、マカレンコと並び称されるほどのビッグネームらしいし、多くの邦訳書が刊行されてもいるが、そもそもソビエト教育学自体がアカデミズムにおいてすら影が薄くなりつつあり、『みかづき』刊行まではほぼ忘れられていた存在だったと言ってよい（詳細は第四節）。物語の中では、塾の仕事で忙しい大島吾郎が息抜きをする行きつけの古書店で店員からスホムリンスキーの著作を勧められ、読んでいくうち共感が高まり、のめり込んでいく。ついに吾郎は『スホムリンスキーを追いかけて』という教育書をみずから執筆して大当たりし（刊行は一九七七年頃）、一躍時の人になるのだが……。ともかくここで言いたいのは、ロシアとウクライナの戦争によって、われわれが何気なく使ってきた「ソビエト教育学」（または「ロシア教育学」）という分類も、厳しい見直しを迫られていることである。そしてもう一つ、スホムリンスキーその人も苛烈な独ソ戦（ソ連史でいう大祖国戦争）の戦場に立ち深い傷を負ったこと、そして戦後彼が教育者（中等学校校長）として歩み出したウクライナの地は、かつてナチスドイツ占領下に置かれ、占領と解放の過程で多くの子どもと大人たちの心と身体が傷ついていたことである。スホムリンスキーは教育の場で、そうした傷跡と真っ向からむき合い苦悶する。その中でつむがれた言葉が、やはり戦争で傷ついた生い立ちをもつ吾郎の琴線にふれたと考えられる。

1．塾が抱える構造的ジレンマ：方程式の陥穽

「私、学校教育が太陽だとしたら、塾は月のような存在になると思うんです。太陽の光を十分に吸収できない子どもたちを、暗がりの中で静かに照らす月。今はまだはかなげな三日月にすぎないけれど、かならず、満ちていきますわ」[*1]。明治以来の歴史をほこる習志野市立野瀬小学校（架空）の用務員室、

通称「大島教室」に押しかけ、吾郎を口説いたときの千明の言葉である。本書全体のモチーフを端的に言い表してもいる。当時吾郎は用務員の立場でありながら、勉強につまずいた子どもたちを私的に指導しており、親たちの間で好評を博していた。小学一年生の娘の蕗子を「偵察」にやらせ情報収集した千明は、ある決意を秘めて吾郎のもとを訪れたのだった。

学校＝太陽、塾＝月。この方程式には、のちのちまでずっと尾を引くことになる、塾が抱えるジレンマが詰まっている。「光を十分に吸収できない」という言い方には、学校教育の恩恵に十分にあずかれない、不利な立場や不幸な境遇にある子どもたちが想定されている。のちに学校の「落ちこぼし」問題が顕在化するが、学校は標準とされる学習ペースについていけず、排除される子どもたちをどうしても生み出してしまう。この解釈に沿うとすれば、塾とは谷間に沈みこみそうな子どもに手を差し伸べる福祉的な存在として規定されそうである。現に吾郎と千明が八千代台に拠点を定め立ち上げた「八千代進塾」は、進学塾でなく補習塾にその使命を定めていた。しかしここに構造的ジレンマがある。学力的「底辺」に手を差し伸べる、ある種の福祉的マインドをもった機関でありながら、他方で塾は営利体であるがゆえに授業料収入に依存するため、一定の支払い能力のある家庭の子どもの利益にしか奉仕することができないのである。

このジレンマを別の角度から述べてみよう。学校の恩恵に十分にあずかれない子どもが一定数いる。そのことを事実として受け止めた上で、ではどうするか。千明の方程式では、塾という、学校とは別の営利機関をもってその問題に手当てすることが自明視されている。だがそれは本来、公的資金によって公共の意志によって運営された公教育機関自身の手で解決するのがもっともふさわしいのではないか、という議論は当然ありえる。近年、子どもの貧困対策の一環で各地自治体が塾代の一部助成や「無料塾」の開設を打ち出している。それらに対して、それだけの公的資源があるのなら、なぜそれを公立学校の指導力を高める財源に、たとえば学習指導の人員の補強やドリルなどの教材費補助に振り向けないのか、という疑問が出されている。仮にこれまで補習塾が、前段で述べた意味での「福祉」的機能の一部を果たしてきたとするなら、矛盾をはらんだそうした「福祉」が存在しなくても済むような体制を、行政が本腰入れて構築するべきではないか、という議論にはかなりの説得力がある。

ところで「太陽の光を十分に吸収できない子どもたち」という言明には、別の曖昧さがある。一律に子どもを学習させる学校環境では力を十分に伸ばせない子ども、という意味にとれば想定外に学習能力が高く才能に秀でた子どもたちもまた、月の光で照らしてやらなければならないかもしれない。最近ようやくギフテッドという言葉が市民権を得て注目を集め始めているが、「天才」レベルまでいかずとも、学力が群を抜き私立中学受験を視野に入れている子どもたちはどんな地域にも一定数いる。そうした子どもたちの受け皿として塾の使命を規定すれば、高学力層の子どもの家庭は相対的に教育熱心で家計に余裕があるため、前述のジレンマにも煩わされることがない。本作の「八千代進塾」も徐々に教室数を増やし大規模化する中で、千明の主導で進学塾の方にかじを切ることになる（その頃名称を「千葉進塾」に改めている）。また千明の考えと対立するようになっていた吾郎は、これを契機に塾経営を離れ、また家庭からも姿を消し音信不通になってしまうことになる。

2．国民学校vs小学校vs私教育：大島千明の信念

しかしながら、創業者のひとり大島千明の胸のうちは、前で述べたような理屈ですんなり割り切れるものではなかった。そのあたりの核心部に迫るため、ふたたび一九六一年の野瀬小学校用務員室の場面にもどり、吾郎と千明のほぼ初対面での会話の部分を拾ってみよう。

「大島さん。私、小学校へ通ったことがないんです」

女は吾郎の返事を待たずにしゃべりだした。

「昭和九年生まれの悲劇ですわ。私たちの学年が入学した年に、この国の小学校は国民学校へと名称を変えました。そして私たちが卒業した年、再び小学校へ戻ったんです。大島さんは国民学校をご存じですか」

（中略）

「あ、ええ、国民学校ですね。一年だけ通っています。まだ幼かったもので、あまり記憶に残っていませんが」

「それは幸いでしたね。六年通うと一生忘れられません」[*2]

千明に根底的不信感を植え付けた国民学校は、戦中の疎開児童の生活を描いた『長い道』／『少年時代』（第6講参照）の舞台でもあった。そこに描かれた国民学校の像は、男子の眼を通したものであり、千明はまたそれとは異なった国民学校体験を重ねたにちがいない。彼女はそこで「教育の怖さ」を骨身に染みて知った。にもかかわらず大学にまで進み、教育学部で教員免許を取得した。吾郎はそこに矛盾を感じ、いま一つ話に共感できない。しかし千明は語り続ける。教育二法制定、教育委員任命制への変更などの最近の動向を挙げ、文部省・教育行政への不信を表明した後、こう続ける。

「……やっぱり私、なんらかの形で子どもの教育に携わりたくて。国の監視のもとではなく、もっと風通しのいい自由な土壌で、未来を担う子どもたちの知力を育てたいんです。[*3]」

「……十分な知識さえ授けておけば、いつかまた物騒な時代を訪れたときにも、何が義であり何が不義なのか、子どもたちは自分の頭で判断することができる。そうじゃありませんか。[*4]」

「知力を育てる」「自分の頭で考える」といったキーワードは、塾経営にのりだした後も大島夫妻が大切にする理念である。そうした自分なりの理想の追求を、公権力の規制外の私教育の領域、すなわち学習塾において行おうというわけである。吾郎はなお半信半疑だが、千明に強引に引きずり込まれてい

＊2　前掲、一九頁。

＊3　前掲、二二頁。

＊4　前掲、二三頁。

く。

ところで、『みかづき』の中では大島千明に根深い公教育不信を決定づけた国民学校であったが、その実態はいかなるものだったのだろうか。国民学校については、戦後になってからいわば後知恵的に否定的評価で塗りつぶされ、まともに検討対象にすらされてこなかった観がある。いまここで、一九四一年三月十四日告示の『国民学校令施行規則』をひも解いてみよう。その第一条には、「国民学校ニ於テハ国民学校令第一条ノ趣旨ニ基キ左記事項ニ留意シテ児童ヲ教育スベシ」として、項目が列挙されている。その中から幾つか、興味を引くものを抜き書きしてみたのだが、なかなか驚くべきものである。

- 国民生活ニ必須ナル普通ノ知識技能ヲ体得セシメ情操ヲ醇化シ健全ナル心身ノ育成ニ力ムベシ
- 心身ヲ一体トシテ教育シ教授、訓練、養護ノ分離ヲ避クベシ
- 各教科並ニ科目ハ其ノ特色ヲ発揮セシムルト共ニ相互ノ関連ヲ緊密ナラシメ之ヲ国民錬成ノ一途ニ帰セシムベシ
- 家庭及社会トノ連絡ヲ緊密ニシ児童ノ教育ヲ全《また》カラシムルニ力ムベシ
- 教育ヲ国民ノ生活ニ即シテ具体的実際的ナラシムベシ
- 児童心身ノ発達ニ留意シ男女ノ特性、個性、環境等ヲ顧慮シテ適切ナル教育ヲ施スベシ
- 児童ノ興味ヲ喚起シ自修ノ習慣ヲ養フニ力ムベシ

皇国とか国体とかいったいわゆる超国家主義に関わる部分を差し引いてみると、新学力観からアクティブ・ラーニングに至る近年の文科省の主張に、驚くほど近似しているのである。特に最後の項目、子どもの興味から出発し自ら学ぶ力を育むといった理念は、およそ戦時中の教育からはイメージしにくい。また従来のともすれば高踏的だった教育内容を、実生活に近づけ具体性・実際性を重んじるという

スタンス、児童の個性や置かれた環境に配慮した柔軟性をもたせるという姿勢は、最近のリベラル・進歩派の主張と重なるものである。さらに教授・訓練・養護の一体化という部分の背景には、国民学校令を根拠に従来の学校看護婦が、養護訓導として教員の仲間入りを果たした制度変更があった。今日当たり前の存在である「保健室の先生」が制度化されたのだ。より細やかな目で子どもを見る体制の強化は、じつは国民学校期に行われたのである。学級編成においても、男女別学は貫徹されながらも上限人数六十名と、小学校令よりすし詰め状態は緩和されている（本書第3講参照）。さらに言えば国民学校制度発足を決定した教育審議会による答申・建議の中には、それまで複雑に分岐していた中等学校の一本化、高等学校・大学の女子への門戸開放（ただし別学が前提）といった、一部で戦後改革を先取りするようなラディカルな提案も含まれていたのであった。

国民学校制度に同期するこうした諸々の新機軸は、大島千明の個人的体験からはすり抜けてしまっていた（制度と実際のギャップも考慮に入れねばならない）。個人的体験が一面的で偏ったものであることは避けられないが、前記のような思いを起爆剤にして、千明は塾経営の道に突進していくことになる。

3. 塾長・大島吾郎の〈人たらし〉ぶりと塾の繁盛

千明は、用務員でありながら無断で子どもたちに勉強の分からないところを教えていた頃から、吾郎の類まれな対人センスを見抜いていた。彼を看板に押し立てて立ち上げたのが「八千代塾」だった。やがて隣の駅前で個人塾をひらく勝見正明の「勝見塾」と合併し、基盤を固めていく（このとき八千代進塾に改名）。以下のシーンは、千明の連絡を受けた勝見が、吾郎の授業を視察に八千代塾を訪れた場面である。

和室二間の仕切りをぶちぬいた教室にならべた長机には、今日も、小学四年生から六年生までの多彩な顔ぶれがある。当然ながら、学年がちがえば学習範囲もちがう。その一人一人に手作りのプリントを与えて自習をさせ、こまったときにのみ助け船を出す。それが吾郎の指導法だ。[*5]

授業後に勝見は、吾郎の手作りプリントについて尋ねる。


「千明先生は学年ごとに問題を刷ってますけど、ぼくは個別に作ってます」

「なるほど。それは、生徒によって学習進度が異なるせいですか」

「それもありますが、たとえ同じ単元を学習していても、理解のほどには開きがありますよね。ぼくは、どんな子も八十点とれる問題をめざしてるんです」

「八十点?」

「いい点をとると、子どもたちは喜んで、もっとやろうって気になるんですよ。しかも、落とした二十点がくやしいから、今度は百点をとろうと奮いたつ」

「や、なるほど。しかし、個々に合わせた出題となると、大変な手間がかかりますよね」

「はい、ですから一クラス二十人が限度なんです」

(中略)

「八千代塾では消しゴム禁止だそうですけど、それは、何か意味が?」

「いえ、単純に、消しゴムで消したら誤答が消えてしまうからです」

「はい?」

「誤答が消えたら、子どもたちは弱点を忘れてしまう。自分がどこでつまずいたのかを省みるすべがなくなる。実際、消しゴムを多用する生徒ほど似たような問題に何度もひっかかるものです」[*6]

＊5　前掲、六五頁。
＊6　前掲、六七―六八頁。

吾郎が人たらしであるという意味は、彼の対人スキルが高いということだけではない。人間の（子どもの）心の動きに頭がよくまわる、そのことの方が大きい。八十点という得点が達成感とくやしさを同時に喚起し士気を高める絶妙の点数であること、間違いの痕跡を消しゴムで消そうとする心理の陥穽。どちらも洞察力のたまものである。しかも彼の場合単に頭がまわるだけではない。生徒個々に合わせたプリントづくりに手を抜かず、手間暇をおしまないのだ。一方で妻の千明はそこまでの労力を教材づくりに割かない。この差異がのちに二人に亀裂をもたらすことになるが、それはまだ先の話だ。

塾の、と言うより吾郎の教育力の高さは学校教師からもやっかみの対象だった。千明は保護者会で教師から、塾に通う子は授業を聞かない、学校をなめているなど「ねちねちと嫌みを言われた」[*7]。とばっちりは蕗子にも及んだ。塾は学校から敵視される存在であった。

一九七一年。八千代進塾は順調に発展していた。三年前、大手の「清新学院」が八千代台に進出したが、生徒の流出を最低限度に食いとどめた。かつて自宅の一部を教室にしていたが、手狭になり別に物件を借りた。生徒数が増えた中で、かつてのこだわりも一部妥協して変えざるを得なくなっていく。かつて授業プリントは一人一人の進度に合わせた手書きのものを用意していたが、それが難しくなり、各学年の単元ごとに理解度別のプリントを何十通りも作成し、その中から個々の水準に合わせたものを選ぶ方式に切り替えられた。一クラスの定員も二十人から二十五人へ引き上げられた[*8]。この頃から少しずつ、吾郎の理想と塾の現実との間に距離が生まれ始める。行きつけの古本屋でスホムリンスキーの著作とであったのもこの頃だった。一九七五年、盟友だった勝見が塾を去っていった。「乱塾時代」がこの年の流行語になっていた。学習塾がひとつのピークに達しようとしていた。一九七七年、吾郎は三年越しで執筆してきたスホムリンスキーの評伝を出版し、大ヒットに恵まれる。講演やメディア出演に多忙となる。千明は、千葉進塾と改名した塾の広告塔になってくれることは歓迎しつつも、これを機に夫との間の亀裂が深まっていく。吾郎は出版前から、妻とは別の女性と深い関係になっていたのだ。

＊7　前掲、六一頁。

＊8　前掲、一三三―一三四頁。

一九七九年。千葉進塾は本拠地を津田沼に移し、船橋にも教室を開設していた。ある日、大事件が起こる。船橋校の教師四名がライバル塾に引き抜かれて突然退職してしまったのだ。今日から授業に穴が開く。それを何とかしなければならないと、吾郎が船橋校に駆けつける。授業準備を忙しなく行っているうち吾郎は気づいた。進度が異常に早すぎる。吾郎に知らされないまま、船橋校では学校のさきどり学習を行っていたのだ。補習塾から進学塾への転質が、知らぬ間に進行していたわけだ。家に帰って千明をなじる吾郎。

「君が許可したんだろう。なぜ、ぼくに黙って」

「ご存じのとおり、船橋は塾の激戦区です。あのあたりの塾は、すでにおおかたが進学塾型の指導に切りかえていて、学校の授業よりも先を、先をと教えている。復習一本鎗の補習塾では生き残っていけません」

（中略）

「そんな勝手が許されるか（中略）千葉進塾は受験のための進学塾じゃない。学校の授業だけでは事足りない子どもたちを補佐して、真に役立つ学力を培う。それがぼくらの領分だろう。最初に君が言ったんだ。太陽が照らしきれない子どもたちを照らす月、それが塾だと」

（中略）

「いったい、あなたはいつまで月だの太陽だのと言っているんです。最初に私が言った？　ええ、言ったかもしれません。でも、いつの話？　塾が小学校の数を上まわったこのご時世に、太陽も月もあるものですか。あなたがそうやって空を仰ぎながらきれいごとを言っているあいだに、私は税金対策やら同業者対策やらに駈けずりまわってきたんです[*9]」

＊9　前掲、一七五―一七六頁。

二人の会話は平行線をたどるが、事実上千明が押し切ったようなものだ。ちなみに塾の大規模化にともない、千明は教壇から身を引いて経営に専念するようになっていた。もともと教えることにかけては自分にはセンスがなく、夫に太刀打ちできないという自覚が彼女にはあった。

船橋校を進学塾化のテストケースと位置づけた千明は、翌一九八〇年、重大な提案をする。津田沼に自社ビルを建設するというのだ。土地は数年前、駅前に買ってあった（このことも吾郎は知らなかった）。

「そんなに自社ビルがほしいのか」

（中略）

「必要なんです。これからの時代、自社ビルの一つもなければ大手塾の仲間入りはできません。そもそも、今のここはテナント料が高いわりに駅から離れています。自社ビルの建設予定地は国鉄駅の南口から徒歩四分。あんな至近距離に百五十坪の土地なんて、今じゃ絶対、手に入らないわ」

「百五十坪……」

「四、五階建ての教場には十分でしょう。教室の数が増えれば、中学受験を主としたコースも新設できます」

「中学受験？　君はまだそんなことを言ってるのか」

「ええ、何度でも、ご理解いただけるまで……。（中略）塾長、現実を見てください。この津田沼や船橋は、もはや千葉にして千葉にあらずの土地です。この界隈に住んでいる野心家の親は、県内の公立中学なんて目もくれていない。狙っているのは都内の有名私立校です。とりわけ団塊の世代は教育熱心だから、もうじき就学年齢に達する彼らの二世を名門校へ送りこもうと躍起になるのは目に見えています。となれば、同業者のあいだで団塊ジュニアの獲得合戦が起こるのは必至。勝ち残るのは補習塾でなく、中学受験のノウハウに長けた進学塾だわ。（中略）……アンケート調査の結果、船橋校に通う八割以上の親と子が、進学塾路線の授業に満足しています。塾長はこれをどうお考えですか」
「ぼくらが考えるべきは、満足しなかった二割の理由だ。そもそも、たった一年で授業の結果は出ない」
「一年で結果を出すのが私たちの責務です。その年々の評判や受験合格率によって、塾生の数はめまぐるしく増減する。毎年毎年が勝負なんです。そして、勝ちつづけるには、時として思いきった賭けも必要になる[*10]」

この路線変更を承認できないなら塾長を退いていただく、という千明の言葉に、吾郎は静かに同意したのだった。こうして二人は袂を分かった。吾郎は海外放浪の旅に出る。

作品では吾郎と千明の間の亀裂が印象づけられ、かつ進学塾を志向する千明がやや「敵」役を演じる形になっている。しかし二人の距離はそれほど隔たっていたのだろうか。教育社会学の立場から現代の塾教育に綿密な考察を加えた岩瀬令以子の研究によれば、塾は大きく「大手進学塾」と「総合塾」に分類され、後者が重視するのは知識の論理的背景の理解、科目の枠を超えた諸知識の関連づけ、個人の生活経験との関連づけなどであるという[*11]。八千代塾時代から二人が一貫して「総合塾」路線を志向してきたことは明らかである。吾郎が去った後も千明は、これらの理想を手放したわけではなかった。逆に千明が冷静に、受験実績はあくまで、これらの理想追求の副産物としてついてくるに過ぎないと吾郎を納得させることができていたら、二人の決裂は避けられたかもしれない。

4. 閑話休題：戦禍に傷ついたウクライナでのスホムリンスキーの実践

吾郎との会話の中で千明は、津田沼戦争だの激戦区だの、物騒な言葉を頻繁に用いていた。しかしもちろん二人とも、戦争が真に何たるかを知らなかった。しかしスホムリンスキーは熟知していた。ここで話を横道にそれて、作中で大島吾郎が傾倒したスホムリンスキーとは何者だったのか、彼は一体いか

＊10 前掲、二〇四—二〇五頁。

＊11 岩瀬令以子『塾のエスノグラフィー』。

なる教育実践を、ウクライナ（当時はソ連）の地で行ったのかを見てみたい。冒頭に少し述べたように、彼自身が人類史上最も悲惨な戦争だったとも言われる第二次世界大戦の独ソ戦の戦場に立ち[*12]、終戦後はウクライナで、戦火に荒廃した社会の立て直しに教育者として尽力した。五十年と少しの生涯を、一九七〇年に終えている。

当時のソ連の学制は七歳から十六歳まで十年間の義務教育であり、それを担う教育機関が一括して中等学校（中学校）と呼ばれていた。本節で参照する『教育の仕事——まごころを子どもたちに捧げる』は、スホムリンスキーがウクライナ中部の農村にあるパブルイシュ中等学校の校長を務めていた時代の実践記録である。一九五一年の秋、スホムリンスキーはあと一年で勉強を始める六歳の子どもたちの名を名簿にのせた。今日で言うキンダー、あるいは就学前プレスクールである。『教育の仕事』第一章は、彼が「喜びの学校」と名付けた就学前児向けクラスでの一年間の様子を綴っている。冒頭で子どもたちとその家族のプロフィールが紹介されていく。中には戦争の爪痕がくっきり残っている場合もあった。

黒いひとみの、色の浅黒い、しし鼻の、コーリャという子がいます。彼は用心深い眼をしています。私が彼にほほえみかけても、彼はますますしかめつらになります。そういう時私は、彼の家庭の異常な環境について考えます。コーリャの父親は戦前刑務所に入っており、家族はドンバスに住んでいました。ファシストが占領した時、彼は彼は出所し、家族は私たちの村に引越してきました。母親や父親はたやすく金もうけをするために、人々の悲しみを利用しました。投機をしたり、ファシストの奉公人である警察官が盗んだ物資を隠匿したり、よからぬことをしていたのです。[*13]

明るい色の髪と、春の空のような青い眼を持つやせっぽちのトーリャ。彼は母親のそばに立って彼女の手につかまり、なぜか地面を見つめ、たまに眼を上げるだけです。彼の父親はカルパチアで英雄的な最後を

＊12　スホムリンスキー『教育と教師について』一三頁。また独ソ戦の概要は、大木毅『独ソ戦——絶滅戦争の惨禍』などを参照のこと。

＊13　スホムリンスキー『教育の仕事』一九頁。

とげ、母親にいくつかの勲章が送られました。トーリャはお父さんを誇りにしていましたが、お母さんについては良くない評判が村に立っていました。彼女は勝手気ままな生活をし、子どもをまったく打ちすててしまったのです。この大きな悲しみが、六つの子どもの心をだめにしてしまわないようにするためには、どうしたら良いでしょう？[*14]

コースチャはもう七つでしたが、まだ一年生になっていませんでした。父親、継母、祖父がこの子を学校につれて来ました。戦争の死の風が、この子をも襲いました。ファシストの侵略者たちから村が解放されて何週間かたった頃、コースチャを宿していた母親が……どこかで金属製の物体をいくつかみつけ、その時七つだった長男に与えました。その中に地雷の爆管があったのです。爆発が起こり、男の子は死んでしまいました。母親は首をつりました。間に合った人々が縄から彼女をはずし、彼女は臨終の苦悶の中でコースチャを産みました。コースチャは奇蹟的に生きのびました。[*15]

「喜びの学校」の初日、子どもたちは晴れ着を着て新しい靴をはいて集まっていた。スホムリンスキーは言った。「さあ、学校へ行こう……そうだ、学校へ行くんだよ。ぼくらの学校は、青空の下や緑の草の上、枝の多いなしの木の下やぶどう畑の中、緑の野原にあるんだ。さあここで靴をぬいで、君らがよくやっていたように裸足で歩こう」[*16]。ウクライナの農村の子らは暑い日は裸足で歩くのに慣れており、「これはすばらしい身体の鍛錬であり、かぜを予防するすぐれた方法」[*17]でもあった。民衆の生活文化と学校との接合にスホムリンスキーが心砕いていたことがわかる。こうして始まった「青空学校」で、スホムリンスキーは自然のかなでる音楽に耳を澄まさせ、スケッチブックをもって来させて観察をさせ、雲の形からお話を共に考えた。冬が到来してからは室内で多くの音楽を聴き、おとぎ話を読み聞かせた。また子どもの健康に気を配り、「喜びの学校」時代に朝の体操を習慣化させた。[*18]

＊14　前掲、一九—二〇頁。
＊15　前掲、二〇—二一頁。
＊16　前掲、三一—三二頁。
＊17　前掲、三一頁。
＊18　前掲、一一九頁。

一年間の「喜びの学校」を経て本格的な授業がはじまったとき、「大部分の子が楽にこなしている時間割」になかなか慣れることができない子どもが数名いた。その中にコーリャ、トーリャ、コースチャの名が挙がっていた。[*19]「二～三週間は、これらの子どもが課業中教室から出ることを私は許し、徐々に根気のいる仕事に慣れさせるようにしました。学期が始まって三～四ヵ月後には、すべての子が課業日程をこなすようになりました」。[*20]こうした柔軟な対応が可能になったのも、「喜びの学校」で一年間スホムリンスキーがじっくり子どもたちと向き合い、その家庭背景も含めて理解していたからであった。

それに続く小学校教育においてスホムリンスキーが最も重視したのは二点、「一つは、子どもたちに深い確かな知識を与えること、二つは、丸暗記を避け、豊かな精神生活と、健康に心を配る」[*21]ことであった。また戦争の悲劇を背景に心のケアを必要とする子どもが多いことから、次のような原則を立てた。「学校生活のいろいろな方法、様式によって、暗い考えや、気持から子どもをそらせること、楽天的な気持を呼び起こすこと。……どんな場合にも、自分は病人扱いされている、と子どもに感じさせてはならないこと」。[*22]確かな知識を与えることを第一義に掲げつつ子どもの心のケアに気を配る、というのはスホムリンスキーを読む以前から、吾郎と千明が自然なかたちで、八千代進塾で行っていたことでもあった。

5．新しい文化の発信源？　寺子屋シンドローム？

話を『みかづき』にもどそう。一九八五年。世は中曽根内閣全盛期である。首相肝いりで立ち上げられた臨時教育審議会（臨教審）がどこまで教育の自由化に踏み込むか、あるいは文部省が巻きかえすのかに注目があつまっていた。[*23]一方千葉進塾では年明け早々、稲毛校の教師十一名によるストライキという激震にみまわれていた。かれらは昇給及び労働条件の改善を要求していた。具体的には「残業代の上限引きあげ、有給休暇の次年度もちこし承認、そしてなによりも、教師の五十歳定年制の見直し」[*24]で

*19　前掲、一三三―一三四頁。

*20　前掲、一三四頁。

*21　前掲、一一八頁。

*22　前掲、五八頁。

*23　塾の通史を考える上での臨時教育審議会期の重要性については、早坂めぐみ「塾の戦後史から考える教育への権利」を参照のこと。

*24　『みかづき』、二四六頁。

あった。五十歳定年制について塾長の千明は「定年制といっても、五十歳で解雇するわけじゃないわ。教師の仕事が重労働であるのを考慮して、五十をすぎたらほかの部署にまわってもらうだけです[*25]」と反論するが、首謀者の小笠原は納得しない。「我々は教えるために塾へ入ったんです。五十をすぎて、いきなり戸別訪問の営業部員にされるためにキャリアを積んできたわけじゃない[*26]」。

小笠原の世代の塾教師には、過去に学生運動の履歴をもつ者が少なくなく、そんな背景もあってか、塾業界には労働争議が絶えなかった。「理想に燃えて就職を棒にふった学生の一部は、その高学歴を生かすため……塾という教育の裏街道へ進んだ[*27]」。明確には示されていないが、小笠原もそんな背景をもつ一人だったかもしれない。小中学生対象ではなく大学受験の予備校レベルの話であるが、一九八〇年代には、かつて全共闘運動にコミットしその後予備校界に入って人気を博した「スター講師」が注目を集めるようになっていた[*28]。予備校・教育産業が知を発信する新しい文化的存在として認知されるようになるはしりであった。

彼らの要求に対して経営側は、役員会にはかるので即答できない、とにかく今日のところは授業をしてくれ、と頼み込むが、教師たちは折れない。いますぐに要求が容れられなければ、一同で退社して新しい塾を立ち上げると脅しをかけてきた。どうするべきか逡巡する千明を尻目に、さっさと出ていけばいいと言い放ったのは、大学生になって千葉進塾を手伝っている次女の蘭だった。

「……今ここで、この十一人を切ってケリをつけたほうがいい。（中略）ただし、千葉進塾には退職後三年以内の競業避止を課した就業規則があるのをお忘れなく。今日から三年以内にあなた方が新しい塾をおこして、うちの生徒をもっていくようなことがあったら、即、出るところへ出させてもらいます。うちに宣戦布告をする気なら、それ相応の代償を引きうける覚悟でかかってきてちょうだい[*29]」

＊25　前掲、二四六頁。

＊26　前掲、二四七頁。

＊27　前掲、二四六頁。

＊28　河合塾の牧野剛、小林敏明、駿台の山本義隆などが挙げられる。牧野剛『予備校にあう』を参照。

＊29　『みかづき』二四九頁。

この一言で決着がついた。出ていこうと同僚をうながすが、みな目を伏せてしまい呼応する者はいなかった。小笠原は敗北した。彼は去り際に千明に言った。「奥さん。私は、大島吾郎という男にほれこんで塾教師になったクチです。こんなことなら彼と殉死すべきだった。心残りはそれだけですよ[*30]」。

一九九二年。千明の胸にあたらしい構想がきざしていた。私学の開設。いまを遡ること五年前、高知県の有名進学塾・土佐塾が、私立土佐塾中学校・高等学校を立ち上げ、業界の度肝を抜いた（本書第7講で取りあげる8ミリ映画『たたかいは炎のように』にワンカット、土佐塾のビルを写したシーンがある）。そのあとに続こうというのである。秋田で小学校教師をしている長女の蕗子、塾で千明の片腕になっている次女の蘭に協力してもらおうと話をもちかけるが、返事はすげなかった。塾の看板さえあげれば生徒が集まってくる時代は過去のものであり、新事業に手を広げている場合ではない、と蘭は母を諭す。

「広げる方向をまちがえてる。結局、お母さんは重症の寺子屋シンドロームなんだよね」

「寺子屋シンドローム？」

「お母さん世代の塾関係者に多いんだ。世間から鬼っ子呼ばわりされた過去をうらんで、学校にコンプレックスをもっていて、心のよりどころを求めるみたいに、塾の前身は寺子屋だったって由緒を強調するの。寺子屋はどちらかというと学校の前身じゃないんですか、なんて口をはさもうもんなら、烈火のごとく怒りだして収拾がつかなくなるんだよ」

「私は寺子屋をよりどころにしたことなど一度もありません！[*31]」

野暮を承知で蘭の言明に口をはさむなら、現代の学習塾の起源としてのインフォーマルな教育機関として、寺子屋と並んで近世の私塾も挙げるべきだろう。緒方洪庵の適塾、幕末の動乱に深くかかわった吉田松陰の松下村塾が著名だが、これらの教育機関は藩校のような公式の教育機関ではなく、そのため

＊30　前掲、二五一頁。

＊31　前掲、二六八頁。

＊32　近世私塾については、海原徹『近世私塾の研究』、『松下村塾の人びと』、沖田行司『藩

運営が柔軟で開放的であり、しかし教育レベルは決して低くなかった。ある程度セレクティブな性質も保ちつつ、高度な職業人や教養人の育成を担っていたのである。[*32] たしかに寺子屋は、一九世紀後半に日本がなしとげた、驚異的スピードの近代化の秘密を解く鍵として海外の研究者から注目されたこともあり、「江戸の教育力」の中軸を担ったとも目される。[*33] しかし裾野の庶民教育の充実を支えに、中堅以上の人材を育てる私塾の存在抜きに国力の飛躍は考えられなかった。現代において社会の中枢を担う中堅～エリート層のかなりの割合が、学習塾・予備校での学びによる下支えを経験してきたことを鑑みても、近世の私塾との連続性はもっと強調されてよい。

一方、長女の蕗子[*34]からは、「誰も彼もが私立に通えるわけじゃない……。学びの場をえらべない子どもたちによりそって、ともに学びあう。与えられた条件の中で、精一杯、自分にできることをする。それが私の本望です[*35]」と断られる。私立学校もまた、塾と同型の構造的ジレンマを抱えていた。教育行政からの相対的自由の代償として経済的負担を生徒・保護者に求めることになり、経済力に乏しい家庭の子どもを排除してしまうジレンマである。じつは千明のもとには、埼玉のある私立学校の経営者が経営の譲渡先を探しているという情報が入っており、その話に乗ろうと目論んでいた。だが娘たちの協力を得られず、また私学経営がそれほど甘くないとの判断から、「夢」は幻に終わったのだった。

一九九二年から九三年にかけては塾業界に次々と激震が走った。学校週休二日制が始まり、文部省が塾業界の本格調査に乗り出すことで教育行政に位置づける構えを見せた（しかし塾の監督官庁は文部省でなく通産省（現・経済産業省）である）。そして文部省による業者テスト全面追放の指示[*36]である。これによって中学校では偏差値に基づいた受験進路指導ができなくなった。とはいえ保護者の偏差値へのニーズは止むことなく、受験指導はアンダーグラウンド化して、受験指導ノウハウをもつ進学塾の一人勝ちという様相となった。千明のもとに、長年個人で良質な補習塾を経営してきた同業者の訃報が入る。自死ということだった。

校・私塾の思想と教育』第二部などを参照。また明治維新以降の私塾の展開については池田雅則『私塾の近代』を参照。

*33　大石学『江戸の教育力』一〇〇―一一三頁。

*34　蕗子は学生運動あがりで元千葉進塾アルバイト教師だった上田と結婚し、夫の故郷秋田に移り住んだ。夫は「教育から足を洗って」農協職員をしていたが、生活綴方運動の伝統を故郷で引継いで、ひそかに地域の子どもに作文を教えていた（『みかづき』五四五頁）。蕗子の夫が大切にしていた蔵書の中には豊田正子『綴方教室』（本書第8講参照）も入っていた。秋田における昭和初期の生活綴方運動の軌跡については高井有一『真実の学校』を参照。

*35　『みかづき』二八八―二八九頁。

*36　宮澤喜一内閣（一九九一―一九九三）で文部大臣を務めた鳩山邦夫による閣議後の記者会見での発言がきっかけとなった。

夢がついえてどことなく元気のない千明に、ある日、教師から事務局長に転じて片腕となっていた国分寺が切り出した。「うちの塾生たちに補習授業をするスペースを作れないものかと。……どこのクラスにも何人かはいますよね、授業の速度についていけない子どもが。アンケートの結果にもそれは如実にあらわれています。学校で落ちこぼれて、塾でも落ちこぼれて、すっかり自信をなくしている連中に、無料で補習をしてやることはできないかと」[*37]。塾内無料塾の構想、とでもいえばいいのだろうか。長年、物置のように雑然と使われており機能していなかったが、用務員がいないのに八畳一間の「用務員室」が設えられていた。千葉進塾の津田沼本校ビル内には、吾郎と千明の原点である小学校の用務員室にちなんだこだわりだった。国分寺はこの部屋をきれいに片づけ、ここで一緒に落ちこぼれ生徒を教えませんか、と千明にもちかけたのである。教える現場から去って久しかった千明の顔に、ひさびさに生気がよみがえってきた。

6．文部省・学校と塾との「歴史的和解」の真相・深層

一九九九年。「生きる力」「総合的な学習の時間」を金看板に掲げた新しい学習指導要領が前年告示されていたが、学習内容を三割カットしたいわゆる「ゆとり」カリキュラムであることから、懸念の声が広がっていた。カリキュラムの軽量化は、結局学校以外に頼ることができない層の子どもたちに不利に作用し、一層格差が拡大するのではないかという教育社会学者の警告[*38]が注目を集め始めていた。そんな中、塾長の千明のもとに国分寺からの一報が入る。「文部省が、塾を学校の補完機関として容認すると公言したそうなんです[*39]」。

容認といっても、それは文部省が塾を厳重な管理下に置くという意味であり、根底には塾に対する根強い蔑視、不信感が横たわったままだった。より直接的な背景は、二〇〇二年に実施がせまった週休完全二日制である。休みとなる土曜日が塾の草刈り場となってしまうことに対する文部省の懸念、これが

＊37　『みかづき』三四二頁。

＊38　代表的なものに苅谷剛彦の一連の仕事がある。苅谷『階層化日本と教育危機』など。

＊39　『みかづき』三七五頁。

本音であった。本作では、文部官僚と塾関係者との「歴史的対話」の四回目の会合に、旧知の文部官僚に頼みこまれて千明も出席していた。

文部省が塾に対して「容認」のかたわら突きつけた要求のうち、主に問題となったのは次の三点であった。

一、夜七時以降は小学生への学習指導をしない。
二、学校完全週五日制が実施される二〇〇二年以降、土日の営業をひかえる。
三、PTA団体は塾が時間外の指導をしていないかチェックし、改善を求める監視役を担う。[*40]

塾側はこれらの要求の撤回を求め、文部省はのらりくらり言い訳をして一向に埒が明かない。千明が「時間の無駄だ。帰ります」と声を上げ、塾関係者がつぎつぎ席を立ちはじめたとき、聞き覚えのある声がひびいた。「皆さん、落ちついてください。まだ閉会まで三十分あります。ここでそれを放棄すれば、それこそ、塾側は対話を途中で投げだしたと、文部省側に有利な記録を残すことになりますよ[*41]」。大島吾郎だった。吾郎の鶴の一声で話し合いが再開され、PTAによる監視のくだりだけは何とか撤回させることができた。

千明にとって、およそ二十年ぶりとなる吾郎との再会だった。その頃、次女の蘭は千葉進塾を離れ、都心にオーキッドクラブという個別指導塾を立ち上げていた。ところが講師の一人が援助交際に関与して警察の摘発を受け、一挙に信頼を失ってしまう。千明と吾郎も駆けつけサポートするが、千明は心労で倒れてしまった。入院先で精密検査を受け、癌が見つかるが早期発見だったので手術で摘出できた。彼女の入院中、用務員室の「無料塾」での代講を吾郎が務めてくれていたことを知る。千明は事務局長の国分寺に、塾長の座を譲りたいと申し出る。しかし国分寺は「この際、吾郎先生に塾長の座へ戻って

＊40　前掲、三八〇頁。
＊41　前掲、三八七頁。

いただくというのはいかがでしょうか」[*42]と答える。千明にも異存はなかった。

ところで本作では二〇〇二年の完全週休二日制実施を前にしたタイミングでの当局と塾業界との「対話」が描かれているが、実際にはもっと早くから折衝があった。一九九二年九月からの月一回（第二土曜日）の週休二日制導入を控え、文部省（当時）調査研究協力者会議で「過度の塾通い」への懸念が示された。[*43]それを受けて文部省が同年五月二十一日に「学習塾関係団体十団体を集め、学校週五日制等に関する説明会を開き、過度の塾通いを助長しないよう自粛を求めた」[*44]ことが写真付きで報じられた。具体的には「土曜の午前中への営業拡大をしない」「深夜に及ぶような営業をしない」などの要請が行われ、塾側も「良心的に対応する」と応じた。[*45]さらにローカルレベルでも「自粛」を求める動きがあった。阪神間六市一町の教育長が連名で「毎月第二土曜日の午前中に授業を開かないよう」塾側に要請した。[*46]同様の要請を札幌市教育委員会も行っている。[*47]

おわりに：学校のレプリカか、寺子屋の正統な継承者か

ＮＨＫで放送されたテレビドラマ版『みかづき』は、いくつか省略したエピソードはあるがほぼ原作に忠実につくられ、その雰囲気をよく伝えている。特に興味深いのは時代ごとの「教場」がセットで再現されていることである。原点となる小学校用務員室での「大島教室」に始まり、古い民家を教場にした八千代進塾の頃、貸しビルに間借りしていた発展期、千葉進塾と名前を変え自社ビルに多くの教室を構えるようになるまで、そのたたずまいの変化が一目瞭然であり、大変有用である。

ドラマの映像に再現された塾内部のようすは、筆者個人の記憶とも重なるものである。私は日本有数の「受験激戦地帯」とされる阪神間で生まれ育ち、かなり「教育熱心」だった親の言うがまま、小学校低学年の頃から近所で老夫婦がやっている個人経営の「算数教室」に通っていた。ちょうど八千代進塾の発展期と同じように、細かくレベル分けされたオリジナルの算数プリントが用意されていた。生徒は

＊42　前掲、四三五頁。
＊43　「九月から毎月第二土曜休業に——学校週五日制で調査研究協力者会議が最終報告」『内外教育』四三〇九号、一九九二年二月二十五日、二—一〇頁。
＊44　『内外教育』四三三三号、一九九二年五月二十六日。
＊45　前掲、一七頁。
＊46　『内外教育』四三五三号、一九九二年八月四日、一八頁。
＊47　『内外教育』四三五五号、一九九二年八月十一日、一六頁。

玄関で靴を抜いで家にあがり、教室として開放された二間つづきの居間（和室にじゅうたんが敷かれ洋室化されていた）の、空いている座卓にすわり、今日のプリント問題にとりかかる。全問解き終わると、部屋の隅の座卓の前に正座している先生（奥さんが主教師、旦那さんが補助役だった）のところに持って行き、その場で○付けしてもらう。不正解だった問題は席に戻って解き直してまた持参する。全問正解するまでこれが何度も繰り返される。問題は計算から文章題、図形まで幅広くカバーしており、かなり手ごわかった。何度やり直しても正解にたどり着かず、ほかの塾生はみな帰ってしまって私と教師二人の三人だけになり、ひどく恥ずかしかった思い出もある。常時、十人以上の生徒が教室内にいたが、鉛筆が机をたたく音だけがひびく室内には、いつもぴんと張り詰めた緊張感があった。

これが私にとっての第一の原風景だったとすれば、第二の「塾原風景」は小学校四年（一九七九年）のとき、親の転勤で移り住んだ神奈川県で通うようになった進学塾の風景であった。地元ではそこそこ名がとおり、一円に五つ以上の教室を展開していたが、私が通った教室は、二階建てビルの二階のワンフロアに、教員室兼事務室と四つほどの教室がせせこましく詰め込まれていた。阪神地方で通った算数教室とはまったくしつらえが違っていた。正面に黒板が設置され、まん中の通路を挟んで左右に長机が十列ほど配置されている。椅子は背もたれのない長椅子で、そこに二人が腰掛けるようになっていた。それは学校の（やや劣化した）レプリカとでも呼ぶべきものだった。クラスサイズについては記憶が薄いが、三十人前後だっただろうか。『みかづき』のＤＶＤをみていると、四人の教師が引き抜きにあい悄然とする吾郎（演・高橋一生）の後ろに、千葉進塾船橋校の教室風景が映りこんでいる。これが私の第二の原風景とぴたりと重なるのである。

この塾に印象的な教師がいた。小学校五年の時に国語を教えていただいた先生で、頭はキレそうだがすこし世をすねたところがあった。子ども心にも、この先生がいまの仕事に不本意感をいだいていることが察せられた。授業は厳しく、教室に竹刀を持ち込んでいてときどき頭を小突かれる生徒がいたが、自分が知らないタイプの大人と出会う貴重な機会を与えられたものだ。この塾では教師の最終学歴一覧が保護者に配られ、彼が「東京大学文学部卒」であることを知ってのけぞった。『みかづき』で学生運動あがりと思しき教師が反乱を起こすのは一九八五年のエピソードで、作中の小笠原とはおそらく世代的に少しずれている。しかしこのくだりを読んだとき、私は東大卒のこの風変わりな先生を思い出した。

作中で次女蘭のせりふに「寺子屋シンドローム」という言葉が出てくる。それとはニュアンスが異なるが、学校批判が鳴り止まない教育学界隈にも「寺子屋シンドローム」が巻き起こった。一九九九年に日本教育史学者の辻本雅史が刊行した『学びの復権』[*48]がその火付け役であった。寺子屋をはじめとする江戸時代の種々の教育機関の有用性を、サブタイトルになっている「模倣と習熟」をキーワードに鮮やかに浮き彫りにした。近代教育が切り捨ててきたものの「復権」をとなえ、現代的教育論議にも一石を投じたのである。模倣や習熟を軸とする学習論に対しては、LPP（正統的周辺参加論）など、日常的認知や学習実践との連続性という観点から肯定的な反応がよせられる一方、近代科学の諸原理の理解や近代的主体の形成を趣旨とする学校教育の原理に、前近代性を残存させた模倣や習熟はそぐわないという批判も根強かった。千明と吾郎の初期の「教室」は、現代日本の学校教育のあり方に異を唱え、その外部に学びの場を創出することを目指して始められたものだったが、一方でそのたたずまいは、和室にあちこちの方向を向いて生徒が座り自学自習するという、非学校的な、どちらかと言えば寺子屋的なものであった。他方でそのモチーフにおいては、「自分の頭で考えられる子どもを育てる」という言明にあるように、近代的主体の育成が想定されていた。寺子屋と近代学校、その双方に引き裂かれたまま、千明は教育探求の道半ばで生涯を終えたことになる。私自身の塾のイメージも、小学校低学年で経験した民家での家内制的な算数教室と、高学年の時に通った塾の長椅子長机の一斉授業の教室の間で、依然として引き裂かれたままである。

＊48　初版は一九九九年に角川書店より刊行された。

参考文献（＊は主文献、以下同）

＊森絵都『みかづき』集英社文庫、二〇一八年（オリジナルは二〇一六年）
早坂めぐみ「塾の戦後史から考える教育への権利――臨時教育審議会と塾との関わりに着目して」『社会文化研究』二五号、二〇二三年
池田雅則『私塾の近代――越後・長善館と民の近代教育の原風景』東京大学出版会、二〇一四年
岩瀬令以子『塾のエスノグラフィー――中学受験向けの日常過程にみる受験体制の成立』東洋館出版社、二〇一〇年
苅谷剛彦『階層化日本と教育危機――不平等再生産から意欲格差社会（インセンティブ・ディバイド）へ』有信堂高文社、二〇〇一年
牧野剛『予備校にあう（新版）』風媒社、一九九九年
大石学『江戸の教育力――近代日本の知的基盤』東京学芸大学出版会、二〇〇七年
大木毅『独ソ戦――絶滅戦争の惨禍』岩波新書、二〇一九年
沖田行司『藩校・私塾の思想と教育』日本武道館、二〇一一年
スホムリンスキー、V（笹尾道子訳）『教育の仕事――まごころを子どもたちに捧げる』新読書社、一九七一／一九八七年（オリジナルは一九六九年）
――（ソロベイチク編、伊集院俊隆・川野辺敏・福井研介訳）『教育と教師について』新読書社、一九七七年
高井有一『真実の学校』新潮社、一九八〇年
辻本雅史『「学び」の復権――模倣と習熟』岩波現代文庫、二〇一二年（オリジナルは一九九九）
海原徹『近世私塾の研究』思文閣出版、一九八三年
――『松下村塾の人びと――近世私塾の人間形成』ミネルヴァ書房、一九九九年（改訂）

第2講

分断とサンクチュアリ

［出会うはずのなかった生徒どうしが集ったとき何が起こるか］

▩『ブレックファスト・クラブ』（アメリカ、ジョン・ヒューズ監督／脚本［一九八五年］）

キーワード

学園映画
社会の島宇宙化
教室（学校）カースト
コンティンジェンシー
休日登校
カテゴリー的呼称
名乗り
束の間のサンクチュアリ

はじめに：瞠目すべき予言的作品『ブレックファスト・クラブ』

日本にも学園ものとか学園ドラマという漠然とした括りがあるが、どこかチープな響きがあり、全体的に見くだされている観がある。確固としたジャンルとして確立しているとは言いがたいだろう。それに対して米国における学園映画は、固有のグラマー（文法体系）を備えた一大ジャンルを形成し、その系譜は脈々と続いている。その立役者がジョン・ヒューズ監督（一九五〇―二〇〇九）であり、一九八四年の『すてきな片想い』に始まる彼の一群の作品である。[*1] 本講ではその第二作にあたる『ブレックファスト・クラブ』（一九八五年）にスポットを当てる。本作の注目点は、ジャンルとしての学園映画のほぼ完成した形がそこに提示されているだけではない。人間関係の分断という、今日の日本の若者を広く覆っている問題が正面から取り上げられ、その超克までの道のりが感動的に描き出されているからである。しかもその打破は一瞬の祝祭として生じ、また元の日常に回帰するほかないことまで表現されている。教室（学校）カースト、人間関係や社会の「島宇宙」化として日本で喧伝されている現在の問題

『ブレックファスト・クラブ』
Blu-ray：二〇七五円（税込）／DVD：一五七二円（税込）、発売元：NBCユニバーサル・エンターテイメント

＊1　長谷川町蔵・山崎まどか『ハイスクールU．S．A．』六—二九頁。

を深く穿った作品が、すでに一九八〇年代の米国において作られていたことに瞠目せずにはおれない。

ふだんの学校生活ではまったく異なるグループに属し接点がなく、お互い名前も知らない者どうしが、ひょんなことから土曜日に休日登校する罰を食らい、長い一日を一緒に過ごす羽目になった。罰を受けることになった事情はそれぞれ異なっており、観客にもストーリーの終わり近くまでそれが分からない。こうした状況を表すのに好都合なのがコンティンジェント（contingent）という用語である。偶有的とか偶発的と訳され、その名詞形のcontingencyは現代社会科学においてさまざまな文脈で使われる重要概念である。本講では人間関係のかたちをあらわす概念として用いることにしたいが、社会を生きるとはそもそもコンティンジェントな状況に耐えることと同義である。職場であれ生活コミュニティであれ、互いにパートナーとして選んだわけでもなく、属性も趣味趣向も思想信条も異なる相手と、毎日を共にしなければならない。そして学校生活はたとえ辛くとも、社会生活の耐性を身につける準備期間として欠かせないのだと、しばしば正当化が図られる。他方で子どもたちはかれらなりに、過酷なコンティンジェンシー体験を部分的に回避したり、苦痛を和らげたりしようと方策をねる。結果的に、お互い気を許せるグループを形成し、なるべくその範囲内で行動しようとする。この現象は友だち関係の「島宇宙」化などと呼ばれるが、この概念の提唱者である宮台真司の議論はもう少し射程が広く、現代文化全般に及ぶものである（次節参照）。いずれにせよ、『ブレックファスト・クラブ』の登場人物たちにとってこの不本意な土曜登校の一日は、ふだん辛うじて抑え込んでいたコンティンジェンシーとの再会を余儀なくされ、二重の意味で暴力にさらされる経験だということができるだろう。

1．学校・社会における「分断」状況の概観：「島宇宙」論、「カースト」論

宮台真司は『サブカルチャー神話解体』（石原英樹・大塚明子との共著）、『制服少女たちの選択』の二著において、一九八〇年代から九〇年代前半にかけての若者サブカルチャーの動向を俯瞰し、全体を読

み解くキーワードとして「島宇宙」概念を提示した。特に島宇宙概念が深められている後者（一九九四年刊行）においては、ブルセラ・テレクラ問題に表徴される「都市を浮遊する少女たち」、宗教ブーム、オタク現象などが串刺しにされて縦横に論じられている。宮台によればそこに共通するのはコミュニケーションの総〈オタク〉化現象であり、横並びで互いに無関心な「島宇宙」が観察される。同じ島宇宙に所属する者は「共通のジャーゴン」をもち、メンバー間の関係は深くなく、異族からはせいぜい「変な奴ら」とみなされ、島宇宙間にはまったく階層的上下関係がない。[*2] こうした「同族に分類される〈オタク〉のコミュニケーション網を「島宇宙」と呼[*3]ぶとしたうえで、こう続ける。

若者のコミュニケーションは現在、各種の等価な「島宇宙」によって分断され尽している。学校の教室のなかも、かつては教室単位の一体感があったり、女の子でいえばキーパーソンを中心に二大勢力にわかれて対立したりしていたのだが、現在では二〜四人ぐらいの小グループに分断されていて、それぞれが教室をこえたつながりを街のなかで（クラブやパーティー）、あるいはメディアを通じて（電話風俗や投稿雑誌や電子メディア）もつようになっている。[*4]

以上の宮台の見たては九〇年代の日本社会に対する分析だが、その点を割り引いても島宇宙化、分断状況といった指摘は今日なお有効性を保っているだろう。ただ、二十一世紀になってから盛んに注目され出した「教室（学校）カースト」論と比べるといくぶん違いがある。「カースト」論ではその名のとおり、「島宇宙」間のヒエラルヒー的序列（上下関係）が明白に存在し、差別やいじめがそこに随伴する場合があることが強調されている。たとえば本田由紀は、中学生対象の実態調査データをもとに、クラス内で固定的なグループ内の友だちのみとつきあう傾向が高い（島宇宙化）一方で、その閉鎖性はそれほど強くなく、「島宇宙」の規模は男子の方が女子より大きいことが明らかになったとしている。[*5] ま

＊2　宮台真司『制服少女たちの選択』二四五頁。
＊3　前掲、二四六頁。
＊4　前掲、二四六―二四七頁。
＊5　本田由紀『学校の「空気」』六八頁。

たクラス内には、上下によって認識される「地位」が存在する（「高位」・「中位」・「低位」・「いじられ」）という。自分のことを分かってもらえないといったアイデンティティの揺らぎが生じる割合が最も高いのが「いじられ」のグループ、次いで「低位」が続き、「中位」と「高位」はほぼ同率という調査結果が得られた。[*6]

以下で詳細に取り上げる米国映画『ブレックファスト・クラブ』の背景も、宮台や本田の知見が明らかにしたような社会・文化の構造とどこかでつながっていると考えられる。そのことを念頭に、作品を読み解いていこう。

2. 一日のはじまり、バラバラな五人

一九八四年三月二十四日土曜日、午前七時前。人影一つない早朝のイリノイ州シャーマー高校の玄関前に一台、また一台と車が横づけされる。はじめにBMWの高級車から降りたったのが、ふくれっ面の美少女クレア（演・モリー・リングウォルド）。どうして断ってくれなかったのと、高級な身なりの父親にこぼす。今回は黙っていたが、この父親はその気になれば金と政治力を使って学校を動かすこともできそうだ。続いてブライアン（演・アンソニー・マイケル・ホール）を乗せた大衆車が到着する。母親が運転し、妹、ブライアンが三人一列に乗っている。御機嫌斜めな母親は「これが最後？」と嫌みを言う。すぐ後ろに四駆車が止まっている。中に乗っているのはアンディ（演・エミリオ・エステベス）と父親。俺もよく悪ふざけはした、運が悪かっただけと息子を慰めたかと思いきや、試合（レスリングの）をふいにしたいのか？　奨学金がかかってるんだぞ、とプレッシャをかけて息子を送り出す。最後の乗用車に乗っているアリソン（演・アリー・シーディ）が少し違うのは、親との会話がないこと。車内の様子もよく分からない。後部座席から降り立ち、叩きつけるようにドアを閉めると、車はさっさと走りだす。この車に危うくぶつかりそうになりながら歩いてくるのがジョン（演・ジャド・ネルソン）であ

＊6　前掲、六八頁。また他に実証研究として鈴木翔『教室内カースト』などがある。

る。ロングコートに黒サングラス、黒手袋、これが一九八五年の「不良」スタイルだったのか。

誰もいない閑散としたライブラリーのメイン・フロア。お互い名前も知らない五人がこもごもに席に着く。最後に入室したアリソンは人影を避けるように早足で脇を抜け、少し離れた椅子に座る。そこへ今日の監視役のバーノン先生（演・ポール・グリーソン）がやって来る。重苦しい雰囲気の一同に向けて居丈高に今日一日の指示をする。「今は七時六分だ。今から八時間五十四分、君達が今日どうしてここに来る事になったかを考えるんだ。自分の過ちをじっくり考えろ。話しすることは許さん。席を離れるのもダメだ。……今日は少し変わったことをする。自分は何であるか（who you think you are）という題で、エッセイを千語以上で書くんだ[*7]」。理由はそれぞれ異なるが、五人とも何かを「やらかして」、懲罰として休日登校が課せられ、こうしてあいまみえることになった。バーノン先生は特にジョンに対して、初めから喧嘩腰で何かとあたりがきつい。「自分の事が少しでも分かれば、またここに来たいと思うかどうかも判断できるできるだろう[*8]」と言い放ち、廊下の向うの部屋から監視してるからふざけた真似はするな、とくぎを刺して去っていった。

バーノン先生の描かれ方はどこかコミカルだ。胸前の開いた大きな襟の黒シャツに、ベージュの上下というあまり教師らしからぬ服装で、品格が感じられない。ジョンから「バリー・マニロウの服を盗んだんですか？」とからかわれるほどだ。考えてみればこの土曜日は、バーノン先生にとってもとんだことで休日出勤をする羽目になったわけで、長時間の見張り役が楽しかろうはずがない。その気持ちが前に出過ぎて、威厳を欠いている。「自分は何であるか」というエッセイ課題も、とってつけた感が満載だ。懲罰に殊勝に復した証がそこに見られるかどうか、それのみを確認する儀式的なものだろう。生徒間の関係がじょじょに深まっていくのと対照的に、教師と生徒とのあいだにはなんら関係の深化も変容も起こらない。ただし生徒の見ていないところで、バーノン先生自身も、平日ならばほとんど会話を交わすことがなかったであろう掃除夫カール（演・ジョン・カペロス）と話し込んでいた。

＊7　ヒューズ、ジョン『SCREENPLAY――外国映画英語シナリオ　THE BREAKFAST CLUB』英語原文 p.8．日本語訳八〇頁。［以下 p.8：八〇頁とのみ記す。また日本語訳についてはＤＶＤ版字幕も参照し、適宜筆者の判断で変更している場合がある。］

＊8　前掲、p.9：八〇頁。

3．動き出す空気、ヒリヒリした会話

本節では、空気がよどみ切った状態でスタートした五人の関係がどのように動き出すかを追っていく。その際に、名前も知らない者どうしがお互いをどう呼び合ってコミュニケーションを開始するか、そしてどの段階で名前を尋ね合い、相手を名で呼ぶようになるかに焦点を合わせる。

（1）最初の仕切り役はやっぱり「不良」だった

最初に重苦しい空気を破り、そこに「会話」らしきものを出来させたのは「不良」のジョンだった。だれ彼かまわず話しかけ、「因縁」をつけていく。一層いやな空気が立ち込めて行くが、互いに知らぬ者どうしの場ではこうしたコミュニケーションも突破口になることがある。まず、初めからその奇行ぶりに皆が眉をひそめるアリソンに絡む。次に矛先を転じて、ブライアン、クレア、アンディに次々にからんでいく。性的に卑猥な言葉で一同を挑発しようとする。

【1】ジョン　：おい、そこのダサいの（Hey, homeboy...）。

（ブライアンが自分を指さし、僕？と尋ねる）

ジョン　：あそこのドアを閉めて来いよ。プロム女王さま（queen）を妊娠させるんだ。

（クレア、怒りの目で振りかえる。ジョンが見返す）

アンディ：おい、お前。

ジョン　：何だ？

アンディ：俺を怒らせると叩きのめすぞ。

ジョン　：完全に？

アンディ：完全に。

（中略）

アンディ：お前ここの常連だからって人にイヤミばかり言うな。失せやがれ。

ジョン　：ここは自由の国さ。

クレア　：あなたを怒らせようとしているだけよ。無視すればいいのよ。

ジョン　：かわい子ちゃん（sweets?）、俺を無視しようとしても無理だぜ。

ところで、君たち付き合ってるの？　ステディ？　恋人？

ようスポーツ野郎（sporto）。相手してくれよ。よろしくやってるんだろ？[*9]

ここでジョンが、他の三名を呼びかけるのに使っている呼称に注目したい。秀才タイプのブライアンに対して「そこのダサいの（homeboy）」、華のあるクレアに「女王（queen）」「かわい子ちゃん（sweets）」、レスリング選手のアンディには「スポーツ野郎（sporto）」と呼び掛けている。まさに見た目通りの、ステレオタイプをそのまま相手に押しつけている。決して相手の本当の名前を知ろうとはしない。しかしながらあまりジョンばかりを責めるのもフェアではない。重要なのは、こうしたカテゴリー的呼称を、誰もが互いを認識するのに心の中では用いていることだ。多くの人びとはただそれを口には出さないだけである。その一方で、「無法者」たるジョンはその禁を破って、堂々とカテゴリー的呼称を口にした。ある意味でその態度は裏表がなく、清々しくさえあるとも言える。法の内側の「善良」な者たちは、こうしたカテゴリーで他者を認識・類別することでコンティンジェンシーを何とか飼い馴らし、身の回りに快適な「島宇宙」を形成して暮らしているのだ。逆に言えばこのカテゴリー化によってコミュニケーションは分断され、他者と交わる機会は極小化されているわけである。

このあと先生を巻き込んでちょっとした動きがある。バーノン先生の居室に通じるドアにジョンが細工して、ドアを開放しておくことができなくなってしまったのだ。バーノン先生はアンディに手伝わせ

＊9　前掲、pp.11–12：八〇頁。傍線は引用者による。

て修繕を試みるが徒労に終わる。「さっさと席に戻れ。それでも体育の選手か（I expected a little more from a varsity letterman）[*10]」とアンディに八つ当たりする。またこの後ジョンとバーノン先生の言い争いになり（二人の掛け合いはこの映画の見どころの一つだ）、八週連続の居残り学習の刑が言い渡される。そのときブライアンが「すみませんが、七日ですよ」と訂正を入れると、バーノン先生は「うるさい、チビ（Pee Wee）[*11]。」と一喝する。「体育選手」とか「チビ」といったカテゴリー的呼称が、教師にも共有されていることが見てとれる。

七時四十五分。騒動が一段落すると、場を沈黙が支配する。めいめいが好き勝手なことを始めて時間を潰す（アリソンは見事な橋の絵を描き、その上にフケの雪を降らせる。ジョンは紫煙をくゆらす）。しかしやがてそれにも飽きて、全員が睡魔に負けて居眠りを始める。

（2）三時間後、ついに互いの名前を尋ねる。その契機は？

十時二十二分。アリソンを除く四人が大して実のないことを駄弁り続けている。ところがふとしたことで話題がクレアの両親のことになり、彼女が自分の家族についての思いを話しだすところから、違う空気が流れ始めるのだ。

【2】
アンディ：今晩は外出禁止なの？
クレア　：分からないわ。ママはそう言ったけどパパは無視しろって。
アンディ：スタビーの家でパーティーがあるんだ。両親がヨーロッパにいてね。結構すごいかもしれないぜ。
クレア　：そう？
アンディ：行くかい？
クレア　：たぶん行かない。

＊10　前掲、p.20：八一頁。
＊11　前掲、p.21：八一頁。

アンディ：どうして?
クレア：ママがするなって言うことをパパがいいって言うからやるんだけど、もうゴチャゴチャ。永遠に続くの。ウンザリするわ。今に離婚よ。
（ジョン、身を乗り出してくる）
ジョン：どっちが好きなんだ?
クレア：何が?
ジョン：お袋さんより親父さんの方が好きなのか?
クレア：二人とも変よ。
ジョン：どっちかを取るとすればさ?
クレア：さあ……多分兄さんと一緒に住むわ。二人とも私の事なんてどうでもいいのよ。お互いを攻撃するために私を利用してるんだから
アリソン：ハッー（叫び声）
（一同、アリソンの方をまじまじと見る）
クレア：うるさいわね。
アンディ：自分で自分が哀れだと思ってるだけさ。
クレア：自分で思わなければ、誰も思ってくれないわ。
アンディ：同情するよ。[*12]

アンディとのやり取りの流れの中で、クレアが自分の家族不信を表明したとき、ジョンが反応を示す（傍線部）。それまでの彼のコミュニケーションは、ただ相手の反応を試し楽しむだけの「からかい」だった。ここで初めて、他者に応答を求める問いを発している。さらにここで、これまで無反応で会話

＊12　前掲、pp.23–24：八二頁。傍線は引用者による。

の外にいたアリソンが叫び声をあげ、曲りなり反応を示した（ずっとやり取りは聞いていたのだろう）。五人の共同性の芽生えが感じられる。何かが動きだしそうな予感がする。

ここからさらに互いの親や家族をめぐる会話が進んで行くが、こうした「深い」話を名も知らぬまま喋っていることへの違和感から、名を尋ねあうコミュニケーションが生まれる。あいかわらず「カテゴリー呼ばわり」を続けるジョンに、唯一力で対抗できるアンディが腐したのがきっかけだった。

【3】ジョン　：おい、イモ（Dork）！

ブライアン：え？

ジョン　：あんたは両親のホープなんだよ。

（ジョン、ブライアンの肩をバンバンと叩く）

ブライアン：だから困ってるんだ。

ジョン　：こんな服を着させる親に対して怒ってるのは分かるよ。でもお前はもともと大ボケなんだよ。よりよい市民にならなくて何になるってんだ？

アンディ：なぜそうやって人をけなすんだ？

ジョン　：正直に言ってるだけさ、ばか。お前にその違いは分かって欲しかったな。

アンディ：彼には名前があるんだよ。

ジョン　：そう？

アンディ：名前は？

ブライアン：ブライアン。

アンディ：ほら。

ジョン　：お悔やみ申すよ（My condolences）。

クレア：あなたの名前は？

ジョン：あんたは？

クレア：クレアよ。

ジョン：クレア？

クレア：クレアは姓よ。

ジョン：いや、これはデブの女の名前だ（No, it's a fat girl's name）。[*13]

ジョンは、互いを名前で呼び合う新たなコミュニケーションのフェーズの前で立ちすくみ、頑なにそれを拒否する。あいかわらず「スポーツ野郎」（アンディ）「イモ」（ブライアン）とカテゴリー呼称を使い、相手が名乗ってもそれを茶化してまともに向き合おうとしない。クレアから名を問われると逆に問い返してかわしてしまう。

せっかくの萌芽を台無しにしたジョンは、この後クレアを標的にネチネチと性的な話題を持ち出して絡み、嫌な空気が充満する。我慢の限界に達したアンディが「止めろよ」と叫び、二人は抜き差しならない形で対峙する。ジョンが手をあげるが、アンディがすぐレスリングの技で押さえ込んでしまう。技を解かれ立ち上がったジョンは、袂からナイフを取り出すが、すぐ近くの机にナイフを突き立てた。ブライアンがすぐそれを回収する。

メンバーの一人が持ち出した家族の話題（親とうまくいっていない話）は、ジョンも含めたメンバー全員の琴線に触れる話題だったのだろう、ここに一瞬だけ共同性のめばえのようなものが起こりかけ、名前を尋ねるというコミュニケーションを通して相手に対する一段進んだ関心を提示する。しかしそんなに簡単に共同性は築かれなかった。ジョンが引っ掻き回し、いとも簡単に契機はくずれてしまった。

＊13　前掲、p.26：八二頁。傍線は引用者による。

（3）昼食の時間にまた新たなコミュニケーションのめばえが

五人の間の緊張が極限まで高まった直後、場面が転換して掃除人カールが登場する。生徒たちがいるフロアに隣接した事務室のゴミ箱のゴミを回収したカールは、かれらにきさくに話しかける。ジョンの矛先がカールに向くが、軽くいなされてしまう。

十一時三十分。バーノン先生がやってきて三十分昼食を取っていいと告げる。飲み物を買いに外へ出たがる生徒たちを制して、アンディとアリソンの二人だけを指名し、代表して買い出しに（職員室の自販機に）行くよう指示した。二人きりになったアンディとアリソンの間に、初めて言葉らしきものが交わされる。アンディはふとアリソンに、今日どうして補習（土曜登校）をする羽目になったのかその理由を尋ねる。アリソンは答えず「あなたは？」と逆問する。アンディは語り始めた。

【4】アンディ：ここにいる理由は……コーチと親父が奨学金をパーにするなってうるさいんだ。コーチも親父も期待してるから、扱いが違うんだ。俺は好きで強いんじゃない。力とスピードがあるから強いだけであって競馬と同じさ。そんな訳で今日こうなってしまったんだ。[*14]

アリソンから「それは面白いわ。じゃ今度は本当の事話してよ」[*15]といいなされて、このやり取りは途絶えた。めいめいが抱える休日登校の理由に関するコミュニケーションは、後になって本格的に行われることになる。

二人が戻ってきて、ランチタイムとなるが、各人持参のランチがまた「個性的」で、この映画の笑いどころである。ブライアンの弁当をネタに、ジョンが彼の家族をからかい始める。一人芝居で家族間の会話をおちょくってみせるのだ。ところがここから話が思わぬ方向に転がっていく。

＊14　前掲、p.32：八三頁。

＊15　前掲、p.32：八三頁。

【5】アンディ：じゃあ、お前んちは？

ジョン　：俺んち？　簡単だ。

「バカの役立たずの穀つぶしめ、低能でハッタリ屋で知ったかぶりのクソッタレめ！」

「ブ男で怠け者で無礼な奴というのを言い忘れてるよ。」

「クソババアは黙ってろ！　七面鳥のパイを早く作ってこい！」

「親父はどうなんだ？」

「黙れ（Fuck you !)」

「そうじゃなくて親父はどうなんだ？」

「黙れ（Fuck you !)」

「違う！　自分はどうなんだよ!?」

（激昂して腕をふりながら）

「うるさい（Fuck you !)」

ブライアン：それ、本当？

ジョン　：うちに遊びに来るか？

アンディ：ウソっぱちだ。お前の空想だ。一言も信じないぞ。

ジョン　：俺を信じないのか？

アンディ：信じない。

（ジョン、険しい表情でアンディに近づき、シャツをまくり上げて右腕を近づけてみせ「これが見えるか？」と問う。たばこの吸い殻の跡がみえる。クレア、目を背ける。アンディも顔を背ける。）

ジョン　：ちょうど葉巻のサイズだ。ガレージでペンキをこぼすとウチではこうなるんだ。もうお前たちアホどもとは付き合う気はしねえ。

（ジョン、背中を向けて歩み去りだす。突然叫び、暴れ出す。中二階に上がる階段に座り込む。）

クレア　：あんなこと言うべきじゃなかったわ。

アンディ：知らなかったんだよ。いつもウソばっかりだから。*16

ジョンのからかいを受けている間、ブライアンの顔はひきつり、なすすべもなく固まっている。物まねに興じる（とはいえ空想での物まねだが）ジョンは実に憎々し気だ。ところがアンディに水を向けられ自分の家の風景を再演し出したジョンからは、悲しみがほとばしり出ている。虐待を受けているというのは作り話だ、というアンディの揶揄に対する怒りは本物だった。彼を覆っていた偽悪の仮面が、このとき初めてずれ始めたのである。

（4）躍動する五人組

スタッフルームではバーノン先生もランチを取っているが、テーブルをコーヒーの海にしてしまう（ここも笑いどころ）。替えのコーヒーを買いに席を外した隙をついて生徒たちが図書館を脱出する。抜け出したことを教師に気づかれたらおしまいだ。五人全員が力をあわせて「冒険」するシーンは躍動感にあふれている。いつの間にか五人まとまって行動できるようになっているのを見るのは何だか楽しい。

ジョンが自分のロッカー（おそろしく汚い）に隠し持ったマリファナを回収し、図書館に戻ろうとしたところで行く手をはばまれ、一同が絶体絶命状態に陥る。ここでジョンが男気を出す。自分がおとりになって教師をひきつけ、その間に残りの四人を図書館に返すのだ。ジョンは体育館でバーノン先生に「確保」され、連行されていった。他の四人と引き離され、一人物置部屋のようなところに幽閉されることになった。物置部屋で二人きりになって、バーノン先生はジョンに悪態をつく。

＊16　前掲、pp.36–37：八三頁。

【6】バーノン：彼らの前で俺に恥をかかせるのはこれが最後だ。分かったか？　三万一千ドルの年収とマイホームをお前ごときの不良（punk）のために失うつもりはない。いつか、お前がここを出て、この学校の事も忘れて、自分の惨めな人生を送ってる時に俺は行ってやるよ。お前をメタメタにして地面をたたきつぶしてやる。[*17]

しかしバーノン先生が去った後ジョンはすぐ行動を起こす。家具を積んで穴から天井裏に抜け、天井伝いに脱出の挙に出た。見つかりそうになるが、四人の連係プレーで救われる。

4．束の間訪れたサンクチュアリと島宇宙への回帰

（1）「俺達はみな変だ」

時間がたつにつれ、五人の生徒たちの会話は凝りがとれて自然な形態に移行する。作り付けの机と椅子を離れ、めいめいがよりリラックスできる場所に移動している。一方ではクレアとジョンの二人が話し込んでいる。二人は互いの財布やポーチの中身を見せ合い、それをめぐってトークしている。他方ではアリソン、ブライアン、アンディの三人の輪ができている。ブライアンの財布がこっそりアリソンにすられ、中身が盗み見られていた。アリソンは大人しく財布を返す。そのことで一しきり会話があったあと、アリソンが「私のバッグの中を見る？」と二人にもちかける。二人は断るが、構わずズタ袋の中身を全部ぶちまける。二人は唖然とするが、ここから、これまで謎のベールに包まれていたアリソンの自己開示が始まる。家庭の中に居場所がないことが告白されるのだ。

【7】アリソン：私のカバンの中、見たい？
ブライアン＆アンディ：いや、いい。

*17　前掲、p.44：八四頁。傍線は引用者による。

（アリソン、中身を二人の前にぶちまける。下着など雑多なものがいろいろ入っている）
アンディ：スゴイ。何これ？
ブライアン：いつもこんなに持ち歩いてるの？
アリソン：ええ、いつもこれだけ持ってるわ。いつでも家出できるように。
ブライアン：ホームレスみたいになるの？ 道端にすわって建物に向かって話したり、建物の靴はいたり？
アリソン：必要ならね。
ブライアン：どうしてそんな必要があるの？
アリソン：家での生活が不満なの（My home life is unsatisfying）。
ブライアン：家が不満だってことだけで、シカゴの街の危険に身をさらすわけ？
アリソン：家出して道端で暮らす事ないわ。海へ行ったり、田舎に行ったり。山に行ったり、イスラエル、アフリカ、アフガニスタンでもいいわ。
（ブライアン、呆然として固まり、アンディの方に向き直る）
ブライアン：アンディ、話に入らないか。アリソンは家の生活が不満だから家出したいってよ。
アンディ：誰だって家での生活に不満さ。そうでなきゃみんな一生、親と暮らすよ。
ブライアン：そりゃそうだけど、彼女の場合、君や僕みたいな普通の不満を超えてると思うよ。
アリソン：もういいわ。忘れて。もう大丈夫よ。
アンディ：どうしたんだ？
アリソン：何でもないわ、スポーツ野郎さん（sporto）。もう忘れて。放っておいてよ。[*18]
ここでアリソンは「クソ食らえ」と捨てせりふを残して、席を立ってどこかへ行ってしまう。アン

*18　前掲、pp.53–55：八五頁。傍線は引用者による。

ディのことを名前でなくカテゴリー的呼称で呼んでもいる。しかしアンディはその後を追ってアリソンに近づき、会話の再開を試みる。

【8】（図書館の片隅で）

アンディ：ハイ。話ししないか？
アリソン：いや。
アンディ：どうして？
アリソン：あっちへ行って。
アンディ：どこへ行ってほしいの？
アリソン：あっちへ行って。
（しばらくにらみ合い、アンディ、背を向けて去ろうとする。その背に向けてアリソンが語りかける）
アリソン：あんたおかしいんじゃない？（You have problems）
アンディ：俺がおかしいって？
アリソン：みんなの言いなりになって。おかしいわ。（You do everything everybody ever tells you to do. That is a problem）
アンディ：そうか。でも俺は椅子の上にバッグひっくり返して、自分の問題に人を引きずり込むような事はしないね。そうだろ？　何を悩んでるんだ？　ひどいのか？　すごく？　両親が？
（長い間。アリソン、アンディの顔をみつめる。）
アリソン：そうよ。
アンディ：君に何をするの？
アリソン：無視するの（They ignore me）。

アンディ：そう。[*19]

アリソンから自分の本質を突く指摘をされ、アンディはそれを素直に認める。そこで重ねて家庭のことを問われたアリソンは、自分の存在が無視されていることを告白する。

場面が切り替わる。今度は五人全員がそろい、みなフロアに直に車座になってあつまっている。より打ち解けた空気が感じられる。クレアとアリソンの女子二人の間でちょっと言い合いがあり、クレアが「あんたはすごい変態（You are weird）。一日中何も言わなかったくせに、いったん口を開けると私にものすごいウソをついて[*20]」とののしる。するとここで、「変／異常である（bizarre）」とはどういうことかを焦点に、話が深まっていく。「俺達みな異常ではないか」というのだ。話しの中心を担うのはアンディである。

【9】**クレア**：…でも彼女が異常（bizarre）なことに変わりはないわ。

アンディ：変ってどういう意味？　俺達はみんな変（**we're all pretty bizarre**）だよ。ただ隠すのがうまい奴もいるというだけさ。

クレア：あなたはどんなふうに変なの？

アリソン：彼は自分で物事考えられないの（He can't think for himself）。

アンディ：そうなんだ。どうして俺がここに来たか知ってるか？[*21]

クレアはアンディに、彼自身の「変」なところを尋ねているが、まるで庇護者であるかのようにアリソンが代わりに答え、その答えにアンディも同意する。二人の間で理解が深まっていることが伺える。続けてアンディがさらに深く自己を開示していく。「自分で物事を考えられない」彼の「変」さが、そ

＊19　前掲、pp.55–56：八五頁。

＊20　前掲、p.61：八六頁。

＊21　前掲、p.61：八六頁。傍線と太字は引用者による。

もそも今日彼がここにいる理由、すなわち休日登校を命じられることになった理由とも深く関わっているのだ。そもそも朝七時に顔を合わせてから優に六時間以上経つのに、どうして今日この場に集められたのか、その理由や背景をお互いに一度も知ろうとしなかった。そこを掘ると、自分の弱さや恥部に触れることにもなるからだ。アンディの理由は、レスリング部のチームメートの「尻をテープでくっつけた」、「テープをはがす時ほとんどの毛と一部の皮フがめくれた[*22]」という他愛もないいたずらだった。しかしその背景には彼の父親との関係があった。

【10】

アンディ：異常なのは（the bizarre thing is）、それを俺はおやじのためにやったという事だ。彼をいじめたのはおやじに俺の強いところを見せたかったからさ。親父はいつも学生時代の話を自慢してる。どんな悪さをしたかってね。俺が羽目を外した事がないんで親父が物足りなく思ってるのが分かるんだ。ロッカーでヒザをテーピングしてた時、ちょうどラリーが少しむこうの方で服を脱いでたんだ。彼は細くて、ひよわな感じだ。それで親父と親父が弱いものに対する態度の事を考え始めたんだ。気がついた時は、俺は奴を押し倒し、叫んでた。みんなは笑って、はやし立てた。後で職員室で座ってる時、ラリーの親父の事とラリーが家に帰って事情を説明してる姿ばかりが頭に浮かんで。彼の屈辱感……は耐えがたいものだっただろうなって。こんな事があっていいのかと……どうやって謝ればいいのかとか。どうしようもない。すべて俺と親父のせいで……おれは親父が大嫌いだ。親父はもう俺とはかみ合わない心のない機械みたいなものだ。「アンドリュー、お前は一番になるんだ！　うちには負け犬は要らん。集中しろ！　勝て！　勝て！　勝て！」畜生め。たまにヒザがおかしくなってくれたらと思う。そしたらレスリングやらなくてもよくなるから。そしたら親父は俺のことなんて忘れてくれる。

ジョン　：お前のおやじと俺のおやじを一緒にボーリングに行かせるといいぜ。[*23]

＊22　前掲、p.62：八六頁。

＊23　前掲、pp.62–63：八六頁。傍線は引用者による。

アンディの語りに対するジョンの言葉は茶化しではない。彼の眼は真剣そのものだ。彼なりに精一杯の共感の応答だったのである。

続いてブライアンが語り始める。自分の「変」なところというより「劣ったところ」の話だが、しばらく後に明かされる「補習授業」の衝撃の理由の伏線ともなる。

【11】

ブライアン：僕の成績の事と同じだね。自分から離れて、自分を見つめ直すと、目に映る自分がイヤになるんだ。本当に。

クレア　：何がいけないの？　どうして自分のことが嫌いなの？

ブライアン：バカげてるけど……工芸を落としたんだ（I'm failing shop）。課題で陶器の象を作るのがあっただろ。八週間の時間はあったんだが。ランプみたいじゃなきゃいけないんだ。鼻を引っぱると電気がつくはずなんだけど、僕のはつかないんだ。「F」だったよ。今まで「F」なんてとったことなかったのに。この授業を申請した時、僕は賢いと思った。工芸で僕のGPA[*24]は簡単に維持できると思ったから。

ジョン　：なぜ簡単だと思ったんだ？

ブライアン：工芸をとってるアホな連中知ってるだろ？

ジョン　：俺とったよ。お前はよほどのアホなんだな。[*25]

工芸科目におけるブライアンの（ささやかな）挫折経験だが、ここには彼のエリート意識も顔をのぞかせている。米国のハイスクールには広くトラッキングというコース振り分け制度がある。彼のセリフにある「shop（工芸）」は、職業訓練コースを指す「ショップコース」の名に使われている。これに対して上級の高等教育機関（大学）に進学する生徒が行くコースは「アカデミックコース」や「カレッジ

＊24　Grade Point Average の略。米国の高校・大学で一般的に使われている成績評価の指標。0〜4.0の範囲で数値化されることが多い。

＊25　前掲、p.64：八六―八七頁。

コース」などと呼ばれる。コース間には明確な序列関係があった。ブライアンが不合格を食らった「工芸」は主にショップコースの生徒向けの授業であった。他方で彼は、「秀才 brain」というカテゴリー呼称を進呈されるほどの優秀生徒で、この価値序列を強く意識していたに相違ない。軽い気持ちで、GPAを稼ぐために履修した科目で思いもかけない評価を受けたことに、自尊心を大きく傷つけられた(ショップコースに対する蔑視をジョンに対しても隠そうとしないことが面白い)。こうしたブライアンの精神構造の背後にあるのは母親の存在だろう。冒頭の車での送迎シーンで、車中でくどくど補習授業のことを詰っていたのは母親だった。アンディにプレッシャーをかけ続ける父親に対応する存在が、ブライアンの母親だったわけだ。

ブライアンの湿っぽい話に一同が沈んだ空気に包まれるが、アリソンが、「私、足の指で字が書ける、食べたり、歯磨きも」[*26]と言い出し空気がほぐれる。皆が一芸自慢をするが、それもつかの間、ジョンが突然クレアに絡み出す。「お前にはすべてあって、俺にはクソしかない」と、裕福な家庭をもち学校では女王として最上カーストに君臨するクレアの境遇を自身と比べ、彼女に対する「ほめ殺し」戦術に出て、クレアを泣かせてしまう。その後にこの映画屈指の名セリフがアリソンから飛び出す。

【12】**ジョン**：……お前にはすべてがあって、俺はクソしかない。
ラプンツェルか？　お前が来なけりゃこの学校は閉鎖かもしれん。女王がいないってな。素敵なイアリングだね、クレア。
クレア：やめて。
ジョン：本物のダイヤか？
クレア：黙って。
ジョン：きっとそうなんだろ。自分で稼いで買ったのか？

＊26　前掲、p.65：八七頁。

＊27　前掲、pp.67-68：八六頁。傍線は引用者による。

クレア：黙って頂戴！

ジョン：それともパパに買ってもらったのか？

クレア：うるさい！

ジョン：絶対にそうだ。クリスマスプレゼントかな？　俺のクリスマスプレゼントは何だったか知ってるか？　ベンダー家では今年は最高の年だったよ。タバコ一箱もらったんだ。おやじが俺をつかんで、「これ吸えよ、ジョニー！」ってな。

家に帰ってからパパの前で泣けよ。ここではよしてくれ。

（クレア、涙をぬぐう。しばらく間がある）

アンディ：俺たちも親みたいのようになるのかな（My God, are we gonna be like our parents ?）。

クレア：私は違うわ。絶対に。

（アリソン、涙を流しながら話す）

アリソン：避けられないわ。そうなっちゃうのよ（It's unavoidable. Just happens）。

クレア：どうなるの？

アリソン：大人になると心が死ぬの（When you grow up, your heart dies）。

ジョン：どうでもいいじゃねえか（Who cares ?）。

アリソン：私はイヤよ（I care）[＊27]。

五人の会話はジェットコースターのようにうねり、まとまると思わせては壊れる、を繰り返してきた。その末に「大人になると心が死ぬ」の言葉で思いが一つになった、かに見えた。土曜午後の図書館が束の間の「解放区（サンクチュアリ）」になった瞬間だった。

（2）「月曜日に会ったときも私達は友達？」

話が核心に迫り、全員の心が一つになるかと思われた瞬間、一気に現実に引き戻すような転機が訪れる。口火を切ったのはブライアンだった。

【13】
ブライアン：……こんな時に言うのは変だけど、僕たちは月曜日にはどうなるの？　また学校に戻った時、僕は君たちをみんな友達だと思うよ。違うかい？
アンディ：いや。
ブライアン：月曜にはどうなるの？
クレア　：まだ友達かって？　今、友達だったら？
ブライアン：うん。
クレア　：正直に言ってほしい？
ブライアン：ああ正直に。
クレア　：無視するわ。
アリソン：私達みんなと？　それともジョンだけ？
クレア　：あなたたち全員と。[*28]

つい先ほど、大人になることの悲しみを共有し涙を流した仲間が、また分断へ向けて傾斜していく。クレアははっきりと、月曜日からこのメンバーとは他人に戻る、友達ではないと断言する。この高飛車な態度に皆が驚き、呆れるが、月曜になっても仲間は仲間だと言い張るアンディや、「勇気がないから友達に誰を好きになろうと自由だって言えない［んだ］」と正論を吐くジョンこそ、偽善者だとクレアは主張して譲らない。ピアプレッシャあるいは同調圧力の存在を考えれば、カーストまたは島宇宙を超

＊28　前掲、p.68：八七頁。

えた友情など、現実の学校生活では絵空事だと、彼女は確信をもって言う。これを受けてブライアンが語る。クレアの「プレッシャー」という言葉が彼に火をつけた。彼が「補習授業」になった理由が明かされる。

【14】
クレア　：自分でも嫌よ。友達が言うままにしなきゃいけないなんて嫌よ。
ブライアン：じゃ、どうしてするの?
クレア　：分からない。あなたには分からないわよ。私とアンディの友達のような友達もってないから。友達のプレッシャーなんてあなたには分からないんだわ。
ブライアン：何が分かんないって?　僕がプレッシャーを分からないっていうのか?　馬鹿野郎（Fuck you !）、馬鹿野郎。どうして僕がここにいるか知ってるのか?　ライアン先生が僕のロッカーから銃を見つけたからだよ。
アンディ：どうして銃なんか持ってたんだ?
ブライアン：努力したんだ。象の鼻を引っぱって。電気がつくはずなのにつかなかった。
アンディ：銃で何をしようと?
ブライアン：もういいよ。
アンディ：自分から言い出したんだろ。
ブライアン：「F」はダメなんだ。親も認めない。後期に「A」だとしても、平均は「B」になる。すべてがおしまいなんだ。
クレア　：ブライアン。
ブライアン：選択を考えてたんだ。
クレア　：自殺は選択じゃないわ。

ブライアン：だから、やらなかった。
アリソン：拳銃だったの？
ブライアン：照明銃だった。ロッカーの中で爆発した。
アンディ：本当か？
（アンディが笑う）
ブライアン：おかしくないよ。
（みな、クスクス笑いだす。ブライアンもつられて笑う）
やっぱりおかしいね。象はブッ壊れた。
アリソン：私は何でここに来たか知ってる？　何もよ。他に何もすることがなかったの。
（みな、笑い出す）
私を笑ってるのね。
アンディ：違うよ。
アリソン：そうよ。[*29]

（3）生徒たちの出した結論

ジョンが天井を伝って物置部屋に戻る。四人で課題エッセイについて話している。「みんなで書くの無駄じゃない？　みんな同じような事書くと思うわ」というクレアの意見で、ブライアンが代表して書くことになった。

ようやく解放された生徒たちが玄関から外に出る。朝と同じように迎えの車が来ている。ブライアンの家の車には母親でなく父の姿があった（ジョン・ヒューズ監督のカメオ出演）。生徒たちが去っていった後、テーブルに作文が残されていた。それをバーノン先生が読む。

＊29　前掲、pp.71–72：八七―八八頁。

【15】バーノン先生……僕達が悪い事をした罰として、土曜日を一日つぶさなければならないことは認めます。でも自分達が何であるかを作文に書かせるなんてバカげていると思います。先生に関係ないことですよね。あなたは僕達の事を自分が見たいようにしか見ていません。最も単純で都合のいいようにしか。秀才、スポーツマン、不思議ちゃん、お嬢様とか不良とかいうような見方をしてるんです。そうですね？　今朝七時に顔を合わせた時、僕達もお互いにそういう目で見ていました。そう洗脳されていたんです。……僕達が分かったことは、僕たちはそれぞれが秀才であり……スポーツマンで……不思議ちゃんで……お嬢様……そして、不良。これが答です（what we found out is that each one of us is a brain… and an athlete …and a basket case…a princess…and a criminal.）がお分かり頂けたでしょうか？　心をこめて、ブレックファスト・クラブより。

謎めいた、と言うより人を食った書きぶりのエッセイ（手紙）だ。生徒たちは図書館に閉じ込められた長い一日を費やし、時に激高し、笑いあい、涙を流しながら、自己開示を重ねて自他理解を深めていった。その濃厚な体験を、教師ごときにやすやすと知られてたまるかという気概が感じられる。カテゴリー的呼称をいつまでも手放そうとしないバーノン先生、あなたにとって私たちはしょせんいつまでも、秀才……スポーツマン……不思議ちゃん……お嬢様……そして、不良であり続けるでしょう、そう挑発しているように読める。

おわりに：それでも「日常」は続く……

本講では、米国の学園映画の礎を築いたとされるジョン・ヒューズ監督の一九八〇年代の連作の中でも、特に鮮烈な印象を残した『ブレックファスト・クラブ』に寄り添って解読を試みてきた。同じ学校の生徒でありながら、互いに名前も知らず、普段はまったく異なる友人グループ（島宇宙、カースト）

に属し交わることもなかった五人が、長い時間を共に過ごす羽目になった。きっかけは様々な理由から懲罰として土曜登校を命じられたからだが、このメンバーで共に過ごすこと自体がかれらにとって苦行であり、「懲罰」そのものであった。「島宇宙」化する社会では何よりコンティンジェンシー（偶発性、偶有性）が回避されねばならないが、かれらの過ごした葛藤に満ちた時間は、コンティンジェントな状況を耐え抜く長くつらいプロセスとして解釈できる。「俺たちは皆変だ。それで何が悪い」という五人の結論らしき命題は、「変」というレッテルに押し込めてコミュニケーションの分断をはかろうとする大人社会、そしてそれに従順な自分達に渾身の「ノー」を突き付けるものであった。しかし、つらいプロセスを乗り越えて相互理解に達したかに思えた刹那、クレアの「月曜からは無視する」という現実的な発言で興奮に水がさされる。

ラストの展開はさらに観客を興覚めさせるかもしれない。クレアはアリソンを化粧室にいざない、「女の子」風のメイクを施してあげる。見ちがえったアリソンを見たアンディが一目惚れし、二人は簡単に「できて」しまう。またクレアは物置部屋に行ってジョンにキスをし、イアリングを外して渡す。ジョンもそれに応える。こうしてアリソンとジョンはこっそり「高位カースト」への越境を果たした。他方で何もしらないブライアンだけは、せっせと皆の分までエッセイを書いて最後まで「秀才」を演じとおす。土曜日が終わっても、ハイスクールの強固な秩序は微動だにしていないようにも思える。

だが束の間だけ姿を見せたサンクチュアリが陳腐化、日常化するのを防ぎ、その鮮烈な姿のまま守り抜くには、五人の関係を下手に長引かせず、あの土曜日一日限りのものにとどめておくのも一つの手だったのかもしれない。日常性に抗い、溶け込まないところにサンクチュアリの存在意義がある。スクールカーストのような分断はますます現代社会にまん延し、全体に遍在化している。この分断状況が続く限り、「ブレックファスト・クラブ」に象徴されるような偶然の出会いが輝きをたもち、生のよろこびを呼び覚まし続けることだろう。

参考文献

＊ヒューズ、ジョン『SCREENPLAY――外国映画英語シナリオ THE BREAKFAST CLUB』フォーイン クリエイティブプロダクツ、一九九二年

長谷川町蔵・山崎まどか『ハイスクールU.S.A.――アメリカ学園映画のすべて』国書刊行会、二〇〇六年
本田由紀『学校の「空気」』岩波書店、二〇一一年
宮台真司『制服少女たちの選択』講談社、一九九四年
宮台真司・石原英樹・大塚明子『サブカルチャー神話解体』パルコ出版、一九九三年
鈴木翔『教室内(スクール)カースト』光文社、二〇一二年

第II部

分ける教育／分けない教育

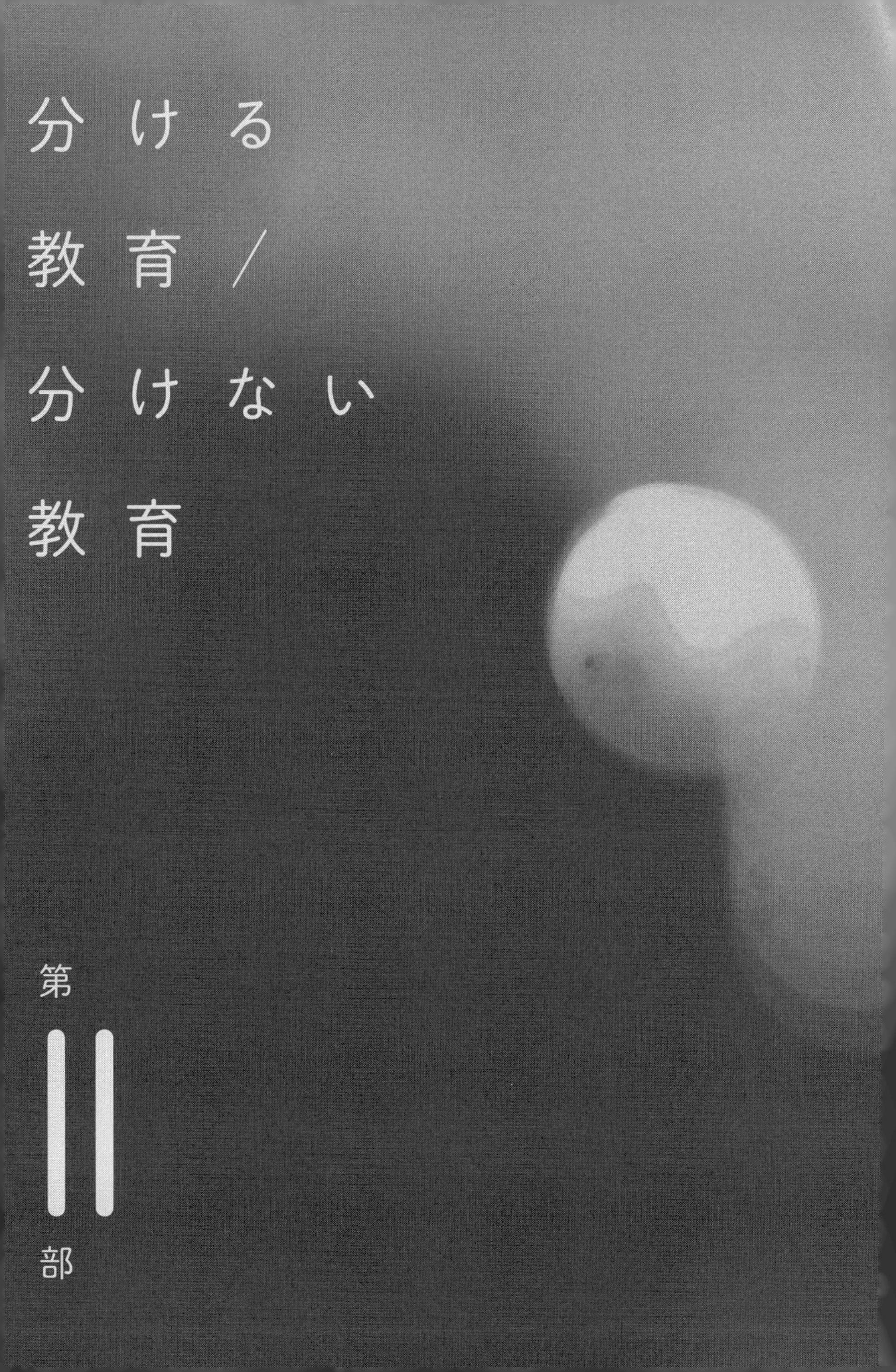

第3講

「七つの子」とユリの弁当箱
[男女を別学／共学にする深いワケとは？]

■『二十四の瞳』(壺井栄原作〔一九五二年〕・木下恵介監督／脚本〔一九五四年〕)

キーワード

ジェンダー秩序
〈唱歌〉実践
身体の形成
男女別学級
小学校令
都鄙格差
理念や哲学を欠いた男女混合
自明化する男女共学

はじめに：近代学校とジェンダー問題の根深い関係

名門として知られる女子大が、経営環境の悪化から学生募集を停止する、あるいは「生き残り」のために男女共学校として再出発する決断を下した、といったニュースを耳にする昨今である。また男女の共学と別学をめぐっては、こうした学校経営上の損得の次元を超えて、被教育者に及ぼす効用やマイナスの影響をめぐり、多くの熱い議論が交わされてきた。[*1] しかし未だその決着を見ていないのが現状である。本講ではその論争に首を突っ込むことはせず、かわりに、シンプルな一つの事実から出発したい。「共」にせよ「別」にせよ、学校教育という営みが、人間の男女の性別に異様なまでのこだわりを示し続けてきた、という事実がそれである。その執着ぶりの絶好の観察ポイントとして、ここでは学級（クラス）編成――男女同学級か男女別学級か――に着目する。学級は特に日本において、学校生活を組織するうえで最も基本となる単位であり、その存在感ははかり知れないものがある。読者の皆さんにも覚えがあるだろう。

『二十四の瞳』Blu-ray：五一七〇円（税込）、DVD：三〇八〇円（税込）、発売・販売元：松竹　©1954／2007松竹株式会社　※二〇二四年二月時点の情報です。

＊1　たとえば生田久美子編『男女共学・別学のステージを問いなおす』など。

＊2　一九八七年にも朝間義隆監督、田中裕子主演で映画化されているが、本講では一九五四年版木下恵介監督・脚本、高峰秀子主演作の方を参照することにする。

ここでもう一つ注意を促したいことがある。男女差別（女性差別）、と聞いてどう思うだろうか。古い、ダサい、封建的、因習的、時代錯誤といったイメージを持つのではないだろうか。そしてその古臭い思想を打破した男女同権論やジェンダー差別批判を新しい、近代的な考え方と捉えることだろう。しかしここでそれに異を唱える見方を対置しておきたい。それは、〈男女の性別や性差（ジェンダー）にこだわった秩序もそれを批判する思想も、**近代という同じ根っこから生まれてきたものだ**〉という見方である。学校教育が今日にほぼ近い姿で完成をみたのは近代という時代だ。だから学校教育は近代の産物と言ってよい。近代がもし右のような矛盾をもっているのだとしたら、学校もまた同様の矛盾を抱え込んでいることになる。この点を頭の片隅に入れておこう。

　こうした問題意識から取り上げる素材が『二十四の瞳』という作品（壺井栄の原作が一九五二年に書かれ、木下恵介監督・高峰秀子主演で一九五四年に映画化[＊2]）であることに、意外の感をもたれるかもしれない。昭和初期から戦時下の瀬戸内の島の分教場を舞台に、いたいけな子どもたちと大石先生との心温まる交流を描き、戦争の悲惨さをうったえ平和の尊さをうたい上げた名作、そのどこに男女別学だのジェンダー秩序だのが関係するのか？　しかしそれが、大いに関係あるのである。この作品には、近代日本社会に宿痾のごとく走る性差の断層、それが容赦なく人びとの生を引き裂いていく悲劇が克明に描かれている。よく読むと男女の別学も、教員のジェンダー秩序もちゃんと描き込まれ、学校もまたくだんの悲劇に手を貸していることが示唆されているのだ。こうした視点から、『二十四の瞳』の原作小説と映画を両睨みしながら、この問題を掘り下げていく。さらに後半では、瀬戸内の島とは似ても似つかない、教育意識の高い東京郊外の小学校で一九三〇年代に教鞭をとった松永健哉という実在の教師に登場願う。彼が残した『子供の自治生活』という実践記録を手がかりに、男女別学を基本とする旧学制のもとで「男女混合学級」に負わされた知られざる意味を明らかにしていく。ただ機械的に「別だったもの」を一緒にすればよいわけではなく、いかなる哲学でそれを行うかが肝心だということを示す事例でである。

1. 冒頭から丁寧に描かれる学校のジェンダー秩序

(1) 作品の舞台設定と登場人物

不朽の名作とされる『二十四の瞳』だが、ここで主要登場人物をおさらいしておく。一九二八(昭和三)年四月、主人公の大石久子先生が新米教師として岬の分教場に赴任してくる。同じタイミングで十二人の子どもたちが新一年生として入ってくる。初顔合わせの日、席次(出席番号)順に名前が呼ばれるが、ここでもその順に従って登場人物を紹介していく。[*3] まず男子から、岡田磯吉(ソンキ)、竹下竹一、徳田吉次(キッチン)、森岡正(タンコ)、相沢仁太の五人である。ソンキの家はとうふ屋、竹一は米屋のせがれ、タンコは網元のむすこである。ちなみに物語のラストの戦後の同窓会の時点で、ソンキとキッチンを除く三名は戦死しており、ソンキも戦傷で視力を失っていた。次に女子に移り、川本松江、西口ミサ子、香川マスノ、木下富士子、山石早苗、加部小ツル、片桐コトエの順に七名が読み上げられる。松江は後の修学旅行の悲劇的挿話の主人公、マスノが町の料理屋のむすめ、富士子が旧家の子ども、小ツルがチリリン屋(便利屋のようなもの)のむすめ、一番勉強ができたコトエはのち貧窮のうちに病没する。女子で最後の同窓会に集ったのは、コトエと行方知れずの富士子を除く五名だった。

舞台の島の名前は特に明かされていないが、作者壺井栄の生まれ故郷が小豆島であることから、小豆島がモデルとの見方が定着しており、映画もそれを踏襲している。その島の、一本松がある村に住む大石先生は、湖のような入り江を挟んだ岬の村にある分教場に、片道八キロの道のりを毎日、自転車で通うことになった。「岬は遠くて気のどくだけど、一年だけがまんしてください。一年たったら本校へもどしますからな。分教場の苦労は、さきしといたほうがいいですよ」[*4] とは、仕事の口を紹介してくれた亡父の友人の校長先生の弁である。この分教場に子どもたちは四年生まで通い、五年からは離れた本校

*3 名簿読み上げのシーンは『二十四の瞳』二三—二七頁、映画の一二:二七—一五:二八に描かれる。なおこの名簿は男女別だが五十音順には並んでおらず、何を根拠とした「席次」なのか判然としない。

*4 『二十四の瞳』二二頁。

に行く。

（2）学校秩序への編入：かたまりから一列縦隊（男女別込み）へ

前節で十二人の子どもたちを紹介したが、これは作中で大石先生が名簿にそって名前を呼んだその順番に従ったものだった。お分かりの通り、男女別名簿が使われている。近代日本の初等教育に、厳然たるジェンダー秩序が存在することが早くも伺えるシーンである。ところで、教室に入って点呼が行われるより先に、校庭に児童が集められ始業の儀式が行われた。まずこの場面に注目したい。新一年生にとって学校初日の最初の瞬間から、学校秩序へと子どもを組み入れる装置が稼働するさまが描かれる。

原作ではこのシーンはこう描かれる。「きょうはじめて親の手をはなれ、ひとりで学校へきた気負いと一種の不安をみせて、一年生の**かたまり**だけは、独特な、無言のざわめきをみせている。……大石先生はしばらく両手をたたきながら、それにあわせて足ぶみをさせ、うしろむきのまま教室へみちびいた」[*5]。文章ではこれだけである。一方映画では、五十秒ほどのシークエンスだが、新人らしからぬ手際で大石先生が一年生を縦一列に、それもまず前に女子七名、その後ろに男子五名を並ばせるさまが活写されている。大石先生のセリフをシナリオから書き抜こう。「さ、今日から先生と一緒に勉強するの、いうこと聞いてね、さ、真直ぐに並ぶの［手拍子を打ち乍ら］横むかないで、横むかないで、……お目々どっちの方向いてるの、真直ぐ前の方みるのよ、さ、いいわね、真直ぐ前の方みて……」[*6]。実際の映像には、児童に「前へ倣《なら》え」をさせる動作が加わっている。「先生の方向いてちょうだい、前へ倣え、してちょうだい、こんな風にー、はい、そうそう」というアドリブのせりふも聞かれる。

ただの**かたまり**、すなわち全く組織されない烏合の衆のような状態から、**男女区別込み**の一列縦隊への再編成。まさしく学校の秩序形成力を象徴する場面と言えないだろうか。「前へ倣え」の号令は、整列によって秩序を作り出す魔法の言葉の一つだ。ここで焦点になるのが身体である。号令にたちどころに反応する身体の形成が、学校とりわけ初等教育の大きな焦点なのである。ただひっかかりを覚えるの

＊5 『二十四の瞳』二三頁、強調は引用者による。以下同様。

＊6 『シナリオ』七頁。シナリオからの引用に際しては読みやすさを考え適宜句読点を加えた。

は、入学初日の一年生にはまだこの「魔法」が通じない筈ではないかという点だ。劇中では児童たちがサッと「前へ倣え」をしてしまっている。だがここに奇跡が起こった。先頭の女子児童までがうっかり、手を伸ばして「前へ倣え」してしまったのだ。彼女の両手が先生に向けて突き出されている。映画的にはNGだが、ここで大石先生、いや高峰秀子はこの子の手を取ってやさしく下におろしてあげるのだ。このアドリブによって、学校秩序を前にした時の一年生の「気負いと不安」が巧まずして表現されている。

（3）教員の世界におけるジェンダー秩序

作者壺井栄（そして木下監督）の目は、教員室のジェンダー秩序にも細やかに行き届いている。「分教場の先生はふたりで、うんと年よりの男先生と、子どものようなわかいおなご先生がくるにきまっていた。……男先生が、三、四年を受け持ち、おなご先生が一、二年とぜんぶの唱歌と四年女生の裁縫をおしえる、それも、むかしからのきまりであった」[*7]。分教場の女性教員は代々名前を呼ばれず「おなご先生」というカテゴリーで識別されてきた。さらに女性教員は、教える学年（下級の学年）、教える科目（唱歌や裁縫）が慣習的に固定化され、母親的なケア役割と結びつけられているのだ。

大石先生もこうしたジェンダー秩序に否応なく組み込まれていくのだが、他方で彼女の着任はちょっとした波紋を引き起こしてもいた。分教場の男先生は「百姓のむすこが、十年がかりで検定試験をうけ、やっと四、五年まえに一人まえの先生になったという、努力型の人間だった」[*8]。敗戦以前の日本の制度のもとで教員は、師範学校を卒業し免許状を授けられた正教員と、その要件を満たさない非正教員（代用教員など）に分かれていたが、非正教員から、検定試験を突破することで正教員になるバイパスがあった。それが検定試験という制度である。ところで大石先生は「女学校の師範科を出た正教員のぱりぱり」[*9]、斯界のエリートであった。努力によって這い上がってきた男先生にとって、ジェンダー秩序を揺るがす煙たい存在が大石先生だったのである。岬の村の人々もこうしたエリート臭を敏感に嗅ぎ分

＊7　『二十四の瞳』六頁。
＊8　前掲、二〇頁。
＊9　前掲、二〇頁。

け、洋服や自転車といった「ハイカラぶり」に反感を示す。しかし大石先生は老母と二人暮らし、自転車は五か月の月賦でやっと手に入れ、母の着物を黒く染め直して「洋服」に仕立て上げたことを村人は知らなかった。

2. 大石先生の〈唱歌〉実践

(1)『汽車ポッポ』の真実／VS男先生

分教場時代の大石先生の教育実践者としての姿は原作ではあまり描かれていないが、映画版は、〈唱歌〉教育にその特徴があったという解釈のもと作られているように思える。この分教場では唱歌は代々「おなご先生」が全学年教える慣習になっていた。ジェンダー化された教科としての〈唱歌〉実践に着目することは、本講の主旨とも一致する筈である。この考察にあたっては、音響と映像を駆使した総合芸術である映画の方に一日の長がある。また木下惠介監督の『二十四の瞳』は音楽映画と言ってもよいほど童謡が効果的に使われていることでも知られる。

今日出まわっている映像ではカットされているが、シナリオには大石先生の唱歌の授業場面として次のようなシーンが入っていた。

30 教 室

唱歌の時間

大石先生がオルガンをひき、一年生と二年生が「しろじにあかく」を歌っている。十二人の一年生の瞳が無邪気に楽しそうに輝いている。[*10]

「しろじにあかく」とは、「白地に赤く／日の丸染めて／ああ美しや／日本の旗は」という歌詞の文部

---

*10 『シナリオ』九頁。

省唱歌『日の丸の旗』である。ここでは大石先生は公式カリキュラムに沿って型通りに授業を進めていることが推察される。一方映画で印象深く描かれるのは屋外での少し型破りな〈唱歌〉実践である。満開の桜の下、縄で列車ごっこしながら『汽車ポッポ』[*11]を歌い、菜の花畑を児童と手を繋いで歩きながら『七つの子』を歌い、浜辺で丸くなって『かごめかごめ』を歌う。特に桜の下を列車ごっこの大石先生と児童が走り抜けるスチール写真は、本作を象徴するものとして広範に目にするものである。

しかし何度か再生してみると何かおかしいことに気づく。この曲は『汽車ポッポ』ではない。『ちょうちょう』のメロディ（ちょうちょう／ちょうちょう／菜の葉に止まれ……）に、「汽車ははしる／煙をはいて／シュッシュッシュ／シュッシュッシュッシュ／シュッシュッシュッシュ／シュッシュ／トンネルぬけて／鉄橋わたり／汽車ははしる／シュッシュッシュッシュッシュッシュッシュッシュッシュ」という歌詞をあてた替え歌なのだ。原曲の『蝶々』は近代音楽教育の父と言われる伊沢修二によって広まり、『小学唱歌集』に載せられるに至った。つまりここでの大石先生の〈唱歌〉実践は、公式カリキュラムとして指定されている楽曲を替え歌にして、列車ごっこという野外活動のアイテムに組み込むことで、唱歌をいわば換骨奪胎しているわけである。『七つの子』や『かごめかごめ』に至っては唱歌ですらなく、純然たる童謡である。つまりその〈唱歌〉実践は、公定のカリキュラムを逸脱し、子どもの生活世界にとってより身近な存在である童謡を取り込みながら、子どもに寄り添いつつ旧来の音楽教育の限界を乗り越えていく、極めて柔軟かつ革新的なものであった――このような仮説が浮上する。この仮説の是非を確かめる前に、〈唱歌〉実践とジェンダー秩序を考える上で見逃せない、男先生が絡むエピソードに触れておこう。

分教場での大石先生の教員生活は、あるアクシデントをきっかけに唐突に終わりを告げる。子どもが砂浜にしかけた落とし穴にはまり、足を折る重傷を負ってしまったのだ。しばらく大石先生は教壇に立てない。そのしわ寄せは男先生（一家）に及ぶことになった。先述のように裁縫と唱歌は完全にジェン

*11　御園生涼子はこの歌名を『汽車ポッポ』と表記している。御園生涼子『映画の声』一二八頁。詳細は以下の記述を参照のこと。

ダー化された教科として定着していたため、突然の女性教員の欠員になすすべがなかった。幸い裁縫の方は奥さんが代講を引き受けてくれた。「だが、唱歌だけは、なんとしてもオルガンがむずかしい。オルガンは、裁縫するようには手がうごかないからだ」[*12]。健気にも男先生はオルガンの特訓を始め、自らの手で抜けた穴を埋め合わせようと努め始める。教員宿舎で懸命に練習するのは『千引きの岩』という曲。翌日、男先生の唱歌の時間が来た。歌詞がきちんと板書されている。

千《ち》引《び》きの岩
千《ち》引《び》きの岩《いわ》は重からず
国家《こっか》につくす義《ぎ》は重《おも》し
事《こと》あるその日《ひ》、敵《てき》あるその日《ひ》
ふりくる矢《や》だまのただ中《なか》を
おかしてすすみて国《くに》のため
つくせや男子《だんじ》の本分《ほんぶん》を、赤心《せきしん》を[*13]

「漢字にはぜんぶふりがながうってある。男先生はオルガンのまえから教壇にきて、いつもの授業のときのように、ヒッチクダケの棒の先で一語一語をさししめしながら、この歌の意味を説明しはじめた。まるで修身の時間のようだった」[*14]。ところが男先生は昔ながらの数による記譜（ドレミでなくヒフミによって音を表す）で教えるので、子どもは全く乗ってこない。「男先生の唱歌、ほんすかん。やっぱりおなご先生の歌のほうがすきじゃ[*15]」と言われてしまう始末であった。

やがて、松葉杖姿の大石先生が分教場にやって来る。しかしそれは復帰ではなく、子どもたちに別れを告げるためであった。母親の働きかけもあり、本校に転勤することになったのだ。子どもたちは別れ

＊12　『二十四の瞳』五九頁。

＊13　前掲、六二頁。

＊14　前掲、六二―六三頁。

＊15　前掲、六四頁。

を惜しみ号泣する。そして待たせてあった船で大石先生が岬を後にしていくのを、『七つの子』の合唱で見送る。[*16] 口々に別れのことばを叫ぶ子どもたち。横に立つ男先生がすかさず声をかける。「さあ、さあ、歌をうたって送ってあげるんぢゃ、今度は『千引きの岩』、一、二、三、はいっ！」[*17]。しかし次の瞬間響くのは「かーらーす、なぜなくのー」の大合唱だった。気まずそうに顔を見合わせる男先生夫婦。だが男先生は吹っ切ったように、または半ばやけくそに、児童に和して「こがあるかーらーよー」と歌う。負けを認めたすがすがしさか、この場面の笠智衆もなかなかの名演だ。

（2）おなご先生の〈唱歌〉実践をめぐる考察

別れのシーンは、大石先生の〈唱歌〉実践の「勝利」を象徴するものでもある。それは、国粋主義的な歌詞をもつ唱歌『千引きの岩』を、歌詞の意味から観念的に教え込もうとする「男先生」の旧式の唱歌教育に対する、子どもの生活世界に寄り添いながら柔軟かつ革新的な音楽教育を創造しようとする「おなご先生」の実践の勝利とひとまず言えそうだ。だがここで少し立ち止まって考えたい。映像ではカットされているが、大石先生は唱歌の授業で、国旗を賛美する『日の丸の旗』も教えていた。それも男先生の『千引きの岩』のように暗い雰囲気に陥ることなく、子どもたちの「瞳が無邪気に楽しそうに輝く」ような明るさの中で。彼女は恐らくこうした〈唱歌〉実践にかけてはある種の天分を持っていたものと思われるが、こうした天分こそ、当時唯一の義務制の国民教育機関であった小学校の教師に、最も求められていたものであった。先の「前に倣え」の項でも述べたように、義務制の初等教育学校の最大のミッションは国民としての同質性の形成であり、その核は国民の身体の形成にあった。そこには、意味は分からずとも「ああ美しや／日本の旗は」と自然に口ずさめるようになる身体も含まれている（筆者も今でも口ずさめる！）。いや意味の理解はそこではむしろ邪魔であり、ただ「無邪気に楽しく」そらんじて歌えるようになることこそが要諦なのだ。

ここで、大石先生が〈唱歌〉実践に取り入れた童謡に目を転じてみよう。ここでは本作全体を代表す

＊16　シナリオでは『山の烏』（烏の手紙）を歌うとなっており、実際の映像と異なっている。『シナリオ』一九頁。
＊17　前掲、一九頁。

る、桜の下での列車ごっこのカットで歌われた『ちょうちょう』の替え歌を取り上げる。原曲は文部省唱歌だが（さらにそのルーツは外国の民謡と言われる）、「汽車ははしる／煙をはいて／トンネルぬけて／鉄橋わたり／汽車ははしる」という他愛無い歌詞は童謡のテイストである。だが少し考えれば分かるが、この歌詞は他愛も無いもののようで実はそうではない。鉄道網の構築は日本近代化の枠であり象徴でもあった。全国に鉄橋やトンネルを架設し、網目のように線路を通し、そこを煙を吐いて汽車が縦横無尽に走る――その情景を素朴に歌ったこの歌詞こそ、近代化した国土の礼賛でなくて何だろうか。『日の丸の旗』や『千引きの岩』のような露骨な国威発揚の内容ではない。しかしよりソフトな形態のナショナリズムが、満開の桜の下での列車ごっこというこの上なく楽しい時間の中で、造作なく子どもたちの中に身体化されていく――こうした巧妙さが、大石先生の〈唱歌〉実践には隠し持たれているのである。

したがって次のように言うことができる。確かに大石先生（おなご先生）の実践は、旧式の男先生の唱歌教育に対して圧倒的な勝利を収めた。だがその勝利は、国粋主義やナショナリズムに対する「平和」思想や「民主主義」の勝利を断じて意味しない。むしろ、国民教育がその設計時点から企図していたようなナショナリズムが一層浸透するには、大石先生のような柔軟で革新的な教育方法が「自然に」できてしまう天性の教育者を必要としていたと言えよう。彼女の手にかかれば、童謡の『七つの子』と同じような調子で、『日の丸の旗』を教え込むのも造作もないことだった。たしかに女教員は、当時のジェンダー秩序のもとでひどく周縁化されてはいた。しかしだからと言って、何も重要な役目を果たさなかったということでは全くなかったのである。

3．男女別学体制と『二十四の瞳』

ここまで読んできた読者は次のような疑問をもつかもしれない。「学校制度や教員の世界にジェンダー秩序が深く食い込んでいるのは分かった。だけど無垢な十二人の子たちは分教場の四年間、男女で引き裂かれることなく一緒に学べたではないか?」。たしかにその通りだ。しかしこの「男女共学」は、人口の少ない島の分教場という条件に支えられた偶発的なものに過ぎなかったことを、以下で説明したい。

一九〇〇年（明治三三）制定の小学校令施行規則第三十条は「一学級ノ児童数ハ尋常小学校ニ在リテハ七十人以下、高等小学校ニ在リテハ六十人以下トス」と定めている。これは学級定員の話だ。ところが次の第三十一条に「尋常小学校若ハ其ノ分教場ニ於テ同一学年ノ女児ノ数一学級ヲ編制スルニ足ルトキハ男女ニ依リ該学年ノ学級ヲ別ツヘシ」とあるのだ。どういうことか。

たとえばある学校の一学年が百名だったとする。学級定員上限の七十（これも随分大きな数字だが）を超えているので二学級に分割となる。仮にこの学年の男女比が三十五対六十五だったとすると、七十以下の条件をクリアしているので六十五名の女子だけの「女組」、そして三十五名の「男組」を必ず編成しなければならない。たとえ学級規模がいびつなものになっても、あくまで男女別学級編成をごり押ししようというわけだ。ただし例外条項として「第一学年及第二学年ニ在リテハ前項ノ規定ニ依ラサルコトヲ得」とある。旧制度下の小学校では、三年生以上で男女別学への制度的誘導が強力に行われていたことが分かる。

その一方、「おなご先生の受け持ちは一、二年生」[*18]とあるように、岬の分教場では複式学級で授業が行われていた。シナリオでも最初の点呼のシーンに「二十五、六人の生徒」「二年生ドッと笑う」などとト書きされており[*19]、複式学級かつ二学年合計の人数でも七十にはるか届かないことが示されている。こうした条件ゆえに子どもたちは一、二年生の時はもちろんのこと、三、四年生になっても小学校令施行規制第三十一条の適用をまぬがれることができたわけだ。

一年目の二学期、大石先生は砂浜の落とし穴に嵌って足を負傷ししばらく休職する。それがきっかけ

＊18 『二十四の瞳』六頁。

＊19 『シナリオ』七頁（シーン23）。

＊20 『二十四の瞳』一七九頁、強調は引用者。

＊21 他方で修学旅行のくだりで「二組あわせて八十人の生徒のうち、いけるというのは六割だった」（一四七頁）と書かれている。男女混合の二学級編成だったということだろうか。

で岬の分校から本校に異動する。その後三年半ぶりに、五年生になった子どもたちと本校で再会を果たすことになる。本校での学級編成をうかがわせる記述は原作にはない。ただしその後、高等小学校にこの子どもらが進んだときに、「高等科になって、はじめて**男女別組**になった教室には……」[20]と書かれていることから、五、六年も小規模校ゆえに男女混合学級であったと推察できる。[21] 一方映画の方では、卒業を目前にした児童が教室で綴方（作文）を書いているシーンで、早苗・富士子らの後ろに男子の坊主頭が映りこんでおり、原作と同様に本校でも男女混合学級が続いたという解釈をとっている。

このように偶然的条件に支えられて男女混合学級で過ごした子どもたちであったが、かれらが「男女共学」を謳歌することができたと言い切るのはあまりにおめでた過ぎる。学級という枠組みは同じであっても、教師による扱われ方が同一であるとは限らない。女子のみが履修する裁縫科があったように、カリキュラムもジェンダー化していた。そうした制約下での「共学」であったことを押さえておかねばならない。

4．高学年から戦争の惨禍へ：胸掻きむしられるシーン

物語の中盤以降、話の焦点は徐々に社会の荒波に翻弄される十二人の子どもたちの人生の方に移って行き、大石先生はその前にただ立ち尽くすような場面が増えていく（先生にも、船の機関士の男性との結婚という大ライフイベントが訪れるのだが）。子どもたちの人生を理解するにあたり、旧体制の学校制度の下で小学校卒業時が大きな人生の岐路となることをまず踏まえておこう。そしてこの道の分かれ方に、ジェンダーが影を落としていることが明瞭に読み取れるのである。

小学校卒業後の進路は、男子の場合、米屋のせがれの竹一が中学校、正・吉次・磯吉が高等小学校、仁太は落第して一級下と、階層構造そのままに分岐していった（磯吉は入学直前に大阪に奉公に出ることに進路変更、竹一はのち大学まで進む）。いっぽう女子は、島では富裕層に属するマスノとミサ子が高等

女学校受験組、早苗、小ツルは高等小学校へと、やはり階層構造を反映した進路に進む。しかしコトエは頭脳明晰にも関わらず、貧窮ゆえに高等小学校への進学すら許されなかった。さらに松江と富士子の人生も暗転し、卒業の前後に姿を消し音信不通になっていた（松江については後述）。階層構造に左右される点で男子と変わらないが、加えてジェンダー秩序が作用して女子の進路を歪めていく。マスノは歌唱に秀で音楽を志すが、「料理屋のむすめが……学校の歌うたいになってもはじまらん」[*22]と家族に反対され、女学校受験を断念し不本意ながら高等科に進んだ。ミサ子は親の期待に応える学力がなく、結局「仕立て屋に毛がはえたような学校」[*23]に進んだ。

それでは時間を、大石先生が五年生になった教え子たちと分教場で再会した場面に巻き戻してみよう（映画ではいきなり六年生になった時点に話が飛ぶので、原作の方を参照する）。再会をよろこぶ大石先生だが、そこに仁太の姿が見えないことをいぶかしく思う。


小ツルは、先生のからだをつかまえて、ゆすぶり、

「先生、仁太、どうしてこなんだか?」

「あ、それきこうきこうと思ってたの。どうしたの、病気?」

すぐには答えず、みんな顔見あわせてわらっている。

（中略）

「どうしたのよ。病気じゃないの?」

早苗の顔を見ていうと、早苗はだまってかぶりをふり、目をふせた。

「落第。」

ミサ子が答えた。

「あら、ほんと?」

＊22 『二十四の瞳』一七七頁。
＊23 前掲、一七七頁。

おどろいている先生を、わらわせようとでもするように小ツルは、

「いつも、はな、たらしとるさかい。」

みんなはわらったが、先生はわらわなかった。[*24]

大石先生は顔を曇らせ「かわいそうにとつぶや[*25]」くが、何もなすすべがない。仁太は一年生のとき、修身の授業で「天皇陛下はどこにいらっしゃいますか」という発問に、「天皇陛下は、おし入れの中におります。」というユニークな答えを述べた子どもだった。[*26]近代日本の学級制度は、定期的な進級試験によって厳格に判定する「等級」としてスタートしたが、試験がもたらす弊害が批判され、一九〇〇年の小学校令施行規則をもって進級試験制度が廃止された経緯がある。それ以降、落第のプレッシャーは子どもたちから次第に遠のき、「みんな一緒」の生活共同体としての学級が前景化していく。しかし落第（原級留置）という制度そのものがなくなったわけではなく、その適用頻度も戦後の新学制移行後よりは高かった。一方で「みんな一緒」が強調される土壌で時に生ずる落第が、当事者にとってどれほど辛いかは大石先生のリアクションに示された通りである。

仁太の落第は、十二人の人生に初めて差し込んだ、まだほんの小さな影だった。しかし川本松江の人生には本物の暗雲が立ち込めていた。大工の父、母とちいさな弟妹と暮らしていたが、母が赤ん坊を産み落としたときに他界してしまったのだ。母の死の直前、松江はユリの花の弁当箱がほしいと父にねだっていた。それを知った大石先生が後日、弁当箱をプレゼントするが、その時すでに松江の運命は定まっていた。父と小さな弟妹の世話役は松江しかなく、学校を辞めるほか手立てがなかった。今日でいうヤングケアラー問題だ。「法律はこのおさない子どもを学校にかよわせることを義務づけてはいるが、そのために子どもをまもる制度はな[*27]」かったのである。いつしか松江一家は姿を消していた。彼女は大阪の親類の家に子守に行った、ということだった。映画では、この悲劇を象徴するユリの花の弁当

＊24　前掲、一二〇―一二一頁。
＊25　前掲、一二一頁。
＊26　前掲、四八―四九頁。
＊27　前掲、一三三頁。

箱が視覚に訴え、胸を締めつけられる。

修学旅行のシーズンがめぐってきた。早朝に船で島を出て、金毘羅まいりをしてその日のうちに帰って来るというものだが、岬の子らは親をまきこんで、行くの行かぬの大騒動となる。はじめかなりの欠席者が見込まれたが、ぎりぎりになって雪崩現象が起き、大半が行く形勢となった。親たちが尻込みした最大の理由は、貧困ゆえに子どもに着せる衣類が調達できないことであった。しかしそれぞれが無理をして何とか金策を講じたことで、富士子やコトエも参加することができた。その中で早苗だけが欠席となった。「早苗のために売りにいったさんごの玉のついたかんざしは思う値で売れず、洋服を買うことができなかった[*28]」ためである。船中の大石先生は早苗のことを思い、胸閉ざされる。

金毘羅まいりを終え、大石先生は高松港桟橋の待合所で船を待っている。顔色が悪いが、同僚の先生がうどんでも食べようと声をかけ、飲食店街に出向く。とそこに、「天ぷら一丁ッ」という聞き覚えのある声が響く。のれん越しに店をのぞくと、そこに居たのは大阪に行ったものと思った川本松江であった。「かみをもわれにゆ［い］、びらびらかんざしといっしょに造花のモミジをも頭にかざり、赤いまえかけに両手にくるむようにして……立ってい[*29]」る、そんな風体であった。店のおかみさんは警戒するが、学校の先生と聞いて一応慇懃に応対する。以後、おかみさん、先生、松江が織りなすぎこちない再会劇をシナリオから再現しよう（BGMに『七つの子』の伴奏がスローテンポでかかる）。

138　食堂の中

大　石：ありがと、先生、どうしているかと思って、心配してたの、元気でよかったわ。（田村先生へ）私の教え子。松江さんというの

田　村：そう、働いてて感心ね

（おかみさんが来る）

＊28　前掲、一五四頁。

＊29　前掲、一五七―一五八頁。

おかみ：ええええ、よう働いてくれて助かります。なんせ忙しい商売ですけん。（松江へ）ちょっと、天井が上ってたよ

松　江：はい（去る）

おかみ：それで先生方は、ご見物においでですか？

大　石：はあ、修学旅行で

おかみ：それはそれは、ようおいでましたな、お疲れになったでしょうが、なんせ子どもなんて、ぞろぞろ連れてあるいたら、もう世話がやけるのって。あ、なんか召し上がりものは？

大　石：はあ。どうします？

田　村：おうどん、あるんですか？

おかみ：うちは麺類はやっとりませんから（入って来た客へ）へえ、いらっしゃい。天井か親子なら、ご飯は炊きたてですヮ

大　石：もう、そんなに頂けませんから、それに時間がありませんし

（「親子丼二ッ」という松江の声。大石先生と松江の目が合う）

おかみ：ぢゃ、お茶でもたんと上っていっておくれまーせ

大　石：はあ頂きます

（松江は、離れた所から、大石先生を見ている。おかみさん、土瓶をもって来て）

おかみ：それでなんな？　今度の船でお帰りな？

大　石：はあ

おかみ：ぢゃ、もうすぐですな

大　石：（田村先生へ）失礼しましょうか

田　村：あの子と、何かお話があるんぢゃないの？

おかみ：なにせ忙しいもんですけん、ゆっくりお話も出来なくて……松江何をそんな所でぼったっとるん、ご挨拶しまーせ、せんせすぐお帰りぢゃが。

大　石：（立って）どうもお邪魔致しました。

おかみ：そんな、お構いもしませんで

大　石：マッちゃん、元気でね、手紙頂戴ね、先生も書くから……さよなら（おかみさんへ）ご免下さい

おかみ：どうぞ、おだいじに。[*30]

松江が教師と会話することを何としても阻止し、早く追い出そうとする店のおかみが醸し出す緊張感を、木下映画は丁寧に描いている。原作では省略されたこのシーンは、松江がこの店に行き着くまでのほの暗い事情を暗示している。今と違い当時は、飲食店を装っていかがわしい商売をしている店も存在した。貧窮の末に松江はそうした店に売られ、もしかすると性的サービスも強要されていたのかもしれない。右記シーンの気まずさからはそうした事情が垣間見える。そして店を飛び出した松江が、かつての級友と鉢合わせしそうになって咄嗟に身を隠す場面から、埠頭で修学旅行生を乗せた船を見送る場面へのシークエンス。児童の歌声付きのＢＧＭ『七つの子』が、観る者の胸を掻きむしらずにはおかない。

川本松江の悲劇は、戦争とは直接的には結びついていない。それは貧困を生む生産関係とジェンダー秩序という二重の構造によって作り出されたものだった。しかし戦争が、下層女性たちの困窮に一層の拍車をかけた可能性は十分にある。一方で戦争は男子たちの人生を決定的に狂わせた。先述のように五人中三人が落命する。その中には、平時であればエリートとしての人生が約束されたであろう大学進学者の竹一も含まれていた。

＊30　『シナリオ』二六―二七頁。

5．作者・壺井栄の実人生とオーバーラップする作品世界

『二十四の瞳』の名声に比べ、作者壺井栄（一八九九―一九六七）の実人生は意外に知られていない。しかしこの作品には、彼女の人生のいくつかの要素が明らかに投影されている。そもそも壺井栄とはいかなる人物なのか。ここで一旦立ち止まってこの点を明らかにしよう。壺井栄の人生については、国文学者の鷺只雄が徹底した調査に基づく労作をものしており、本講もその研究成果に全面的に準拠する。

『二十四の瞳』の通俗的な牧歌イメージから、作者壺井についても「台所からエプロン姿で手を拭き拭き現れた善良なおばさん」[*31]といったイメージが抱かれがちである。だがその背後に、「夫に裏切られ、友人に欺かれ、過去十五年余りに及ぶ家庭生活も理想も破壊され、四十歳を目前にして何の取り柄もない、無能な病気持ちの女として、弊履の如く捨てられようとした生き地獄から、すさまじい作家への執念を燃やして這い上がっていったという壮絶なドラマ」[*32]があったことを、誰が知っているだろうか。

鷺只雄作成の「年譜」[*33]によれば、栄は一八九九年八月五日、香川県小豆郡坂出村に、醤油樽の職人岩井藤吉の五女として生まれた。母岩井アサは「大地母神」とも言うべき存在で、十人の子どもを産み育て、加えて親に死別した孤児の姉弟までも引き取って育てた。[*34] この十二人の子どもたちを育んだ母アサの像が、『二十四の瞳』の大石先生の原型となった。また教育者という点でいえば十一歳年上の長兄弥三郎の存在が大きい。弥三郎は一九一一年香川県師範学校を卒業後、直ちに香川県師範学校附属小学校訓導となる。結局その夢は果たされなかったが栄自身も、この兄をロールモデルに教員を志望し高等小学校に進む。[*35] しかし小学四年頃から父の商売が不調になり、家運が傾き出すことで栄の人生に影が差し始める。五年生の頃には子守をしながら通学し、[*36] 六年生の秋の金比羅まいりの修学旅行も費用が捻出できず行けなかった。[*37] この辺りの顛末は少し形を変えて、大石先生一行が修学旅行先の高松で、料理屋住

＊31　鷺只雄『評伝　壺井栄』七頁。
＊32　前掲、七頁。
＊33　「年譜」鷺只雄編『人物書誌体系　壺井栄』一九一―二四六頁。
＊34　前掲、一九三頁。
＊35　前掲、一九九頁。
＊36　前掲、一九八頁。
＊37　前掲、一九八頁。

まいで奉公中の川本松江とばったり再会するシーンに表現されている。また、夢をかなえ島の本校で教員を務める山石早苗の眩いばかりの描写には、栄自身が果たせなかった理想像が投影されているのかもしれない。こうした苦境の中にあった栄に、文学の世界に目を開かせるきっかけを作ったのが長兄弥三郎だった。高松で教師をする兄は、島で子守や内職仕事をしながら苦学する栄に、『少女世界』『少女の友』『少女』などの雑誌を定期に送り続けた。[*38]

壺井栄の壮絶な人間ドラマはまだ入り口に差し掛かったばかりだが、『二十四の瞳』成立の背景を理解する上ではさしあたりこれで十分だろう。物語の中で、戦争で夫を亡くした大石先生は、自分の母に続いて娘を亡くす。こうした悲劇にみまわれながらも、二人の息子を養うため、戦後に教壇に復帰する。何重もの苦悩を背負う戦後の大石先生を演じる高峰秀子の「老け」役ぶりには鬼気迫るものがある。その表情からは、「生き地獄からすさまじい執念を燃やして這い上がってきた」、作者壺井栄が生きた女の業のようなものも感じられる。

一九四六年、そんな大石先生を励まそうと教え子たちが同窓会を企画する。集った七名の「瞳たち」の人生にも明暗がくっきり刻まれていた。中でも印象的なのが、夢かなえ教職で働く早苗の生き生きした様子、助産師になった小ヅルの誇らしげな姿、それと対照的な、歌手になる夢破れ料理屋の奥様に収まったマスノのどこか物憂げな表情である。サプライズゲストに松江も呼ばれていた。「こんなときをはずしたら、もう一生仲間外れぢゃと思うと、恥も外聞もかなぐりすてとんで来ました」[*39]「私はもう先生の前に出られるような人間ではありませんけど、でも、たとえどんなに軽蔑されても、わたしは先生のこと忘れませんでしたの。あの弁当箱、今だに持っています」[*40]という松江の言葉に、彼女のその後の人生が凝縮されている。骨折をした大石先生を皆で見舞いに行ったときに浜辺で撮った大切な写真を前に、視力を失った磯吉が「この写真は見えるんじゃ。な、ほら、まん中のこれが先生じゃろ……」[*41]と指さすシーンで、観客は落涙せずにはおれない。

＊38　前掲、一九九頁。

＊39　『シナリオ』三八頁、『二十四の瞳』二五二頁。

＊40　『シナリオ』三九頁、『二十四の瞳』二五四頁。

＊41　『シナリオ』四〇頁、『二十四の瞳』二六〇頁。

映画公開後、主演の高峰秀子のもとには全国の教師から手紙が殺到したという。若い、悩める教師からの手紙が多かった。[*42] しかしこのエピソードを過去のものと片づけることはできない。私たちの社会は、『二十四の瞳』が突きつけた諸問題を未だ克服できていないのだ。貧困や格差、ジェンダー秩序によって見るも無惨に将来を閉ざされていく現代の若者の苦悩から、目を背けてはならない。

ところで、大石先生の戦後の教員生活がどのようであったかは、全く読者・観客の想像に委ねられている。二十代の頃とちがい体力も落ちているだろうから、苦労の多い教員生活だったかもしれない。そんな中でもし彼女がこだわったであろう実践のポイントを探るなら、綴方（作文）教育が考えられる。分教場時代の〈唱歌〉実践と並び、本校に移ってからは綴方教育に力を入れていた描写がある。[*43] しかし思想弾圧が強まり、生活綴方運動の先駆者が次々と検挙されるのを見て教職への気持ちが萎えてしまい、いちど退職している。戦前に存分に展開できなかった綴方教育のリベンジを、戦後果たそうとした大石先生の姿を想像するのは楽しい。綴方教育については第8講でも詳しく取り上げることにしたい。

6. ただ一緒にすればいいというものではない：松永健哉の〈劣等組〉からの教訓

ここまで、近代日本教育の男女別学制度が初等教育段階にまで及んでいたこと、にもかかわらず『二十四の瞳』の中では鄙びた離島の小学校という偶然的条件により、制度の適用を免れ、長期にわたり子どもたちが性別で引き裂かれることなく、共同性が比較的保たれたことを論じてきた。いわば男女混合の「光」の側面にクローズアップしたのが『二十四の瞳』であったが、そこには批判的な視座が欠落している。ここで問いたいのは、いかなる理念・哲学のもとで男女を同一学級にするかが肝心ではないかという点である。本節では、同時代の日本でも全く異なる教育環境――進学志向の強い東京郊外の新興地――に目を転じ、混合学級の「影」の部分を浮き彫りにしたい。

松永健哉（一九〇七―一九九六）は戦前・戦中・戦後にわたり息の長い活動をつづけた教育家・教育

＊42　斎藤明美編『高峰秀子かく語りき』。

＊43　『二十四の瞳』「六、月夜のカニ」一四〇―一四七頁。

理論家・教育運動家である。長崎県の漁村に生まれ、貧窮の中苦学して這い上がるように東京帝国大学文学部に進んだ。在学中、関東大震災を機に設立された東大セツルメントの有力メンバーとして、今でいう学童保育の指導員的な活動に打ち込む。[*44]その間、官憲による思想弾圧を受け、転向声明を出すなど苦しい遍歴を重ねた。東大卒業後、家族の生活を支える必要から松永は、東京府下の小学校で小学校教員として働く。小学校在勤時期は一九三四〜一九三六年であり、『二十四の瞳』後半の時代設定と概ね重なる（小卒から高等小あたり）ことを先に確認しておく。そして二校目の東調布第一小学校（現在の大田区田園調布に立地）時代の実践をもとに書かれたのが『子供の自治生活』という著作である。

> 子供と生きる
> 結婚をめぐって／つづり方の行方／橋の上の子供群／情意テスト／不感症の教育／河原の子供会／
> 盗む子の面影／自治会へ／要保護児童／第一の条件／幼い家庭教師／紙芝居／劣等組／準備教育風景／

右の抜粋が各章の小見出しである。現在では田園調布＝金持ちのイメージが固定化しているが、当時は住民にもっと多様性があった。セツルメントで貧窮児に寄り添ってきた経験のある松永のまなざしが、東調布第一小の中でも、貧しい子、病弱で学校に来れない子、植民地出身者（朝鮮人）の子、学業不振児などに注がれていたことがラインナップから読み取れる。このうち本講でスポットを当てるのが「劣等組」と題された章である。

ある日の午後、五年生の北山君という児童が額を血だらけにして、二人に抱えられるように駆け込んで来た。[*45]彼は「要保護児童」としてカテゴライズされた児童だった。今日でいう就学援助児童に近い存在で、授業料・後援会費免除や学用品給与や年一回の衣服の給与、給食の措置の対象となっていた。前年度、松永の学級にこうした児童が七名いた。

＊44　松永健哉の校外教育運動については、岩下誠・三時眞貴子・倉石一郎・姉川雄大『問いからはじめる教育史』二三六―二三八頁も参照のこと。

＊45　以下、松永健哉『子供の自治生活』一四〇―一五四頁をもとに要約した。なお同書からの引用に際しては現代仮名遣いに改めてある。

「先生！　池内君が石でぶったんです！」

「池内が？」

瞬間、火花のように或る恐怖が私の頭脳を貫きましたが、眼前の急にそれどころではないので、あわてて北山の顔にハンカチを当てがい、衛生室へ急がせました。

（中略）

「僕の組の池内が石をぶつけたんだね？」

私は興奮にかられて、つい詰問するような言葉になっていました。

「そうです、肋木の所で少し離れて言い合っていたら、池内君が不意に石を拾って放ったんです」

「言い合っていたのは池内だけ？」

「いいえ、まだたくさんいます」

「北山君は一人だったの？」

「いいえ、合《ごう》組の者も四人位いました」

「一体何を言い合っていたの？」

「男組の者がいつも合組の者をバカにするんです、ねえ柿崎君」[＊46]

傷害騒動の背景には、この小学校の五年生に行われた変則的な学級編成があった。四年生までは小学校令施行規則第三十一条（66ページ参照）に則り、男女別学級に分けられ、松永は男組の受け持ちであった。ところが年度がわりに際して、旧男組のうち三分の一ほどの子どもがほぼ同数の女子と一緒になって「合《ごう》組」に編入されることになった。この三分の一の選び方は「「成績劣悪・家庭貧困」ということを標準にし……「合組」イコール「劣等組」ということになってい」[＊47]た。この変則的な編成は、上級学校すなわち（旧制の）中学校・高等女学校の受験対策の必要上から行われたものだった。松永は、池内

＊46　松永健哉『子供の自治生活』一四一―一四二頁。
＊47　前掲、一四二頁。

をはじめ男組の面々が普段から、上級学校への道が閉ざされた合組児童のことを「貰い乞食」「朝鮮よごれ」「バタヤ」（原文ママ）などと呼んで蔑んでいることを憂慮していた。

やや意外だが、松永は「劣等組」について、「それ自身としては、つまり純粋に教育理論上の問題としては特別にマイナスの……ものではない」[*48]と捉えていた。むろん今回の編成の直接的理由、すなわち受験対策教育にとって「玉石混淆」のクラス編成では足を引っ張る者がいて不都合である、という理由付けは強く非難していた。またこうして編成された混合学級の担任にしばしば「学校事務の繁忙な訓導が任ぜられ、劣等児たちへの放任と無視が公然と行われている」[*49]当時の風潮に憤っていた。彼のスタンスは、この歪んだ全体状況を逆手にとって、自分の理想とする教育の舞台に変えてしまおうというものだった。校長から合組編成の意志を伝えられ、学級編成を命じられたとき、松永は「不安の中にも一脈ひそかな悦び」を感じ、成績の下位三分の一をとるという校長の意見に抗して「**児童を彼等の生活によって分類し**、要保護児童等は成績の如何に拘らず……合組に編入するという方針」[*50]を貫いた。松永自身がこの組を受け持つ前提で、「日本一の「合組」」[*51]を作ろうと希望に燃えていたのである。「教育本来の面目に於けるほんとうのやり甲斐というものが「合組」の子供たちの側にある」[*52]というのが彼の信条だった。

成績が下位の者のみで編成される学級は、戦後日本で定着した特殊教育体制の下での（主として知的障害児を対象とする）特別学級と地続きのものである。これに対し松永のように、学業成績一本でなく、「生活」すなわち社会経済的背景に由来する困難という軸をそこに加えた特別学級編成という発想は、英国に端を発する特別ニーズ教育（ＳＮＥ）と親和的である。いずれの場合も子どもを分ける際に性別（ジェンダー）とは異なる軸が前景化し、性別に対する関心はかすんでしまっていた。男女混合学級はあくまでそのことの結果としてもたらされた事態に過ぎず、何らかの理念や哲学に基づくものではなかった。

＊48　前掲、一四三頁。

＊49　前掲、一四三頁。

＊50　前掲、一四五頁。強調は引用者による。

＊51　前掲、一四六頁。

＊52　前掲、一四五頁。

先述のような事件も、理念や哲学をなんら持たない男女混合学級がもたらした悲劇と言えるかもしれない。松永健哉のために言い添えておくと、意気込みをもって合組を編成したにもかかわらず、翌年の学校人事で彼は意に反して、五年男組の受け持ちにさせられてしまった。代わりに合組担任になったS先生に関する記述は薄く、どうも「日本一の合組」計画は幻に終わったようだ。いずれにせよ、「合組」の受け持ち教師には、厳しい社会背景をもつ子どもたちのスティグマ化を回避しつつ彼／彼女らの自尊心を育み、その教育ニーズを汲み取って応答していく高度な力量が求められるだろう。厳格なジェンダー秩序下でたまさか発生した男女「共学」という条件を活かすことも容易でなく、そうした豊かな力量を持つ教師の指導の下で初めて可能となることである。果たして当時の松永にそれが可能だったかを確かめる術がない。ちなみに暴力事件の翌日、合組担任のS先生との間で収拾の形式を打ち合わせた松永は、男組のホームルームで首謀児童らに対し事実の確認を求めた。しかし問い詰めているうち感情が高ぶり、その間も「指でつつき合いをしている不真面目」[*53]な子どもの態度を目にして、遂に堤防が決壊してしまった。馬鹿野郎！と叫んで平手打ちを食らわせてしまったのである。

松永健哉の実践記録は、信念を欠いた形式的な男女混合学級という形態がもたらすひずみを映すものだったが、こうした問題のすそ野が思いのほか広いことをうかがわせる資料がある。ある雑誌の終戦記念日特集に、六十代の男性の投書が掲載された。題して「「男女組」から解放された日が私にとっての終戦日だった」[*54]。その中で男性は、戦時中の国民学校で「体が小さくて虚弱児であったため、男女混合の男女組」に入れられたことを「不名誉なことで引け目を感じた」[*55]と回想している。終戦後もしばらく男女組は残り、「私の心は暗く、この屈辱と悲しさはいつまでも続いた」[*56]。国民学校が廃止されて新学制がしかれ、一九四七年四月から「混合学級」とはちがう完全な「男女共学」が実現するまで、この苦しみが続いたと綴られている。

＊53　前掲、一五二頁。

＊54　「「男女組」から解放された日が私にとっての終戦日だった」『歴史と旅』二七巻一二号、秋田書店、二〇〇〇年、二〇二─二〇四頁。
＊55　前掲、二〇四頁。
＊56　前掲、二〇四頁。

上記の投書はあくまで男性の立場からのものであった。こうした議論を深めるには、信念なき混合学級が女性の側からどのように体験されたかを語る、さらに多くの声に耳を傾けなければならない。

おわりに：性の多様化の時代に

くだんの男性投稿者に「解放」をもたらした戦後の新学制が施行されて、はや七十七年の月日がたった。そこで実現した「男女共学」の体験は、旧体制下の男女別学時代と全く異なるのは勿論のこと、理念や哲学を欠いた形だけの「男女混合」とも決定的に断絶したものだったに違いない。[*57] しかしながら戦後社会の成熟とともに、教育の世界でもジェンダー秩序の再編と再強化が静かに進んで行ったものと思われる。[*58] それはつまり、男女共学が所与のものとして日常化するにつれて、いつしかそれが「理念や哲学を欠いた形だけの混合」に逆戻りしてしまう危機が深まったことを意味している。冒頭で述べた学校経営上の理由からの安易な男女共学化のトレンドはまさに、その所在を示すものである。また、男女平等が少なくとも形式上うたわれる新学制下で展開した戦後女子教育（女子のみの別学校）が何を達成し、何が課題として残っているのかの検証も欠かせないだろう。

こうした危機の一方でフェミニズム・ジェンダー研究の世界では、男と女という性の二項図式がもたらす抑圧構造を批判するだけでなく、生活の場で実践的に二項図式を崩すことを追求する動きも高まっている。二〇二三年の広島サミット開催時に、ＬＧＢＴＱに関する法案の行方が話題となったことも記憶に新しい。ＬＧＢＴＱ問題が提起する性の多様性から目をそむけることは、もはやできない状況にある。今なお健在な、性の二項図式に執拗にこだわる近代の秩序、そしてその落とし子である学校に毎日通わなければならない日常と、報道で日々伝えられる、二項秩序を軽やかに打ち破って生きようとする人々の姿。こうした矛盾を生きるわれわれにとって、『二十四の瞳』はとてつもなく古く、またとてつもなく新しくもあるテクストである。

＊57　しかしながら小山静子は戦後改革について、戦前の教育上の差別是正という意味があった一方で、あくまで「男子を基準とした教育への女子参入であり、男子教育を基準とする見方は揺るぎないものとして存在し」た、と限界を指摘している（小山『戦後教育のジェンダー秩序』八四頁）。

＊58　学校文化という切り口からジェンダー秩序を明らかにしたものに木村涼子『学校文化とジェンダー』が、さらにそれを権力概念によって先鋭的に探求したものに片田孫朝日『男子の権力』がある。また小山静子は短期大学の制度化を中心に、戦後女子教育をジェンダー秩序の問題として論じている（小山『戦後教育のジェンダー秩序』）。

参考文献

＊壺井栄『二十四の瞳』新潮文庫、二〇〇五年（オリジナルは光文社刊、一九五二年）
＊木下恵介『シナリオ二十四の瞳（シナリオ文庫第二十五集）』、映画タイムズ社、一九五四年（本文中では『シナリオ』と略記）

生田久美子編『男女共学・別学のステージを問いなおす――新しい議論のステージへ』東洋館出版社、二〇一一年
岩下誠・三時眞貴子・倉石一郎・姉川雄大『問いからはじめる教育史』有斐閣、二〇二〇年
片田孫朝日『男子の権力』京都大学出版会、二〇一四年
木村涼子『学校文化とジェンダー』勁草書房、一九九九年
小山静子『戦後教育のジェンダー秩序』勁草書房、二〇〇九年
松永健哉『子供の自治生活』刀江書院、一九三六年（国立国会図書館デジタルコレクションで全文閲覧可能（https://dl.ndl.go.jp/pid/1440810/1/1 二〇二三年一月二六日最終閲覧）
御園生涼子『映画の声――戦後日本映画と私たち』みすず書房、二〇一六年
鷺只雄編『人物書誌体系　壺井栄』日外アソシエーツ、一九九二年
鷺只雄『評伝　壺井栄』翰林書房、二〇一二年
斎藤明美編『高峰秀子かく語りき』文芸春秋、二〇一五年

第4講

分けない教育とヴァルネラビリティ
［告白の主語はやはり「私」ではないか？］

▒『破戒』（島崎藤村原作［一九〇六年］・前田和男監督、加藤正人・木田紀生脚本［二〇二二年］・市川崑監督、和田夏十脚本［一九六二年］）

キーワード

ヴァルネラビリティ
「部落学校」
権力の非対称性
尋常高等小学校
視学官
教師の一人称としての「先生」

はじめに：『破戒』の通奏低音として響く「分ける教育」

教師のなり手がいない、若手を中心に休職・離職が相次いでいる……といった悲鳴にも似た訴えが頻繁に聞かれる昨今である。教師の疲弊をめぐっては多角的に検証される必要があるが、教師という立場の弱さ・脆さ——心理的、社会的、政治的、財政的、経済的など複合的な意味において——がそこでの焦点の一つとなるだろう。本講では、一九〇六（明治三九）年の刊行以来長く読み継がれてきた島崎藤村の名作『破戒』、およびその昭和と令和時代における映画化作品を手がかりに、教師が抱え込んでしまう被攻撃性・弱さ・脆さ＝ヴァルネラビリティをめぐって考察していく。

周知のように『破戒』は、小諸義塾での教職をなげうった藤村が文字通り背水の陣で取り組んでものした作品である。またこれも周知のように、長野県飯山の小学校教師の主人公瀬川丑松《うしまつ》は、被差別部落出身者という設定になっている。冒頭、身近で起きた差別事件をきっかけに丑松が突然下宿を変えるという話が出てくるが、その辺から作品には早くも不穏な空気が漂い始める。丑松の学校での仕事ぶりは

島崎藤村『破戒』岩波文庫、二〇〇二年。

優秀であり、同僚、子どもたちから慕われ、若者らしくテニスに興じる屈託のない姿も描かれ少しだけホッとするが、それもつかの間、彼を陥れようとする奸計が渦巻き始める……。

　このように『破戒』の設定は非標準的なものではあるが、本講が照準を当てようとする教師のヴァルネラビリティ（被攻撃性・弱さ・脆さ）を余すところなく描き出していると言ってよい。そこには五年に及んだ作者自身の教員経験も養分となっていよう。その上で二点、留意しておきたい事項を挙げる。いずれも作品の時代背景にかかわってのことであるが、第一に、当時の日本には教育行政の独立性という観念が存在せず、学校教育は無防備の状態のまま、政治の駆け引きや謀略などに常にさらされていた点である。教育が政治に著しく従属し、それによって振り回されていたということである。その象徴となるのが郡視学という存在であり、丑松を窮地へと追い込んでいくのである。

　第二に明治後期に刊行された本作品の背後に、部落の子どもの学校をめぐって「分ける／分けない」の激しいポリティクスが渦巻いていたことを指摘しておきたい。一八七一年の太政官布告をもって賤民身分の廃止が公式に宣言されたが、社会全体で差別の解消に至るのは容易なことではなかった。学制発布後、明治政府の方針に基づき全国に小学校が設立されたが、近代的な地方行政システムがいまだ完成しておらず、学校設置にあたっては近世村落共同体の力を借りざるを得なかった。そのことが、部落の子ども丸ごと全体を学校教育から締め出す近世的排除を生み、後述する「部落学校」のような別学状態を広く引き起こすことになったのである。この差別状態はその後、中央集権的教育体制の整備にあわせて暫時解消に向かうが、「共学」実現後も部落の児童生徒への学校内での差別は長く尾を引き、その一端は『破戒』作中の描写にもあらわれている。『破戒』の通奏低音として「分ける／分けない」問題が鳴り響き続けていることを確認しておきたい。また、第3講の男女共学によせて述べたように、ただ「分けない」状態にありさえすればよいわけでなく、「共」の内実が重要なことも強調しておく。『破戒』に即して言えば、マジョリティである一般民と部落民との間には権力関係に基づく圧倒的な力の落差があった。したがって「分ける／分けない」の決定はマジョリティの胸先三寸によるものであり、この非対称性に切り込まない限り、本作で描かれた丑松の悲劇の温床が取り除かれることはない。

本講ではじめに、『破戒』の通奏低音をなすところの部落の子どもたちの別学問題の概況を示す。次に『破戒』に戻り、作品に描かれた丑松をめぐる社会関係、その教師としての日常をまずおさえる。そして本作のクライマックスに位置する、教室で生徒を前に出自を告げるシーンの検討に進む。藤村のテクストと、新旧の映画作品とを往還しながら考察し、教師のヴァルネラビリティについて考えたい。

なお本講における『破戒』からの引用中には、「穢多」「新平民」など不適切な差別表現とされる文言が含まれている場合もある。発表当時の人権感覚を後世に伝える資料として、原文ママに引用することをここにお断りする。

1．部落の子どもたちを「分かつ」教育の概況

本節では小説テクストとしての『破戒』の時代背景をおさえる目的からも、学制期から二十世紀初頭（『破戒』の時代設定は一九〇四年頃とされる）に至るまでの時期に、部落の子どものいわゆる別学問題にどのように一応の終止符が打たれたかを振り返っておく。この点については伊藤悦子による要を得た整理があり、その議論に多くを依拠する。[*1]

部落の別学問題はしばしば「部落学校」問題と一口に括られるが、伊藤は別学／共学という軸に、部落の主体性が発揮されたか否かというもう一つの軸をクロスさせ、四つの類型をもとに考えることを提案している。すなわち同じ別学でも、部落の人々の主体性が発揮され自らの意志で独立校が設置・維持された場合と、部落の主体性が抑圧され、分離教育機関としての部落学校（身分学校）が押し付けられた場合が区別されるのである。

一八七二年の学制公布を契機に日本全国に小学校の設置が行われていくが、近代的行政システムが未

＊1　伊藤悦子「近代学校教育と部落問題」朝治武・黒川みどり・内田龍史編『近代の部落問題』二二一―二六四頁。ほかに部落学校に関する研究として部落問題研究所編『部落の歴史と解放運動　近代篇』一四六―二〇五頁などがある。

整備の状態の中で、学校の設置は村落共同体の力に大きく依拠せねばならなかった。そのため、被差別部落が枝村でなく独立村であり、かつ一定の経済力も有していた場合、部落がそのまま学校の設置主体となって独立校が作られたケースがあった。その典型として伊藤は京都市内の楽只《らくし》小学校、柳原（のちの崇仁）小学校を挙げている（二校とも現在は閉校）。独立校を持つには相応の人口規模が必要であり、大規模部落に限られていた。こうした独立校は、運営にかかる費用の調達に大きな苦労が伴ったが、「部落の実態に即して運営できる」[*2]学校として子どもや保護者のニーズを満たすものでもあった（主体性の高い別学）。他方で一村を構成するほどの規模や経済力を持たない小規模な部落の子どもたちは、旧村落が設置した学校に形式上組み入れられることになったが、近世的排除意識が強い旧村秩序のもとで実際には就学を拒否され不就学状態に置かれることも多かった。伊藤はこの状態も「部落の主体性が低い共学」形態に含まれると述べている。

　教育令期にはめまぐるしく制度改変がなされたが、教育管理の主導権は旧村指導者の手から近代的行政当局へと移っていき、その趨勢は一八八六年の小学校令によって決定的になった。「近世的排除意識を保持していた旧村指導者に代わって、「四民平等の国民教育」の実現を目指す官僚が学校の設置維持を担うシステムに変化していった」[*3]のである。この移行のなかで、部落側による就学拒否への抗議の声が届き統合教育が勝ち取られていった場合もあった（主体性の高い共学）。また旧村落の妨害で部落の子どもが就学できない状態を打開する「次善の策」として、行政村が分校を設置することも行われるようになる（主体性の低い別学）。しかしこの「次善」に満足せず、部落側の抗議によって分校が本校に統廃合されていく場合もあった（これも主体性の高い共学）。こうした変化の背景として伊藤は「一八九七年に道府県レベルで地方視学が配置され、九九年には郡視学が配置され、教育行政の監督が強化されたこと」[*4]を挙げている。ただし郡視学は後述のように、『破戒』の中では部落出身教師瀬川丑松に災厄をもたらす存在として描かれる。

*2　伊藤「近代学校教育と部落問題」二三六頁。

*3　前掲、二三四頁。

*4　前掲、二四七頁。

一九〇〇年代に入ると部落学校の本校への統廃合が加速していく。それは国民教育の「分けない」ロジック、そして教育経費削減という合理性の勝利であったと伊藤は述べている。しかしそれは部落の子どもにとって、「実際には無防備な子どもたちに差別が容赦なくふりかかってくる事態」[*5]を意味していた。そうした学校環境に、出自を伏せた状態で教師として飛び込んだ瀬川丑松の身に何が起こったかを記した物語が、小説『破戒』に他ならない。

2. 丑松をとりまく社会関係とその教師としての日常①

本節ならびに次節では、瀬川丑松をめぐる社会関係、その教師としての日常が作品の中でどのように描かれているかを把握することにする。前述のように『破戒』の作者島崎藤村は作家生活に入る前に教員を経験しており、その細やかなスケッチが随所に活かされている。まず以下に掲出する二ヵ所は教員の様子をスケッチしたものである。

> 毎月二十八日は月給の渡る日とあって、学校では人々の顔付も殊に引立って見えた。課業の終を告げる大鈴が鳴り渡ると、男女の教員はいずれも早々に書物を片付けて、受持受持の教室を出た。悪戯盛りの少年の群は、一時に溢れて、その騒しさ。弁当草履を振廻し、「ズック」の鞄を肩に掛けたり、風呂敷を背負ったりして、声を揚げながら帰って行った。丑松もまた高等四年の一組を済まして、右左に馳せちがう生徒の中を職員室へと急いだのである。[*6]
>
> 男女の教員は広い職員室に集っていた。その日は土曜日で、月給取の身にとってはかえって翌の日曜よりも楽しく思われたのである。ここに集る人々の多くは、日々の長い勤務と、多数の生徒の取扱とに疲れて、さして教育の事業に興味を感ずるでもなかった。中には児童を忌み嫌うようなものもあった。三種講

＊5　前掲、二五一―二五二頁。

＊6　島崎藤村『破戒』二二頁。

習を済まして、及第して、漸く煙草のむことを覚えたほどの年若な準教員なぞは、まだ前途が長いところからして楽しそうに見えるけれど、既に老朽と言われて髭ばかり厳しく生えた手合なぞは、述懐したり、物羨みしたりして、外目にも可傷しく思いやられる。一月の骨折の報酬を酒に代えるため、今ここに待っているような連中もあるのであった。[*7]

給与支給日は月に一度のハレの日である。くすんだ日常に束の間の華やぎが訪れる時だ。そんな中でも置かれた状況や境遇によって、教員の表情にはくっきりと陰影があらわれる。藤村の観察眼が細部まで行き届いた場面だ。さてこうした中で、丑松の命運に大きくかかわる登場人物は校長、同僚で師範学校以来の友人の土屋銀之助、最近職場に加わった勝野文平、その文平の叔父の郡視学（当時の地方教育行政官）の四名である。

　校長は応接室にいた。この人は郡視学が変ると一緒にこの飯山へ転任して来たので、丑松や銀之助よりも後から入った。学校の方から言うと、二人は校長の小舅にあたる。その日は郡視学と二、三の町会議員とが参校して、校長の案内で、各教場の授業を少許ずつ観た。郡視学が校長に与えた注意というは、職員の監督、日々の教案の整理、黒板机腰掛などの器具の修繕、または学生の間に流行する「トラホオム」の衛生法等、主に児童教育の形式に関した件であった。[*8]

郡視学による視察もまた、ある意味で学校の「ハレの日」である。粗相がないよう気をもむし、校長にとっては好印象をかせぐ絶好の機会である。ここで郡視学が与えた注意が「主に児童教育の**形式**に関した」ものだったという部分に注目したい。明治期に確立した日本の公教育体制は絶対主義的官僚制の枠組みのもと運用されていた。教育行政が一般行政の中に組み入れられ、その監督を行うのも、必ずし

*7　前掲、三四頁。

*8　前掲、二二一―二二三頁。

も専門性を有しない一般行政官であった。のちにこの点が、占領期に来日する米国教育使節団によって痛烈に批判されることになる。「文部省並に地方庁教育課の職員は、如何に学識には富んでいようとも、教育および教授に関して、専門的な訓練若しくは経験をほとんど全然持っていない」[*9]。丑松の学校を訪れた郡視学が、授業を視察しても教育の内容面に踏み込めず、結局「形式的」な注意事項しか与えられないのは、米国人に言わせれば日本の地方教育行政官が「教育および教授に関して専門性を持っていない」故だとなるのかもしれない。

いずれにせよ、この校長にとって「郡視学の命令は上官の命令であ」[*10]り、その心証を良くすることにひたすら励んでいた。その甲斐あってつい先日「功績表彰の文字を彫刻した名誉の金牌を授与された」[*11]ばかりであった。一方で「主座教員」の地位を占める丑松は校長のこうした世俗主義に対して冷淡な姿勢に徹していた。校長より在校年数も長く、生徒や同僚からの信望も厚い丑松の存在を、校長は勝手に自己に対する脅威と捉え、苦々しく思っていた。丑松は、真面目で勤務成績良好にもかかわらず、あるいはそれ故に怨念の対象とされるという、複雑なヴァルネラビリティを負わされた人物として造形されている。

この校長が抱き込み、自らの子飼いとしていくのが視学の甥の勝野文平である。

> 郡視学が甥と言ったのは、検定試験を受けて、合格して、この頃新しく赴任して来た正教員。勝野文平というのがその男の名である。割合に新参の校長は文平を引立てて、自分の味方に附けようとしたので。もっとも席順から言えば、丑松は首座。生徒の人望はかえって校長の上にあるほど。銀之助とても師範出の若手。いかに校長が文平を贔屓だからと言って、二人の位置を動かす訳にはいかない。[*12]

文平を厚遇することで郡視学に恩を売ることができ、一層関係が深まるという計算も校長には当然

＊9　教科教育百年史編集委員会編『原典対訳　米国教育使節団報告書』二一頁。

＊10　『破戒』二二三頁。

＊11　前掲、二二三頁。

＊12　前掲、二一八頁。

あっただろう。ところで文平がパスしたという検定試験だが、第3講『二十四の瞳』の分教場の男先生を思い出してほしい。「努力家」の彼は十年がかりでこれに合格して正教員の座を射止めたが、それでも大石先生にどこか気後れを感じた。文平もまた、師範出の丑松や銀之助に対する劣等感を抱え、だからこそ校長の懐に飛び込み陰謀に加担したのかもしれない。ちなみに二〇二二年版映画では、勝野文平は「東京帰りの秀才」で鼻もちならないエリートという設定になっている。

丑松排斥にむけた謀略は、この日の応接室から事実上開始された。


「それに引換えて瀬川君の冷淡なことは。」

「瀬川君？」郡視学も眉をひそめる。

「まあ聞いて下さい。万更の他人が受賞したではなし、定めし瀬川君だっても私のために喜んでいてくれるだろう、とこう貴方なぞは御考えでしょう。ところが大違いです。こりゃあ、まあ、私が直接に聞いたことではないのですけれど――また、私に面と向って、まさかにそんなことが言えもしますまいが――というのは、教育者が金牌なぞを貰って鬼の首でも取ったように思うのは大間違だと。……」

「どうしてまた瀬川君はそんな思想を持つのだろう。」と郡視学は嘆息した。

「時代から言えば、あるいは吾儕の方が多少後れているかも知れません。しかし新しいものが必ずしも好いとは限りませんからねえ。」と言って校長は嘲ったように笑って、「なにしろ、瀬川君や土屋君がああしていたんじゃ、万事私も遣りにくくて困る。同志の者ばかり集って、一致して教育事業をやるんででもなければ、到底面白くはいきませんさ。勝野君が首座ででもあってくれると私も大きに安心なんですけれど。」[*13]

この場では「過失のないものに向って、出ていけとも言われん」[*14]という結論で、密談はお開きとなった。

土屋銀之助は上述のとおり丑松と師範学校時代からの友人で、基本的に善良な人物として描かれてい

*13　前掲、二八―二九頁。
*14　前掲、二九頁。

る。生物学を専攻するどちらかと言うと学究肌で、物語の終盤に「農科大学の助手」の口を見つけ、教師を辞して東京へと去っていく。

本作における教師の日常描写としてもう一つ、宿直（室）に触れておきたい。丑松と銀之助はしばしばペアで宿直室に泊まり込み、夜な夜な語り合う仲だった。宿直の晩の見回りの際に父の呼び声が不意に聞こえて丑松が胸騒ぎを覚えたり（第六章）、告白直前の懊悩する丑松に銀之助が「君のことを新平民と誤解する連中がいる」と心無い言葉を発したり（第一九章）と、物語展開上の要衝に宿直室が選ばれている。そもそも教員の宿直制度は、明治憲法下で成立した教育勅語とその奉体システムと不可分の関係にある。教育勅語とは、日本における教育の根本原理に関して天皇が個人として見解を述べた著作物という形式をとり、一八九〇（明治二十三）年十月三十日に公表された文書である（もともと標題は付いていなかったが教育ニ関スル勅語という呼称が次第に定着し、その略称の教育勅語が広く使われた）。また小学校等での儀式において勅語と並んで欠かせないアイテムが「御真影」であった。一八九一（明治二十四）年六月十七日布告の小学校祝日大祭日儀式規程には「天皇陛下及　皇后陛下ノ　御影ニ対シ奉リ最敬礼ヲ行ヒ」、その後に「教育ニ関スル　勅語ヲ奉読ス」とあった（御真影もまた公式用語でなく「御写真」という表現が広く使われた）。いずれにせよ、御真影と教育勅語謄本（写し）の二つをどのように安全な場所に保管するかは、各学校にとって生死に関わる大問題だった。政府は一八九一（明治二十四）年十一月十七日の文部省訓令第四号で「校内一定ノ場所ヲ撰ヒ最モ尊重ニ奉置セシムヘシ」と一方的に言うだけで、あとは学校現場任せだった。この要請に応えて各学校が知恵を絞って行った努力の総体が奉体システムと呼ばれるものであり、奉体のために全国の学校で制度化されたのが宿直制だった。たとえば長野県の松本尋常小学校（開智学校として校舎が保存されている）は内規で、「職員ハ御真影及ビ勅語ノ神聖ヲ奉衛スルノ責任ヲ負フ」「前条ノ趣旨ニヨリ丁年以上ノ職員ハ毎夜交代シテ宿直ヲナシ以テ万一ノ変災ニ備フベシ」[*15]と定めた。実際、学校が火事や天変地異などの「変災」に襲われ、身をもって御真影と勅語謄本を守ろうとして教職員が命を落とす、痛ましい事件が何件か起こった。[*16]

話が逸れたついでに、宿直と宿直室の後日談もしておこう。日本の敗戦後、政府はいち早く学校からの「御真影」回収を指示し、焼却処分を行った。教育勅語の方はもう少しいろいろの経緯を経て、一九四八年に国会で「無効」が宣言された。この二者が学校現場から消滅したことで、宿直制度はその存在理由を失ったはずだった。ところがその後もかなり長い間、宿直はそのまま続けられた。いついかなる時に学校を訪ねても必ず対応してくれる誰かがいるという安心感が、その存続を支えたのだろうか。学校が地域の民主化・啓蒙のセンターとしての価値をもった戦後の時代、宿直室はそれなりに有効に機能した。今では考えらないが、宿直室では教員、職員、近所の保護者が入り乱れての大宴会（お酒あり）が繰り広げられることも珍しくなかった。[*17]こうした姿が一掃されるきっかけを作ったのが、日教組による日・宿直廃止闘争だった。教育労働者としての立場から、宿直制度の非合理性をつき、公費での守衛の雇用をうったえたその主張は正当なものだった。さらに時代がくだると守衛さえも姿を消し、無人の学校を警備会社の自動セキュリティ装置が守るというのが都会の学校では一般的な光景となった。

3．丑松をとりまく社会関係とその教師としての日常②

ひき続き、丑松の尋常高等小学校教員としての日々の描写を検討しよう。前項の奉体システムが作動するハレの日である天長節（天皇の誕生日＝十一月三日）の儀式の場面である。

「気をつけ。」

と呼ぶ丑松の凛とした声が起った。式は始ったのである。

主座教員としての丑松はかえって校長よりも男女の少年に慕われていた。丑松が「最敬礼」の一声は言

*15　松本市著、重要文化財旧開智学校資料集刊行会編『史料開智学校　第七巻――組織と運営　一』五七頁。

*16　岩本努『「御真影」に殉じた教師たち』。

*17　八藤後忠夫他「学校宿直制度の実態とその検討（第二報・最終稿）」『生活科学研究』二三九―二四九頁。

うに言われぬ振動を幼いものの胸に伝えるのであった。やがて、「君が代」の歌の中に、校長は御影を奉開して、それから勅語を朗読した。万歳、万歳と人々の唱える声は雷のように響き渡る。……来賓を代表した高柳の挨拶もあったが、これはまた場慣れしているだけに手に入ったもの。[18]

高柳とは地元選出の「新進政事家」の高柳利三郎で「今年もまた代議士の候補者に立つという」[19]人物である。後の丑松の運命の転変に大きくかかわることになる。そしてこの場面からうかがえるのは、丑松が奉体システムに毛筋ほどの疑問も抱かず、その担い手としての業務を、学校の核として忠実に果たしていることである。儀式がつつがなく終わり、緊張が解けた場面が次の引用である。

> 閉会の後、高等四年の生徒はかわるがわる丑松に取縋って、種々物を尋ねるやら、跳るやら。あるものは手を引いたり、あるものは袖の下を潜り抜けたりして、戯れて、避けて行こうとする丑松を放すまいとした。仙太と言って、三年の生徒で、新平民の少年がある。平素から退け者にされるのはその生徒。きょうも寂しそうに壁に倚凭って、皆の歓び戯れる光景を眺めながら立っていた。……丑松は人知れず口唇を噛み〆て、「勇気を出せ、懼れるな」と励ますように言って遣りたかった。丁度他の教師が見ていたので、丑松は遁げるようにして、少年の群を離れた。[20]

丑松と生徒との関係性が表現された重要な箇所である。丑松の受け持つ「高等四年」は、当時の学制でいう小学校尋常科四年、高等科四年を通じての最終学年にあたり、年齢的には今日の中学二年に相当するものである。しかし年齢の割に教師との関係は近いようで、（生徒からの）身体接触も頻繁にあり、生徒から丑松が慕われていることがにじみ出ている。一方でここには被差別部落出身の仙太という生徒が登場している。仙太は生徒間の人間関係から疎外され、孤立していた。[21] しかし教師たちがそれに介入

＊18　『破戒』九〇頁。

＊19　前掲、九〇頁。

＊20　前掲、九一頁。

＊21　部落出身生徒が「共学」状況下で、他の生徒からいじめの対象とされたり、また「教師による別扱い」を受けたりといった差別事象が当時広く見られたと考えられる（伊藤「近代学校教育と部落問題」二五二頁）。

する様子は一向にない。同じ境遇の丑松は仙太のことが気になって仕方ないが、どうすることもできず立ち尽くす観である。もう一ヵ所、丑松の仙太への思いが切なく表現された箇所が次のテニスのくだりである。

地は日の光のために乾き、人は運動の熱のために燃えた。いつの間にか文平は庭へ出て、遊戯の仲間に加った。銀之助は今、文平の組を相手にして、一戦を試みるところ。さすがの庭球狂もさんざんに敗北して、やがて仲間の生徒と一緒に、打球板を捨てて退いた。……その時、幾組かに別れて見物した生徒の群は互いに先を争ったが、中に一人、素早く打球板を拾った少年があった。新平民の仙太と見て、他の生徒がその側へ馳寄って、無理無体に手に持つ打球板を奪い取ろうとする。仙太は堅く握ったまま、そんな無法なことがあるものかという顔付、それはよかったが、何時まで待っていても組のものが出て来ない。「さあ、誰か出ないか」と敵方は怒って催促する。少年の群は互いに顔を見合せて、困って立っている仙太を冷笑して喜んだ。……急に、羽織を脱ぎ捨てて、そこにある打球板を拾ったは丑松だ。それと見た人々は意味もなく笑った。*22

ちなみに二〇二二年版映画では丑松の勤務校は高等科のない尋常小学校と設定され、原作より生徒の年齢層が低くなっている。また部落出身の仙太は丑松の受け持つ学級におり、向学心が強く、三郎という同じ境遇の生徒ともに級友から疎んじられる設定となっている。

丑松は尋常高等小学校において首（主）座の地位を占め、最高学年である高等四年の担当を任されている。今日でいう中二に相当するとは言え、初等教育機関であることに変わりはないので教科担任制ではない。受け持ち教師が基本的には全教科を教えている。物語の最終盤であるが、丑松の教師としての最後の日の描写から、オールラウンドに教える彼の仕事ぶりを確認しておく。

*22 『破戒』九七—九八頁。

大鈴の音が響き渡ったのは間もなくであった。生徒は互いに上草履鳴して、我勝に体操場へと塵埃の中を急ぐ。やがて男女の教師は受持受持の組を集めた。相図の笛も鳴った。次第に順を追って、教師も動き始めたのである。高等四年の生徒は丑松の後に随いて、足拍子そろえて、一緒に長い廊下を通った。[*23]

その日、長野の師範校の生徒が二十人ばかり、参観と言って学校の廊下を往ったり来たりした。丑松が受持の教室へも入って来た。丁度高等四年では修身の学課を終って、二時間目の数学に取掛ったところで、生徒は頻に問題を考えている最中。……寂とした教室の内には、**石盤**を滑る**石筆**の音ばかり。丑松は机と机との間を歩いて、名残惜しそうに一同の監督をした。……「出来ましたか――出来たものは手を挙げて御覧なさい。」という丑松の声に応じて、後方の列の級長を始め、すこし覚束ないと思われるような生徒まで、互に争って手を挙げた。[*24]

とにかくその日の授業だけは無事に済した上で、と丑松は湧上るような胸の思を制えながら、三時間目の習字を教えた。手習いする生徒の背後へ廻って、手に手を持添えて、漢字の書方なぞを注意してやった時は、どんなにその筆先がぶるぶると震えたろう。周囲の生徒はいずれも伸しかかって眺めて、墨だらけな口を開いて笑うのであった。[*25]

午後の課目は地理と国語とであった。五時間目には、国語の教科書の外に、予て生徒から預っておいた習字の清書、作文の帳面、そんなものを一緒に持って教室へ入ったので、それと見た好奇な少年はもう眼を円くする。「ホウ、作文が刪正《なお》って来た。」とある生徒が言った。「図画も」とまた。丑松はそれを自分の机に載せて、例のように教科書の方へ取掛った……。[*26]

＊23　前掲、三六九―三七〇頁。

＊24　前掲、三七二―三七三頁。強調は引用者による。

＊25　前掲、三七八頁。

＊26　前掲、三七九頁。

丑松にとって教師生活最後の一日の描写なので切々と胸に迫るものがあるが、他方で教師としての彼の日常の延長線上にある一日でもある。中学生相当の年齢相手に、修身・数学・習字・地理・国語、さらに作文、図画の指導までも一人でこなす、そんなタフな教師の一面がのぞく。ところで数学の授業の叙述に「石盤を滑る石筆の音……」というくだりがある。石盤はノート、石筆は鉛筆が普及する以前、それぞれ学校での学習を支えた道具であった。「石盤とは、粘板岩などの水成岩の平板な石簿片をほぼ今日のB5判もしくはA4判サイズの大きさに切ったもので、蝋石を筆状に細く断った「石筆」を使って字や絵を書きつけるものである」[*27]。石盤に書いた文字は拭って簡単に消すことができたが、佐藤秀夫によれば石盤には道具としていくつかの「致命的欠陥」があった。書きつける面積に限りがあり、書きつけうる内容がごく少ないこと、そして「記録性のなさ」、すなわち一度書きつけた内容を保存し必要な時に参照することができないことであった[*28]。こうした欠陥の克服は、西洋紙を綴じた「教育用ノート」が売り出され広く普及するまで待たねばならなかった。

ところで丑松はある時、受け持ちの高等四年の生徒の一人である風間省吾に、人目のつかないところで「西洋綴の帳面で、罫の引いたの」[*29]を個人的にプレゼントしている。省吾は元同僚で貧窮のなか病気で辞職した風間敬之進の息子であり（そして丑松が慕う志保の弟でもあり）、「気になる子ども」の一人だった。上述した「教育用ノート」の普及が本格化するのは大正期以降であり[*30]、明治末期の時点でそれは高価な贈物だった。省吾は困惑してなかなか受取ろうとしなかった。一方二〇二二年版映画では丑松は、貧しいながら向学心に富む部落出身の生徒仙太にこの贈物を渡し、仙太に喜ばれている。

さてこのように、活力にあふれ信望もあった青年教師が、一体どんな経緯から憔悴のどん底にまで追い詰められ、自ら職を辞する決断に追いやられたのだろうか。その顛末をあらましのみ記しておく。天長節の日——丑松が儀式で号令をかけ、仙太とテニスでダブルスを組み、宿直の晩に父の声の幻聴をきいた日——、丑松の父が不慮の事故で死亡した。丑松は弔いのため実家に向かうが、その途上、駅で代

＊27　佐藤秀夫『ノートや鉛筆が学校を変えた』一三八頁。

＊28　前掲、一四九—一五〇頁。

＊29　『破戒』二四一頁。

＊30　『ノートや鉛筆が学校を変えた』一八五—一八六頁。

議士の高柳と遭遇し、また車内では高柳の対抗馬、市村を応援する猪子蓮太郎と出会う。猪子は部落民の出自を自著で明かし、丑松が心のよすがとする思想家だった。丑松の父は出身地である小諸の向町から離れ、根津村に居住して牧夫をしていた。「第二の故郷」に戻った丑松は、改めて叔父から父の戒め——あくまでも素性を隠せという戒め——を念押しされた。丑松は上田で猪子と会い、自らの出自を打ち明けようとするがどうしてもできなかった。そして飯山へ戻る帰路の船着場で、再び高柳と遭遇する。高柳はめとった妻を伴っていたが、その女性は根津村の部落の資産家の娘であった。しばらくして丑松の下宿に高柳が突然訪ねて来る。そして、自分の妻の親類が丑松の父と懇意にしている、ついては自分の妻の出自についてどうか内密にしてほしい、もし約束を破るなら自分にも考えがあると一方的に迫った。丑松は激しく動揺するが、高柳の申し出に諾とは返事しなかった。その後、高柳から丑松の出自について伝え聞いた文平が校長に注進する。これを機に職員室内で丑松の出自に関する噂話がパッと広まり、精神的に追い詰められた丑松は仕事にも支障が出るようになる。懊悩する丑松は、高柳を糾弾する演説の直後に猪子蓮太郎が非業の死を遂げたとの報を受け、自らの問題に決着をつけることを決意する……。以上のような経緯を経て、生徒を前にした告白場面というクライマックスがやってくる。

4．出自の告白シーンの検討①：テクスト編

丑松は国語の教科書の講釈を途中で打ち切り、これから話があると切り出した。以下、原作テクストから丑松の語った言葉のみを、省略なく抜き出してつなげてみる。なおここで丑松によって表明されている部落観、部落認識は時代的制約を負っており、今日の視点から妥当でない部分があることを先に断っておく。

丑松は話に先立ち、生徒が提出した作文や図画や習字に直しを入れて、生徒に返却していた。しかしその全部に目を通す余裕がなかった。丑松は「先ずその詑から始めて、刪正して遣りたいは遣りたい

が、最早それをする暇がないということを話し、こうして一緒に稽古をするのも実は今日限りであるということを話し、自分は今別離を告げるために是処に立っているということを話した」[*31]。

皆さんも御存じでしょう。この山国に住む人々を分けて見ると、おおよそ五通りに別れています。それは旧士族と、町の商人と、お百姓と、僧侶と、それからまだ外に穢多という階級があります。御存じでしょう、その穢多は今でも町はずれに一団になっていて、皆さんの履く麻裏を造ったり、靴や太鼓や三味線等を製えたり、あるいはまたお百姓して生活を立てているということを。御存じでしょう、その穢多は御出入と言って、稲を一束ずつ持って、皆さんの父親さんや祖父さんのところへ一年に一度は必ず御機嫌伺いに行きましたことを。御存じでしょう、その穢多が皆さんの御家に行きますと、土間のところへ手を突いて、特別の茶碗で食物なぞを頂戴して、決して敷居から内部へは一歩も入られなかったことを。皆さんの方からまた、用事でもあって穢多の部落へ御出になりますと、煙草は燐寸で喫んで頂いて、御茶はありましても決して差し上げないのが昔からの習慣です。まあ、穢多というものは、それほど卑賤しい階級としてあるのです。もしその穢多がこの教室へやって来て、皆さんに国語や地理を教えるとしましたら、その時皆さんはどう思いますか。皆さんの父親さんや母親さんはどう思いましょうか――実は、**私**はその卑賤しい穢多の一人です[*32]。

皆さんも最早十五、六――万更世情を知らないという年齢でもありません。何卒**私**の言うことを克く記憶えておいて下さい。これから将来、五年十年と経って、稀に皆さんが小学校時代のことを考えて御覧なさる時に――ああ、あの高等四年の教室で、瀬川という教員に習ったことがあったッけ――あの穢多の教員が素性を告白けて、別離を述べて行く時に、正月になれば自分らと同じように屠蘇を祝い、天長節が来れば同じように君が代を歌って、蔭ながら自分らの幸福を、出世を祈ると言ったッけ――こう思出して頂き

＊31 『破戒』三七九―三八〇頁。

＊32 前掲、三八〇頁、強調は引用者。

たいのです。私が今こういうことを告白けましたら、定めし皆さんは穢しいという感想を起すでしょう。ああ、仮令私は卑賤しい生れでも、すくなくとも皆さんが立派な思想を御持ちなさるように、毎日それを心掛けて教えて上げたつもりです。せめてその骨折に免じて、今日までのことは何卒許して下さい。[*33]

皆さんが御家へ御帰りになりましたら、何卒父親さんや母親さんに私のことを話して下さい――今まで隠蔽していたのは全く済まなかった、と言って、皆さんの前に手を突いて、こうして告白けたことを話して下さい――全く、私は穢多です、調里です、不浄な人間です。[*34]

この場面の丑松の動作はこう叙述されている。「丑松はまだ詫び足りないと思ったか、二歩三歩退却して、「許して下さい」を言いながら板敷の上へ跪いた」[*35]。高等四年の教室のただならぬ空気を察知して、廊下のところに校長や教師たち、生徒らがひしめき出していた。退任が決まっていた銀之助も駆けつけた。以下は銀之助の目線での叙述である。「見れば丑松はすこし逆上せた人のように、同僚の前に跪いて、恥の額を板敷の塵埃の中に埋めていた。深い哀憐の心は、この可傷しい光景を見ると同時に、銀之助の胸を衝いて湧上った」[*36]。

この丑松の告白シーンが、その後部落解放運動が高まりを見せる中で、喧喧囂囂の議論の的となったことはよく知られている。差別を受け犠牲になってきた側に立つ丑松がなぜ「許して下さい」とマジョリティに向けて謝らなければならないのか。出自を「隠す」ことを強いてきたのは差別する社会の側であり、真に謝罪するべきはその強いてきた側ではないのか。丑松はたまたま教職の地位にあっただけあり、それは何ら「謝罪」を求める理由を構成しない――。いちいちもっともな立論である。[*37]こうした後世の批判を踏まえた上で、このシーンをめぐる本講独自の議論を展開したい。

まず語りかける生徒を大人に近い存在、対等の相手として認める「もはや十五、六歳、世情を知らな

*33　前掲、三八一頁、強調は引用者。
*34　前掲、三八一―二八二頁、強調は引用者。
*35　前掲、三八二頁。
*36　前掲、三八三頁。
*37　『破戒』をめぐっては、部落解放運動や同和教育論の立場から、さまざまな議論が提起されてきた。たとえば東栄蔵『『破戒』の評価と部落問題』(正続)、川端俊英『『破戒』と人権』、成澤榮壽『島崎藤村「破戒」を歩く』(上・下)、大阪人権博物館『島崎藤村『破戒』一〇〇年』、「特集『破戒』一〇〇年」『部落解放』五六六号、「文芸分科会『破戒』出版百年記念」『部落問題研究』一八一号などを参照のこと。また丑松のモデル問題についても盛んに研究されてきた。荒木謙『大江磯吉の生涯――『破戒』のモデル』、東栄蔵『藤村の『破戒』のモデル――大江磯吉とその時代』など。

いわけでもない」という言葉である。数え年の十五、六と思われるので、満年齢では現在の中学二〜三年に当たる。しかし高等四年とは、当時の学制では義務教育年限の四年間を終えてはや四年、つまり早い者は社会に出て四年が経過した年齢にあたる。現在の感覚を安易に当てはめてはいけないだろう。むしろこの場面では教える――学ぶという関係を超越して、「この山国」という世間をめぐり、すなわち逃れようがない生活世界をめぐりしみじみ語る風情が強く印象に残る。

次にこの告白の語りに、つごう六回、一人称の「私」が使われている点に注目しよう。丑松はこの語りを、「私／皆さん」という二項図式で構成している。ここでいう「皆さん」とは、「この山国」という世間ひいてはそれを包む日本社会の成員であり、マジョリティの謂である。それに対して「私」である丑松は、世間ないしマジョリティに囲繞され、絶対的に孤立した孤独者として自らを屹立させている。しかしこの「私」は本来的に「私たち」に開かれているはずだ。あるいは開かれているべきだ。彼の勤務する学校には少なくとも仙太がおり、他にも部落出身生徒が通っていることが考えられる（二〇二二年版映画では、受け持ち級に仙太、三郎という少なくとも二人の部落出身生徒がいる）。同僚教師の中にも、明かしていないだけで同じ出自の者がいるかもしれない。しかしこの時点での丑松には「私」から「私たち」という共同性につながる回路は見出せておらず、孤立無援の境地に立たされたままだった。ここには、冒頭で述べた、非対称的権力構造のもとでの「分けない教育」の歪みが如実にあらわれている。

つまり、一般民（非部落民）というコミュニティが標準とされ、その標準に、「例外者」たる部落が一方的に自らを合わせ、従わせられるという非対称性である。この構図のもとで「例外者」としてのマイノリティは、標準の側と対等にわたりあう共同性を剥奪され、すなわちコミュニティとして勘定に入れられず、個々人が分断された裸の個人のまま、標準コミュニティに参入、適応していかなければならない。丑松のごとく、「皆さん」に周囲をぐるりと包囲された孤立した「私」としてしか存在を許されない。一八九〇年代以降、いわゆる部落学校が統廃合の趨勢にあり、形式的な意味で「分けない教育」

が実現しつつあった状況下で『破戒』の設定も造られた。しかしながら本作で描かれた丑松の悲劇は、「分けない教育」が単に形式面で保持されるのみならず、権力構造の非対称性を突き崩す運動を伴わなければ実質的な人間解放をもたらさないことを、現代の私たちに伝えている。

ところでくだんの告白の語りにおける一人称の「私」の使用をめぐってはもう一つ、重要な論点の提起が可能である。それは一般に日本の小学校で、教師の一人称として「私」や「僕」「俺」等々でなく、「先生」が広く使われていることに関係している。丑松のように教師が「私」という一人称で生徒に語りかけることは、日本の教室では存外珍しい場面なのである。このことをめぐっては、語りかけの主語を「先生」に改変した二〇二二年版映画を検討する次節において、議論を深めることとしたい。

最後に丑松の語りの、「正月になれば自分らと同じように屠蘇を祝い、天長節が来れば同じように君が代を歌って……」という部分に注目したい。他の部分が、「皆さん」と「私」との間の差異性についての語りで埋め尽くされているなかで、この箇所だけは「皆さん」と自分との間の共通性を訴える語りになっている。そこにおいて「天長節」「君が代」という天皇制国家の象徴物が言及されているのが目を引く。先述のように近代国民教育のロジックはそれ自体が近世的排除を否定するものであるが、その力のみでは旧村落的秩序の打破が完全にはできなかったことを部落学校の項で見てきた。一八八九年の大日本帝国憲法発布は、天皇の権威を借りることで近代国家日本の根拠づけを盤石のものとした。丑松はこの共通性の言明を通じて、ささやかながら差別の不条理を告発しているように思えるが、近代主義のロジックをもってしてはなお心もとなく、「天長節」「君が代」を持ち出さざるを得なかったのだろう。またここには社会の周縁に位置づけられた者が、全体秩序に過剰適応することで何とか社会の承認を得ようとする哀感を看取することもできる。

5．出自の告白シーンの検討②：二本の映画から

前に述べた通り、二〇二二年版映画ではこの丑松の告白の主語が「私」から「先生」に変更され、内容面でも改変が施されている。それのみならず、告白してからの丑松の身の振り方、エンディングにいたる流れそのものが、原作から大幅に変えられている。いわば新解釈を与えることで、『破戒』に新たな命を吹き込もうとする野心が感じられるのだ。それでは前節にならって、二〇二二年版映画における、丑松役の間宮祥太朗による「告白」の言葉をそのまま拾ってみよう。

今日は皆さんにお話があります。じつは**先生**には、今まで皆さんに隠してきたことがあります。皆さんは知っていますか。この信州で暮らしている人々を分けてみると、大体五通りに分かれます。旧士族と商人とお百姓さんと僧侶と、そしてそのほかに部落民という階級があります。その人たちは穢多と呼ばれることもありますが、町はずれにひとかたまりになって暮らしています。でも職業柄、不浄で卑しい身分とされています。だから皆さんと一緒にお茶を飲んだり、敷居をまたいでよその家の中に入ったりすることもできません。じつは**先生**はその卑しいと言われている部落民の一人なのです。忌み嫌われている部落民ですが皆さんと同じ血の通った人間であり、父がいて母がいてこの世に生を受けた人間なのです。**先生**は君たちと一緒に将棋をさしたりテニスをしたりしました。千曲川で水遊びをしたり大声で唱歌を歌いながら遠足に出かけたこともありましたね。**先生**にとっては、とても楽しい日々でした。人生で一番大切な思い出です。皆さんも将来小学校時代を思い出すことがあるでしょう。その時はこの教室で瀬川という教員に教わったことがあったっけ、瀬川先生が素性を明かして別れを告げる時、祈るような気持ちで同じ人間であると訴えていたことをどうか思い出して下さい。**先生**は皆さんに何が正しいことなのか、正しいことをするにはどうすればいいのか、それを考えられる人になってほしいと真摯に教えてきたつもりです。です

がそんな先生が自分をごまかしていたのです。本当に申し訳ありませんでした。本当は先生はこの教室で、いつまでも、いつまでも皆さんと一緒に……

ここで丑松は床に膝を突き、うつむき、嗚咽する。生徒たちが席を立って教師を取り囲み、口々に叫んでいる。やがて丑松は再び立ち上がり、語りかける。

こうやって皆さんと一緒に勉強するのもこれが最後です。皆さん今まで本当にありがとうございました。さようなら。

以上の二〇二二年版の丑松の語りで、一人称の「先生」がつごう七回使われていることをまず確認しておこう。そして同じシーンが、市川雷蔵主演の一九六二（昭和三十七）年版映画ではどのように描かれているかに注目する。以下がその告白の全セリフである。

これから、少し話すことがあります。……こうして一緒に勉強するのも実は今日限りなのです。私は皆さんに別れを告げようと思うのです。皆さんも、ご存じでしょう。この山国に住む人々を分けてみると、およそ五通りにわかれています。旧士族と商人とお百姓とお坊さんと、それからほかに、部落民という階級があります。部落民は今でも町はずれにひと固まりになっていて、中にはお百姓をして暮らしているのもありますね。そういう部落民はお出入りといって、稲を一束ずつ持って、皆さんのおとっつぁんやおじいさんのところへ、一年に一度は必ずご機嫌伺いにでましょう。皆さんの御家にまいりましても、土間のところへ手を突いて、特別の茶碗で食物などを頂戴して、決して敷居からなかへは一歩も入らないことも御存じでしょう。また皆さんの方から用事でもあって、部落の方へ御出になりますと、煙草の方は燐寸で喫んで頂いて、御茶はありましても決して差し上げないのが昔からの習慣です。部落民というものは、それほど卑しい階級としてあるのです。その部落民が、もしこの教室へやって来て、国語や地理を教えるとしたら、皆さんはどう思いますか。実は、私は、部落民なのです。……皆さんも、もう、十五六、まんざら物心を知らないという年でもありません。どうぞ、私の言うことをよくお覚えておいて下さい。これから先、五年十年と経って、たまに皆さんが小学校時代のことを考えて御覧なさる時、ああ、高等四年の教室で、瀬川という教員に習ったことがあったっけ。あの部落民の教員が、素性を打ちあけてわかれを述べていくときに、正月になれば、自分らと同じように屠蘇を祝い、天長節がくれば、同じように君が代を歌って、蔭ながら自分たちの幸せを祈ると言ったっけと思い出して下さい。そして、それほど卑しめられている部落民も、この広い世の中に生まれて来たときには、ただもう無防備で、無邪気な赤ん坊なんだし、そして死ぬまで皆さんと同じように人間なのだ、化け物でも動物でもないのだと、噛んで含めるように訴えていたと思いだして下さい。私は、皆さんが立派な考えをお持ちになるように、毎日それればかりを心がけて教えたつもりです。曲がったことを憎み、嘘をついてはいけないと教えました。その私が、部落民であることを隠していたことを、どうか許して下さい。恐らく、今後私が教壇に立って生徒を教えることはありますまい。この学校に赴任してきて三年、皆さんと一緒に過ごした月日が、私の一生のうちで一番幸せな時であろうと思います。千曲川の流れに沿って皆さんと一緒に歌いながら歩いた時のこと、真っ白い校庭で皆さんと雪投げに興じた時のこと、テニスの遊びをして私が負け、今さらのように成長の早い皆さんに驚いたこと、何もかもが一時に思い出されます。この教室、ほし草と太陽が混じったような、元気な皆さんの匂い、かたあげのある袖羽織を着た、少年盛りの皆さんの健康そうな顔、けして、けっして私は一生忘れません。私のような者を、先生、先生といって、実に長い間仲良くして下さいました。御礼を申します。ありがとう。ありがとうございました。皆さんが、おうちへお帰りになりましたら、どうか、おとっつあんやおっかさんに私のことを話して下さい。部落民だということを隠していたのは全く済まなかったと言って、皆さんの前に手を突いて、こうして打ち明けたことを話して下さい。……どうか許して下さい。

最後の「どうか許して下さい」のところで市川雷蔵は床に正座し、手を突いていわゆる「土下座」を生徒に向かってしている。

この二本の映画、さらに藤村の原作を突き合せて比べてみると、和田夏十脚本による一九六二年版映画は藤村の原作を尊重しつつ、「穢多」を「部落民」にするなど一部の表現は改め、かつ丑松と生徒たちとの思い出の数々（千曲川、テニス、雪合戦）を告白のせりふに追加し、より情感溢れるものに脚色していることが分かる。そして二〇二二年版では、この前作の脚色を踏襲しつつ、一人称の「私」を「先生」に改めるなどのさらなる改変を加えている。また丑松の教室内の動作については、一九六二年版の「土下座」を、原作の「跪く」という表現により近いものに修正していることも分かる。[*38]

さてその上で、主語が「私」か「先生」かの問題に戻りたい。せりふを文字に起こして熟読すると き、丑松が全存在をかけて行った告白の主語はやはり「私」でなければどうにも収まりがつかない、と言わざるを得ない。それに対して「先生」を主語にした語りでは、どうも他人事のような空気感が漂ってしまうのを避けることができない。そもそもこの場面は、教師が究極的な意味でヴァルネラブルな状況に立たされた局面である。素の「私」をさらし、「私」を主語に語るしかない場面である。むろん通常の場面で教師は、何重もの仮面によって守られながら職務を遂行している。役割行為を果たしている限り、無防備な「私」をさらす必要もなく、それが「私」を主語として語る必要から教師を遠ざけているのだと言えよう。しかし逆に言えば、役割なり仮面なりによって普段手厚く保護されていることによって、己の実存が問われる状況への教師の耐性や対応力が引き下げられてもいる。しかしながら教職という職業は、一方で官僚機構に組み入れられながらも、他方で官僚的論理に収まり切らない複雑さを常に内包している。「私」をさらすしかないヴァルネラブルな局面は、教師生活において意外に多いの

＊38　成澤榮壽は、この場面が一般に「丑松の土下座」のシーンと言われているのに対し、原文に「土下座」という表現がないことに注意を促している（成澤『島崎藤村『破戒』を歩く』一四八―一五〇頁）。ただし原作には、告白を終えた丑松が「同僚の前に跪いて、**恥の額を板敷の塵埃の中に埋めていた**」（『破戒』三八三頁、強調は引用者）とある。

ではないだろうか。

ただし、二〇二二年版の改変にも一辺の理があることも認めなければならない。それは教育対象の生徒の年齢設定が、高等四年から尋常四年（小学校四年）に、大幅に引き下げられている点だ。一九六二年版の市川雷蔵の丑松の口調からは、対等の人間同士の間で交わす丁寧さが感じられる。大人が、大人に向けて懸命に何かを語りかけている状況であり、もはやそこに教える―学ぶという関係はない。そのことに確証を与えるのが、「十五六、まんざら物心を知らないという年でもありません」という年齢の近さであった。それに対して、小学四年の教室で、実存をかけた「私」語りが果たしてどこまで生徒に届くだろうか。「私」語りが本当に成立するだろうか。われわれの間にあるそうした疑念が、この改変を「自然」なものとして受け取ることを可能にしてしまっているのかもしれない。

また、例の「君が代を歌って」に続く「蔭ながら自分らの幸福を、出世を祈る」という原作のフレーズが、和田脚本では「自分たちの幸せを祈る」だけに変更されている。立身出世という世俗的価値から距離を置いた丑松像を描きたい意図だろうか。一方で二〇二二年版脚本ではこのくだりはバッサリ簡略化されている。しかしその傍ら、生徒たちとの最後の別れのシーンで、「どんなに苦しい境遇に陥ってもしっかりと学問を身につけていれば必ず這い上がれます。勉強が君たちを救ってくれるのです。そのことを忘れず、一生懸命勉強して下さい。絶対に勉強から逃げないで下さい」と教え諭し、勉学がストレートに「身を立てる（あるいは救う）」ことにつながるとの認識を表明している。

この「告白」シーン以降の展開も、二〇二二年版映画では原作から大幅に改変されている。丑松は、伴侶となることを心に決めた志保を伴い東京に出て、再度教職に復帰することを決意した。船着場に向う丑松と志保を見送りに来た教え子たちに、「先生はもう一度教壇に立ちます」と宣言して明るく去っていく。良き伴侶を得ての希望に満ちた旅立ちである。ちなみに原作の方は周知のように、冒頭で排斥にあった部落民の富豪大日向が再登場し、「亜米利加の「テキサス」で農業に従事しようという新しい計画」をもち「教育のある確実な青年を一人世話してくれ」と大日向が話していたのが市村経由で丑松に伝わり、銀之助もそれに「熱心に賛成した」[*39]。また志保もいずれ丑松と一緒になりたい気持ちだと分かり、丑松も新たな人生に向けて飯山を去る、という幕切れである。

おわりに：再び教師のヴァルネラビリティをめぐって

本講では島崎藤村『破戒』の原作ならびに映画作品に描かれた主人公丑松の教師像を手がかりに、教師が抱え込んでしまう被攻撃性・弱さ・脆さ（ヴァルネラビリティ）について考えてきた。『破戒』の教師は部落出身者という非標準的存在として設定され、かつ、旧村落共同体の近世的排除がようやく後退の気配を見せ始めた明治後期という厳しい時代背景を負っていた。それでもなお、有能で生徒からも慕われていた青年教師が排斥されていく不条理は、現代的リアリティを失っていないように思える。

『破戒』に描かれたような形で、出自が教師のヴァルネラビリティの直接的引き金となることは現代日本では考えにくい（校長や文平の行為は、今日では部落出身者に対するアウティングとして強い指弾の対象となるだろう）。しかしながら社会構造が複雑化し、さまざまな差別が重層化して存在している今日、教師を陥れようとする際の「手がかり」はむしろ多様化し、身近なところに遍く転がっているような状況が出来している。ネット社会がその状況を加速化させていることも言うまでもない。教師のヴァルネラビリティは一層高まりを見せ、その危機が深刻化しているのである。その中では次の二つのことが重要である。一つは、『破戒』の時代から百年以上の時を経て、部落解放運動の成果によって少なくとも一つ、教師のヴァルネラビリティを構成する要素が葬り去られたことである。この人間解放の歴史に深く学ぶことが大切である。権力の非対称性を一部でも転覆させるような闘いが、部落の側から主体的に行われた経緯は我々に希望を与えるものである。第二に、教師がヴァルネラブルな状況から完全に逃げ切るのは不可能という認識のもと、役割演技だけの教職像からの脱皮をはかることを真剣に検討するべき

＊39　『破戒』四〇二頁。

ではないかということである。「先生」という一人称が長年広く使われてきたことが象徴するように、「私」という実存が問われる状況への耐性を教師は著しく欠いてきた。このことが一つの臨界点に達しつつあることを、近年の教師の危機は示しているのではないかと思われる。

参考文献

*島崎藤村『破戒』岩波文庫、二〇〇二年（オリジナルは緑陰叢書（自費出版）、発売：上田屋で刊行、一九〇六年）
荒木謙『大江礒吉の生涯――『破戒』のモデル』解放出版社、一九九六年
東栄蔵『『破戒』の評価と部落問題』明治図書、一九七七年
『続『破戒』の評価と部落問題』明治図書、一九八一年
『藤村の『破戒』のモデル――大江礒吉とその時代』信濃毎日新聞社、二〇〇〇年
部落問題研究所編『部落の歴史と解放運動 近代篇』部落問題研究所出版部、一九九七年
伊藤悦子「近代学校教育と部落問題」朝治武・黒川みどり・内田龍史編『近代の部落問題』（講座近現代日本の部落問題一）解放出版社、二〇二二年
岩本努『「御真影」に殉じた教師たち』大月書店、一九八九年
川端俊英『『破戒』と人権』文理閣、二〇〇三年
教科教育百年史編集委員会編『原典対訳 米国教育使節団報告書』建帛社、一九八五年
松本市著、重要文化財旧開智学校資料集刊行会編『史料開智学校 第七巻――組織と運営 一』電算企画出版、一九九六年
成澤榮壽『島崎藤村『破戒』を歩く』（上・下）部落問題研究所、二〇〇八―二〇〇九年
大阪人権博物館編『島崎藤村『破戒』一〇〇年』大阪人権博物館、二〇〇六年
佐藤秀夫『ノートや鉛筆が学校を変えた』平凡社、一九八八年
八藤後忠夫・斉藤修平・佐藤和平・岡本紋弥「学校宿直制度の実態とその検討（第二報・最終稿）――その二 聞き書きによる現在の学校教育への示唆」『生活科学研究』文教大学、三九号、二〇一七年

第5講

救貧院と南北戦争
［サリヴァン先生がなぜ「奇跡の人」になり得たのか］

▒『奇跡の人』（アメリカ、アーサー・ペン監督、ウィリアム・ギブソン脚本［一九六二年］）

キーワード

ヘレン・ケラー
南部と北部
ガバネス（家庭教師）
パーキンス盲学校
救貧院
サミュエル・ハウ
特別支援教育
分ける／分けない論争

はじめに：「分ける／分けない」論争を超えて根源へ

二〇二二年夏、特別支援教育界にちょっとしたさざ波が生じた。国連障害者の権利条約に加盟している日本が、加盟国にもかかわらず条約の趣旨に反する教育政策を推し進めているとして、その態度が国際社会から厳しく指弾されたのである。ことの発端は四ヶ月ほどさかのぼる。文部科学省が「特別支援学級及び通級による指導の適切な運用について」という通知を出した。特別支援学級に在籍しているのに大半の時間を普通学級で過ごしている、そうした児童生徒がいる実態に対して、「週の授業時数の半分以上を目安として」特別支援学級で授業を行うよう通達したのである。夏の国連勧告はこの通知の撤回を求めただけでなく、日本の特別支援教育全般がそもそも障害児の分離を前提としているとして、その流れを断ち切り、インクルーシブ教育に舵を切るよう要請したのである。

障害児の教育（かつて日本では特殊教育と呼ばれ、現在の公式名称は特別支援教育だが、よりニュートラルな国際的呼称は special education ＝特別教育）をめぐる「分ける／分けない」論争を追っていくと、それだけでたちまち一章の紙幅が尽きてしまうほどだ。そこで本講ではこの問題から一旦距離をとり、一つの人間劇として、重い障害をもつ子どもと「教師」とのかかわりを見つめ直し、「分ける／分けない」論のスタート地点をもう一度探し当ててみたいと思う。その素材とするのは、『奇跡の人 The Miracle Worker』の戯曲、映画によって世界的に知られた、ヘレン・ケラー（一八八〇—一九六八）とアン・サリヴァン先生（一八六六—一九三六）のエピソードである。誰もがうっすらとその存在を知っているだろうが、その歴史的背景や深い意味は意外に知られていない。二人の交友はサリヴァンが七十歳で死去するまで半世紀にわたり続くのだが、二人がはじめて出会い、もっとも鮮烈なドラマが繰り広げられたのは一八八〇年代末の米国南部アラバマ州においてであった。一九世紀末のこの時代、むろんインクルーシブなどという言葉も発想もないが、義務公教育制度の一応の普及が図られる中で、教育を受けられない状況にいる子どもに対応する「特別な教育」が課題となりつつあった。サリヴァンはたまたま、そうした時流の最先端に立ち、それがヘレンとの出会いをひらいた。本講ではこうした経緯から丁寧に確認していきたい。

また一八八〇年代の米国南部には、もう一つの「分ける」実践が威力を増しつつあった。南北戦争によって奴隷解放がなされ、北軍の監視の下で黒人に平等な権利を与える改革が行われた再建期が一八七七年に終わりをつげ、急激に反動化が進んでいた。悪名高きジムクロウ体制がこの後整備され、黒人はあらゆる公的領域で白人から隔離され排除されていく。ヘレンの実家のケラー家はもともと大プランテーションを経営していた。敗戦後もその羽振りは良さそうで、大勢の黒人の使用人がいて家族は貴族のように暮らしている。こうした社会経済的背景があって初めて、ガバネスと呼ばれる、ヘレン個人のための女性家庭教師を雇うことができたのである。障害の有無のほか、人種、階級、ジェンダーといった諸関係の重なりを念頭におきながら作品を解釈していきたい。

1．幕前劇：ケラー家に辿り着くまでのサリヴァンの波乱万丈

一歳のときのしょう紅熱《こう》がきっかけで視力、聴力、発話力を失ったヘレンは、それ以後六歳まで、ケラー家の広大な家屋敷で傍若無人に野獣の如く育った。そんなヘレンにほとほと手を焼いた両親は相談して、北部からヘレンのために家庭教師を呼び寄せることにした。先方から適任者が見つかったとの返信があり、あとは本人の到着を待ちわびるばかりだった。そしてアラバマ州タスカンビアの鉄道駅に、ついにその人が到着した。出迎えたのは母ケートと兄ジェイムズである。ケラー家の人びとは第一印象の戸惑いを率直に口にする（以下、アニーとあるのはサリヴァンの愛称である）。

ケート：……私、あの——ずっとご年配の方を想像していましたの。あなたはとてもお若くていらっしゃるわ。

アニー：あら、ではボストンを発った時のわたしをお目にかけたかったですわ。この旅で、わたし、うんと年を取りました。

ケート：つまり、ヘレンのような難しい子をお教えになるにしては、ね。

アニー：わたし、努力するつもりです。努力するっていうことは、法律違反でも何でもない筈です。

（中略）

ケート：（間）お年をうかがってもいいかしら？

アニー：わたし、もう十代じゃありませんのよ！　二十歳ですわ。

ケート：やっと、二十歳……

アニー：奥さま、わたしがよぼよぼのお婆さんじゃないからって、がっかりなさらないで下さい。わたしにはハウ博士よりうんと有利な点が三つもあるし、それはお金では買えないものなんです。一つ

は、博士の研究を踏まえてることです。わたし、博士の本は残らず、詳しく読みました。……もう一つは私が若いこと、つまり、どんなことでもできるエネルギーを持ってることです。第三は、かつて盲目だったことです。

ケート：（静かに）有利な点ですか。[*1]

ケートが気になったのはサリヴァンの若さだけではなかった。より大きな衝撃だったのは、「利点」の三つ目に挙げた、自らも視覚障害者だという情報だった（ある程度視力が回復したが弱視であった）。この時点でケラー家は、新しいガバネスの人物像を何一つ知らされていなかったのである。家に到着し一家の主ケラー大尉（キャプテン）と挨拶を交わすが、ケラーは同じ点について、もっとあからさまに懸念を口にした（夫婦だけの会話）。

ケラー：全く、北部というところは、妙な娘を作り出すものだ。年はいくつだ？

ケート：（あいまいに）さあ——もう十代ではないと思いますけど。

ケラー：まだ子供じゃないか。それをたった一人でこんな遠いところへ寄越すとは一体どういう家庭なんだ？

ケート：よくわかりませんの。そのあたりのことについては、とても口が固くて。

ケラー：それにあの眼鏡は何だ？　わたしは話をする時は相手の目をみて話したいが——

ケート：日よけですわ。あの方、盲目だったのです。

ケラー：盲目。

ケート：もう九回も目の手術をなさったのですって。最後のは出発直前に——

ケラー：何ということだ、盲目の子がもう一人の盲目の子に何が教えられると言うのだ！　少なくとも、

＊1　ギブソン『奇跡の人　THE MIRACLE WORKER』三一—三三頁。

教師の経験はあるんだろうな、何年、教師を勤めたのだ？

ケート：生徒でしたの。

ケラー：（重苦しく）ケーティ、ケーティ。これが彼女の最初の仕事なのか？

ケート：（明るい声で）卒業式では総代だったそうですわ。

ケラー：家中のおとなをもってしても、あの子はどうにもならなかったのだ、それを、経験もなく半分盲目のヤンキーの女生徒がどうやって教える気だ？[*2]

南部人のケラー大尉はヤンキー（北部人）という言葉をやたらと使い、来たばかりの若い教師への不信感をあらわにしている。しかし彼がグラハム・ベル博士（電話の発明者として有名）に相談したところ、ボストンにあるパーキンス盲学校のアナグノス校長に手紙を書くよう勧められ、その通りにした結果実現したのがサリヴァン招へいだった。全米的に特別教育がまったく未開拓なこの時期、まして非常に後進的な状態だったアラバマ州に住む者として、最も進歩的な最先端の教育を行っていた北部マサチューセッツ州の資源を借りるほか手がなかったのである。

到着のシーンの少し前に、ボストンからサリヴァンが送り出される場面がある。アナグノス校長ほか、盲学校の生徒たちが駅につめかけてサリヴァンの門出を祝う。そのときの校長とのやり取りである。

アナグノス：わたしが先方の家族に書いたのは、適当な家庭教師、ミス・アニー・サリヴァンがボストンで見つかったこと……そして、そちらへ行くということだけなのだ。あっちの仕事が難しいのは、これは間違いないだろう。しかしきみにとっては、この学校の生活も難しかったのではないかな？もちろん、初めてこの盲学校へ来た時は名前も書けなかったきみが、僅か数年のうちにこれほどの成果をあげたことを思えば、満足すべきではあるが、しかし、きみは常にすさまじいファイトで闘

---

*2 前掲、三七―三八頁。

い続けたからねえ。独立を求めての闘いをね。……きみに助言を与えるのもこれが最後だがね、アニー、きみには多少……如才なさ或いは、妥協する才能というものが欠けているのだ。ほかのものに対してね。きみが次々に職場を変えるといういやな経験をすることもなく、このパーキンス盲学校にとどまっていられたのは、ひとえに、きみを追放するべきところが何処にもなかったからなのだよ。目が痛むかね？

アニー：耳が痛いんです、アナグノス先生。

アナグノス：（きびしく）ここを出るとしたら、テュークスベリーへ戻るしかないが、あそこは子供たちにとっては最悪の環境だからねえ。アニー、きみがあそこでどんなにひどい経験をしたか、わたしにはわかっている。しかし、あそこでの闘いはもう終り、すんでしまったのだよ。あの過去は死んだものとして葬り去れないものかね？[*3]

別れに際して、サリヴァンの背負う暗い過去の話が持ち出される。サリヴァンがパーキンス盲学校に来る前にいた場所として校長が言及しているテュークスベリーとは、サリヴァンと弟のジミーが入っていた州立救貧院（state almshouse）のことである。九歳で母を亡くしたアンは、父に養育能力がなかったため、弟とともに救貧院に入れられた（そこで弟を亡くす）。そこでの回想を、物語の中盤にヘレンの両親と言い合う場面で語り始める。ヘレンを施設（asylum）に入れるかどうかで三人が揉めていたシーンである。

アニー：施設にまかせますか？……わたし、そういう施設で育ったんです。州立の救貧院です。……ねずみなんて珍しくありませんよ、それどころか、あたしと弟のジミーは、おもちゃがなかったのでねずみと遊んだものです。ヘレンがあそこでどんなものに出会うか、よそいきの面会日じゃない

＊3　前掲、一七―一八頁。

日の様子をお話しましょうか？　一つの病棟（ward）にはおばあさんがいっぱいいて、びっこや、盲目の大抵は死にかけてる老人たちです。その病気が伝染病だとしてもほかに移すところがないんです。あたしたち、そこへ入れられたんです。廊下の向かい側には、若い女たちがいましたが、ほとんどは売春婦で、肺病、てんかん持ち、それに二、三人は、あの――ほかの娘を、特に若い子を追い回すくせのあるのもいて、それに気狂いも何人かいました。アル中もいました。いちばん若い娘たちはほかの病棟で、欲しくもない赤ん坊が生れてくるのを待っていました。みんな、十三か十四で商売をはじめたんです。娘たちはその後出て行きましたが、赤ん坊は残され、あたしたち、その子たちとも遊びました。でも、大ていの子は、口にしてはいけない病気のせいで身体中におできができていて、生きのびた子はあまりいませんでした。最初の年は八十人の内、七十人が死にました。[*4]……

地獄のような場所としてサリヴァンが語る、そしてヘレンを決して送ってはならないと強調する救貧院（almshouse）とはいかなる場所なのか。その変遷を追っていくと、不思議なことに障害児学校黎明期の歴史へとそのままつながっていくのである。

まず押さえておかなければならないのが、十九世紀の米国における、障害者を対象とする唯一の公的救済（公的福祉）制度が救貧制度であったという歴史的背景である。[*5]救貧制度をたどって行くと旧宗主国の英国のエリザベス救貧法にまでさかのぼる。救貧制度における救済の方法は大きく、施設収容による院内救済と、地域でそのまま居宅生活を送りながらの院外救済とに分かれる。英米両国とも十九世紀に入って資本主義が発展し、貧窮者が増大するにつれ、救貧制度も規模が拡大し、財政圧迫が問題視されるようになった。制度の再検討の結果、まず院外での居宅救済は、かえって「救済依存者」を増やすだけでコストパフォーマンスが悪いとして退けられた。救貧制度は救貧院を活用した院内救済一本に

＊4　前掲、八五―八六頁（差別的表現を含むが、原文ママ）。また一部訳語を変更した。

＊5　以下の叙述はトラットナー『アメリカ社会福祉の歴史』の第五章を参照した。

絞って行くべきとの方向性が打ち出され、さらにその対象者は、文字通りの意味で労働不可能な者だけに限っていくべきとの考えが示されたのである。こうした見直しの結果まず打撃を受けたのは不況による一般的な失業者たちであったが、救貧院そのもののあり方にも深甚な変化が生じた。救貧院は、多種多様な「労働不能」な人びとが収容されるごった煮のような状態を呈するようになったのである。すなわち、そこには老人、児童、病人、障害者（盲人、ろう者、知的障害者）、精神病・精神障害者といった人びとが含まれた。さらにそこには、サリヴァンの証言に出てきた売春婦（prostitute）のような、社会秩序を紊乱するとして収監された逸脱者も加わっていた。

サリヴァンが救貧院で過ごした一八七五年から一八八〇年は過渡期であった。前記のような劣悪な状態が広範にみられた一方で、救貧院の機能分化が徐々に進展していた。すなわち児童は養育院や感化院へ、病人は公立の病院へ、障害者はそれぞれ盲学校、ろう学校へ、精神病・精神障害者は精神病院（asylum）へ、逸脱者は刑務所へと、それぞれ別個に処遇するのが望ましいと考えられ、その方向にシフトしていった。サリヴァンはまさにこの波にのるかたちで、救貧院から盲学校へと移行したのだとも言える。とはいえ彼女はただ座視していたわけでなかった。十四歳のとき、救貧院に慈善矯正委員会の調査員が視察に来る「よそいきの面会日」をねらって、ここを出て学校に行かせてほしいと直訴した。映画には回想の中で「サンボーンさん、サンボーンさん、私は学校に行きたい」と訴える声が入っている。フランクリン・サンボーン（Franklin Sanborn）は当時四十九歳、奴隷制即時撤廃論者としても知られたリベラルな州官僚だった。[*6] このサンボーンの手でサリヴァンは「救出」されて盲学校へと進み、教育者の道に開かれ、ヘレンとの出会いが準備されていくことになる。

ちなみに、ヘレンの両親があまり深く考えず「施設（asylum）にでも入れよう」と口走る場面があった。asylumとは今日の感覚でいえば「精神科病院」が最も近い訳語だが、以下に述べるように収容施設的な意味あいもある。先ほどの救貧院史に補足していえば、機能分化後に、精神病・精神障害者のカ

＊6　Wagner, *The Miracle Worker and the Transcendentalist*, pp.47–48.

テゴリーの受け皿となったのがasylumである。ここではモラルトリートメントと呼ばれた治療が施されたが、処遇されるのは「治癒可能性が高い者」のみであった。治癒の過程で治癒可能な「病者」とそうでない残余カテゴリーに分化され、後者に分類された知的または精神障害者は行き場がなく、救貧院に戻るしかなかった。この最後の難関ともいうべき存在に取り組んだ教育者がいた。社会活動家として知られたサミュエル・ハウ（Samuel Howe, 1801–1876）である。ハウこそは、一八三二年にボストンにパーキンス盲学校を開設し、米国障害児教育の歴史を押しあけた人物だった。かつて熱烈な奴隷制即時撤廃論者だったハウは一八四八年に、盲学校に併設する形で「白痴児のための」実験学校を開設した。いわゆる白痴学校（idiots school）である。終生収容される施設でなく教育期間のみ在籍する、訓練中心の心身教育の場をめざした。そうすることで知的障害児・者を劣悪な救貧院から解き放ち、少しでも社会生活を可能にすることがハウの願いだった。しかし白痴学校の歩みは極めて困難だった。学校に預けたなり親が引き取りに現れないことも多く、結局学校がなし崩しに施設化（救貧機関化）していかざるを得なくなってしまったのである。[*7]

2. サリヴァンのヘレンに対する〈構え〉

『奇跡の人』のサリヴァン先生は、年齢にも似合わずどこか老成している。出迎えたケートに「内心はもうガタガタでふるえ上がってるんです！」[*8]と言いながら、腹が座ってぶれない姿勢が際立っている。本節ではサリヴァンのヘレンに対する基本的な〈構え〉を確認しておきたい。大きく分けて二つポイントがある。一つが〈愛と哀れみの教育学〉にノーを突き付けること、もう一つが言葉へのひらかれを目標とすることである。彼女にとって唯一の道しるべとなった存在はサミュエル・ハウ（パーキンス盲学校の創設者）だが、一点目についてはハウと見解を異にし、二点目についてはハウに全面的に賛同している。このようにこの道随一の権威に対しても是々非々の態度をとっているところにサリヴァンの

＊7　白痴学校についてはTrent, *The Manliest Man*, pp.187–191. ほかにトレント『「精神薄弱」の誕生と変貌』を参照。

＊8　ギブソン『奇跡の人』三三頁。

＊9　前掲、三二頁。

卓越性がある。

（1）〈愛と哀れみの教育学〉の否定

またもや出迎えのシーンであるが、サリヴァンはケートとこんなやり取りをする。

ケート：見込みがあるとお思いになって？　耳も目も駄目な子供に、普通の子供の半分でも教えることが

——今まで成功した例がありますの？

アニー：半分でも？

ケート：十分の一でも。

アニー：（不承不承に）いいえ。……この道の専門家ハウ博士は目ざましいお仕事をなさいましたけれど、でも——普通の子供なみに教育できた前例は、残念ながらありません。わたし、博士の研究報告を……検討していて思ったんですが、博士はあの子たちを、普通の子供なみに取り扱わなかったんです。むしろ、まるで——こわしてはならない卵みたいに扱ったんです。[＊9]

こわしてはならない卵みたいに扱う——日本語の表現では腫れ物にさわるように扱う——、まさしくケラー家におけるヘレンの扱われ方であった。サリヴァンはまだケラー家に辿り着いてもいないのに、すでにすべてを見通していた。そして、ヘレンと同じ盲ろう者ローラ・ブリッジマンの教育で注目を浴びたハウでさえも、〈愛と哀れみの教育学〉に陥っていたと批判する。そこをこわさない限り、ヘレンの教育は一歩も先へ進まないと確信していた。

物語の中盤、食事中のサリヴァンとヘレンがすさまじい格闘（3節を参照）を繰り広げたあと、サリヴァンは両親に対して、ヘレンを家族から隔離することを提案する。その文脈で、より明示的に〈愛と哀れみの教育学〉に対する批判を口にする。

アニー：奥さま、ヘレンの最悪の障害は、見えないことでも、聞えないことでもないと、わたし思います。最悪の障害はあなたの愛です。それにあわれみです。

ケラー：あんた、それはどういうことだ？

アニー：ここのお宅の人たちは、みなさんヘレンを可哀そうがるあまりに、あの子を――まるでペットみたいに――そう飼い犬みたいに甘やかしてきたんです。あの子がわたしを近寄せまいとするのも当たり前ですわ。あの子に言葉でも、ほかのどんなことでも教えようと努力したって、ここでは結局は無駄なんです。……

（中略）

ケラー：あなたが諦めてしまわれたら、私たち、ほかに何ができるでしょう？

アニー：諦める？

ケート：絶望だとおっしゃったでしょう。

アニー：ここではです。諦めるなんて、まさか。だって今日、どうはじめるべきかっていうのがやっとわかったんですもの！……ヘレンの管理は完全にわたしに任せて下さい。

ケラー：それはもう任せた筈だ。その結果が――

アニー：いいえ、つまり全生活をです。わたしに頼るしかないようにするんです。

ケート：どんなことで？

アニー：何も彼も。ヘレンの食べるものも着るものも、新鮮な……空気も――そうあの子が呼吸する空気も、とにかく身体が必要とするものすべてが――あの子にものを教える導火線になるんです。方法はこれしかありません。そういうものすべてをあの子に与える人物が、教師になるべきなんです。……ヘレンを愛している人じゃ駄目です。おうちの人たちはヘレンに対して、あまりにも愛やあわれみを持ちすぎているから、それが先に立ってしまって、教えるべきチャンスも逃してしまうし、わたしにも教えさせないんです。

ケート：でも、あの子があなたから逃げ出して——わたしたちのところへ来れば——

アニー：ええ、そこなんです。ですからわたし、ヘレンと何処かほかに住まなくちゃなりません。[*10]

〈愛と哀れみ〉への批判と言っても、右の断片をよく読むとサリヴァンは、感情やこころがけを問題にしているのではないことが分かる。ヘレンの身体が必要とするものすべてが「教える導火線」「教えるべきチャンス」となりうるのであり、それを一つたりとも見逃さない、冷徹さを備えたプロフェッショナリズムがいま必要とされている、というわけである。愛や哀れみはそうした技術を曇らせることにしかならない。このロジックを十全に理解するためには、次の〈言葉へのひらかれ〉という教育目標について検討する必要がある。

（2）〈言葉へのひらかれ〉という目標

出迎えのシーンですでにサリヴァン先生は、言葉を教えることを最重要課題に据えている。そのことにまったくブレはないのである。

ケート：……あの子にまず何を教えるおつもり？

アニー：最初も最後も、それに——その中間も、言葉（language）です。

ケート：言葉。

アニー：心にとっての言葉は、目にとっての光よりも重要だ。ハウ博士はそう言ってらっしゃるんです。

ケート：言葉ですか。……わたくしどもは、あの子に静かに座ってるように教えることすらできませんでしたの。[*11]……

＊10　前掲、八三頁。強調は引用者。

＊11　前掲、三三頁。

＊12　ヘレン・ケラー『奇跡の人――ヘレン・ケラー自伝』三四―三五頁。

ヘレン・ケラー著、小倉慶郎訳『奇跡の人――ヘレン・ケラー自伝』（新潮文庫刊）

ヘレン・ケラーは長じて一九〇三年に『私の人生の物語』という自伝を刊行した。その中でサリヴァン先生によって「ことばの神秘の扉」が開かれた経験（5節を参照）について綴り、それを「牢獄からの解放」になぞらえている。[＊12] 言語の重要なはたらきの一つに、感覚的所与を超え、言語的文脈という独自な世界を人間に可能にするという作用がある。それは感覚的所与という牢獄からの人間の解放をもたらすのである。視覚と聴覚に障害があるヘレンにとって言語の獲得は、二重の意味での解放、すなわち感覚における制約からの解放と、感覚的所与そのものからの解放が一挙同時に果たされることを意味する筈だった。サリヴァンはそこに照準化したのである。その困難な道を歩み始めるにあたっての方針が、サミュエル・ハウが避けた「普通の子供並みに扱う」ことだった。

急いで補足すると、「普通の子供並みに扱う」とは、誰もが歩む母語習得への共通の道に沿ってヘレンを歩ませるという意味である。以下のシーンは、指の綴り字を使ってサリヴァンがヘレンに向けて「話しかけて」いるところにケートが割り込んできての会話である。

ケート：……何を話してらっしゃるの？　ヘレンに。
アニー：……あら、ただおしゃべりしてただけなんです。それは刺繍カードだって。
ケート：でもこれの――（指で綴りの真似をして）――意味がその子にわかりますの？
アニー：いいえ。言葉とは何かがわからないうちは綴りの意味もわかりませんわ。
ケート：それでも綴りを教えてらっしゃる。何故ですの？
アニー：……わたし、自分のおしゃべりを聞くのが好きなんです！
ケート：主人は、囲いの支柱に向かって綴るようなものだと言っていますわ。
アニー：……あら、キャプテンが？
ケート：そうなのかしら？

＊13　ギブソン『奇跡の人』五四―五五頁。

アニー：いいえ、あなたがミルドレッド（ヘレンの幼い妹）に話しかけるのを見てのことなんです。

ケート：ミルドレッドに。

アニー：どの赤ちゃんもそうでしょう。大人の意味のないおしゃべり、赤ちゃん言葉のおしゃべりを聞かされる。赤ちゃんたち、はじめっからそれがわかるはずないんだけど、でも、いつかわかりはじめるんです。だからほかの子が聞いてるなら、ヘレンにも聞かせようと思って。

ケート：ほかのお子さんは――障害がないでしょう。

アニー：ほー、あの頭の中には障害なんて全然ありません、まるでネズミ捕りみたいによく動いてますわ！

ケート：……でも、どれぐらい聞いてからわかりはじめるのでしょうね、ミス・アニー、百万語くらい？

アニー：そんなこと、気にして数えるお母さんはいないんじゃないかしら。[＊13]

サリヴァンとヘレンとのコミュニケーションは、触覚を通じてのものである。先生が指で文字をかたどり、ヘレンの手をとってそれに触らせる。次に自分の顔に手を持ってきて激しく縦に振ったり横に振ったりする、といった動作である。ヘレンと出会ってすぐ、サリヴァンはそうしたやり方で綴りを教え始めたのであるが、まだそれが言語の獲得につながらないことを自覚している。

「言葉とは何かがわからないうちは綴りの意味もわかりません」。それは言語学者が与えるような定義の理解ではない。突然啓示のごとく誰にでも訪れる、言葉を用いることのよろこび・世界へのひらかれを実感する瞬間のことである。その時人は、すべての物には名前があることを悟る。母語習得者は誰もがそれを自然に体得していくのだが、それは一方で日々のかかわりの集積の結果でありながら、他方でどれだけ積み上げれば必ず成果に結びつくと保障されているわけでもない、先の見通せない道程である。いつ来るか分からないその日を夢見て大人（多くは母親）が続ける話しかけのその果てに、あるとき突然「大飛躍」が訪れるのだ。そしてサリヴァンには、粘り強い働きかけによってヘレンにも、必ず同じ飛躍がおとずれる筈だという確信があった。「あなたがミルドレッドに話しかける」のと同じことを自分に課したサリヴァンは、こうして、ヘレンの「頭の中には障害なんて全然ない」ことを希望の灯に、未踏の道を歩み始めたのである。

サリヴァンは同じことを、盲学校関係者に宛てたと思われる手紙の中でも書いている。

ヘレンを寝かせてから、座って考えました。「普通の子どもはどのようにしてことばを覚えるのだろうか」と自問しました。答は簡単でした。つまり「模倣によって」です。子どもは生まれながら学ぶ能力を授けられており、外からの十分な刺戟を与えられさえすれば、ひとりでに学びとります。ひとのやるのを見てまねをしようとしたり、話すのを聞いて自分も話そうとします。でも、子どもは口をきき始めるずっと前から、自分に話しかけられたことの内容を理解します。

私は近頃ヘレンの小さないとこを観察しています。生後十五ヵ月位の女の子ですが、すでにたくさんのことを理解します。尋ねられたことに答えて、鼻、口、目、顎、頬、耳などをかわいらしく指さします。「赤ちゃんのもうひとつのお耳はどこ?」ときくと、正確に指さします。花を手渡して、「ママにあげていらっしゃい」と言えば、それをお母さんのところへ持って行きます。……

この経験はヘレンにことばを教えるひとつの手がかりを与えてくれました。私は、赤ちゃんの耳に話しかけるようにヘレンの手に話しかけることにします。彼女も普通の子どものようにまねをする能力があると思います。彼女に正しい文で話しかけ、必要なときには、身振りや彼女特有の合図で意味を補うことにします。でも私は、何かひとつのことに彼女の心を留めておこうとするつもりはありません。彼女の心を刺戟して、興味を起こさせるために全力を尽し、結果を待つことにします。*14

サリヴァンは「待つ」という言葉で締めくくっているが、単に待ちの姿勢に徹していたのでなく、一

*14 サリヴァン『ヘレン・ケラーはどう教育されたか』三六—三八頁。強調は原著。

方ではさまざまな「攻め」のアプローチを展開する。それが次節の話になる。

3.ヘレンとの「格闘」の場面

本節では、ヘレンを相手にサリヴァン先生が奮闘する場面として、特に映画において印象的な食堂での二人だけのシーンを取り上げてみたい。映画で約十分間にわたり台詞なしで繰り広げられる、食堂でのサリヴァンとヘレンの二人だけのシーンは、まさに「格闘」の名にふさわしい凄まじいものである。またこれを契機として、ヘレンにまず「服従」を教えねばならないことに気づき、家族からヘレンをひき離して別居することを提案するに至る、重要なターニングポイントの場面である。

食堂には、ケラー大尉、ケート、兄ジェイムズ、ヘレン、サリヴァンが勢ぞろいし、給仕係の黒人家政婦ヴィニーも控えている。食卓の会話の主導権はいつもケラー氏が握り、ハイテンションでまくし立てている。いつものケラー家の朝食風景である。そしてヘレンは立ち歩いて奔放にふるまっている。これもケラー家のいつもの風景である。

……ケラーとジェイムズはすでに着席して戦争について議論している。ヘレンはテーブルのまわりをうろつきながら、他の人々の皿を探検している。アニーは席についてヘレンをみつめる。ヴィニーが部屋へ戻り、水差しをテーブルに置く。……二人とも男たちの議論を妨げることはしない。アニーはフォークを手に静かに座ったまま、ヘレンをみつめている。ヘレンは母の皿にとりついて、手でスクランブルド・エッグをつっついている。ケートはアニーの視線に気付き、どうしようもないという身ぶりで微笑する。ヘレンはジェイムズの皿へ移る。男たちの話は続いている。[*15]

ヘレンはついにアニーの皿に手を突っ込む。それを阻止するアニーとの争いが次第に激しくなる。ケ

＊15　ギブソン『奇跡の人』五七頁。

ラー氏とケートが、いつものやり方だから大目にみてやってくれとアニーに頼むが、彼女は激昂し、哀れみでは何も変わらないと叫び、今すぐこの部屋を出ていくよう家族に告げる。こうして食堂は二人きりになり、演劇や映画で白眉の「格闘」シーンが始まる。これまでと同様、役者の間に台詞のやり取りがないので、引用はすべて脚本の「ト書き」の部分となる。以下、この場面を三つに分割して提示する。

［1］アニーはケート、ジェイムズ、ケラーの皿をテーブルから片付ける。テーブルの反対側の自分の皿にヘレンの手がとびつこうとする直前に、素早くその皿をすべらせて遠ざける。ヘレンの手を持ちあげ、ヘレンの皿の上におく。即座にそれをさぐったヘレンは、また床に座りこみ、かかとで床をドンドン踏みならす。アニー、テーブルを回ってきて、自分の椅子にかける。ヘレン、アニーのスカートを感じると蹴るのをやめ、次に何が起るか待ちかまえる。少し蹴って、そして待つ。アニー、……口に入れて［食物を］嚙むが、のみ下すにはかなりの努力がいる。ヘレンは今や椅子の足にとりつき、椅子を引っ張り出そうとして、半分位成功する。アニーは勢いをつけてどんと腰を下し、全体重をかけて座る。椅子をひっくり返そうというヘレンの試みは失敗する。そこでヘレンの指はアニーの横腹に突進し、つねる。口いっぱいの食物を嚙んでいた最中のアニーはおどろいて、あやうく口から出してしまいそうになる。フォークをほうり出してヘレンのほうに向き直る。ヘレンはアニーが何をしているか好奇心にかられ、立ち上がってさぐりにくる。そこでアニーは食事を続け、ヘレンの手がフォークからアニーの口へとたどるに任せる。従ってヘレンの手はすぐにアニーの皿にたどりつく。アニーはその手をしっかりと押え、ヘレン自身の皿へ持って行く。ヘレンはこれに応じてアニーの腿をつねる。しっかりと、悪意をこめた一ひねりにアニーはとびあがる。アニー、フォークを置き、口を固く結んで座っている。ヘレン、ふたたび腿に突進してつねる。今度はアニーはその手を払いのける。ヘレンはげんこつの大振りでこれに報復し、その一撃はアニーに当る。アニー、即座にヘレンの頰に平手打ちをくわせる。今度はヘレンのほうがびっくりする。……ヘレン

がふたたびなぐりかかるとアニーは落ち着いて、もう一発平手打ちをくわせる。[*16]

［2］ヘレン……前のドアへ手さぐりで行き、ノブを回すが、ドアはロックされていて、キーはない。ヘレン、ドアを激しく叩きはじめる。アニー、立ち上がってドアへ行き、ヘレンの両手首を掴んで、抵抗するヘレンをテーブルに連れ戻し、椅子にかけさせ、皿の上で両手を離してやる。アニーが席につこうとすると、ヘレンは椅子から抜け出し、前のドアへ走って行って、引っ張ったり蹴ったりする。アニー、ふたたび席を立ってドアへ行き、片手の手首を掴んでテーブルに引き戻し席につかせ、自分も席につく。ヘレン、また逃げ出してドアへ行くが、途中で母親の椅子をひっくり返す。アニー、ふたたび立ってこれを追い、今度は後ろから身体ごと抱きあげ、蹴ってあばれるヘレンを椅子へ連れ戻す。……アニー、ヘレンを席につかせ、そして、待つ。……それからナイフとフォークを取り決然として食物に立ち向かう。ヘレンの手がさぐりにやってきて、アニーがじっと座っているのを知る。その手はアニーとフォークをさぐり、ためらい……それから引っ込む。次に自分の皿のほうへ移動し、そのあたりを叩いて探し、発見できないでとまる。これを見て、アニーは立ち上がり、床からヘレンの皿を拾い、汚れたテーブルクロスに散らばった食物を手いっぱいかき集めて皿の上に落し、ヘレンの手の届くところに押してやる。不安をはらんだ瞬間、二人とも動かない——しかし突然、ヘレンは食物を掴み、がつがつとのみ下す。[*17]

［3］……ヘレン、皿のものをすっかり平げる。しかめ面をしながら、迷ったあげ句、おかわりを要求して皿をさし出す。アニー、これを受け取り、さっき移動させておいた皿へ行って、その食物をスプーンで取って移す。ヘレンの皿を二、三度スプーンで軽く叩きながら、じっと考える。そして皿にスプーンもそえて戻ってくる。まずスプーンをヘレンの手に持たせ、それから皿を置く。ヘレン、持たされたスプーンを投げ出す。アニー、手首を握ってそれをとめ、スプーンを持たせる。ヘレン、じれてすぐ投げ出すが、アニー

＊16　前掲、六五—六六頁。

＊17　前掲、六六—六九頁。

ふたたびとめて、スプーンを持たせる。今度は床の上に投げ出す。アニー考えた末、ヘレンの身体を椅子から抱きあげ、床の上でくんずほぐれつした末、ヘレンの指を折りたたんでスプーンを持たせ、椅子に戻す。ヘレン、またしても床の上に投げ出す。アニー、また椅子から抱きあげる。……ヘレン、自由になろうとしてあばれるが、アニーは床の上に押さえつけ、スプーンを握らせ、蹴とばしてあばれるヘレンを片腕に抱き、片手で椅子をもと通りに据え、ヘレンをどすんと落す。手を離したとたんに、ヘレンはスプーンをアニーに投げつける。アニー、皿を遠くへ移す。皿を掴もうとしたヘレンは、それがなくなっているのを知り、両手のこぶしでテーブルをどんどんと叩きはじめる。アニー、スプーンを沢山集め、皿といっしょにヘレンの前に下し、皿の匂いをかがせる。ヘレン、叩くのをやめる。アニー、皿を置き、スプーンをヘレンに持たせる。ヘレン、床に投げ出す。アニー、別なスプーンを持たせる。それも投げ捨てる。最後の一本になった時、アニーはとなりにかけ、スプーンを握らせ、皿から食物をすくい、口に持っていかせる。ヘレン、口を固く結んでいる。アニー、無感動に少し待ってから一旦手を下し、もう一度口へ持って行く。ヘレンの口は閉じたまま。アニーは待ち、そして手を下す。さらにもう一度、試みる。今度は、ヘレンは突然口を開けて食物を受け入れる。アニー、ほっと安堵の溜息をついてスプーンを下す。ヘレン、口いっぱいの食物をアニーの顔めがけて吐き出す。アニー、一瞬目を閉じたまま座っているが、水差しを取ると、その水をヘレンの顔にぶちまける。ヘレン、びっくりして喘ぐ。アニー、ヘレンの手でスプーンに食物をすくわせ、ヘレンの開いた口へ投げこむ。ヘレン、いやいやながらものみ下す。[*18]

この「格闘」シーンのあと、食堂から出てきたアニーはケートに対して淡々と、ヘレンが自分の皿から、スプーンで食べ、最後にナプキンを畳んだと報告する。母は特に彼女がナプキンを畳んだことにいたく感動する。しかしアニーは両親に、「ここでは希望はありません。逃げ出す子供に教えることはできません」[*19]と冷徹に言い放ち、前に見たようにヘレンが「服従するということ」を学ぶまで、家族から

＊18　前掲、六九―七〇頁。

＊19　前掲、八二頁。

隔離して暮らすことを提案したのであった。この提案に両親は難色を示すが、サリヴァンの迫力に、二週間という期限を切ってヘレンと納屋で暮らすのを承知した。

本節で見た食卓のシーンでサリヴァンは、ヘレンを平手打ちしたり水を顔にぶちまけたり、相当派手に振る舞っている。しかしこれらの振る舞いもまた、〈愛と哀れみの教育学〉を拒絶し「普通の子供」がたどる道をヘレンにも辿らせようとする、サリヴァンの大方針から導き出されたものである。はるか後年になって障害者福祉の世界にノーマライゼーションという概念が導入されるが、サリヴァンの行動は、ヘレンをとりまく環境を通常のものに少しでも近づけ（ノーマライズし）ようとするものであったと解釈することができる。

4．納屋での隔離生活の中で：「二人きり」ではなかった……

両親に伴われ、ヘレンがグリーン・ハウスと名付けられた離れた納屋にやって来る。サリヴァンがそこに待ち受けている。母親から切り離すことでサリヴァンに頼らないと生きていけないように仕向け、彼女への服従をヘレンに学ばせようというのである。だが納屋での生活は「二人きり」ではなかった。黒人少年のパーシイも共同生活をしているのだ。だがパーシイの存在はまるで「数に入っていない」かのようだ。前記のように、ここケラー家は南北戦争まで大プランテーションを経営し、奴隷解放後の現在も広大な家屋敷で貴族のように暮らしている。映画には数多くの黒人の姿が映っているが、かつてハウススレイヴだった女性がそのまま家政婦としてケラー家の世話を焼き、敷地内で生まれた黒人の子どもたちも、かつてのスレイヴキャビン（奴隷小屋）にそのまま住まっている風情だ。こうした一人のパーシイは、サリヴァンからまるでモノか道具のように扱われる。

以下のシーンは、母がいなくなってヘレンがつむじを曲げているとき、サリヴァンがパーシイをコミュニケーションの「だし」に使う場面である。

アニー：パーシイ！　パーシイ！　……パーシイ、起きるのよ！……ベッドから降りてこっちへ来るの、あんたに用があるのよ。

……パーシイ、ぼろぼろのつなぎ姿、上半身はだかで目をつぶったままカーテンの間に立ってゆれている。

アニー、その頬を強く叩く。

アニー：パーシイ。目がさめた？

パーシイ：ううん。

アニー：面白いゲームやらない？

パーシイ：はあん？

アニー：ヘレンとよ。今ベッドの下にいるの。手に触るのよ。

アニー、パーシイをベッドの傍にひざまずかせ、その手を突っ込ませてヘレンの手に触れさせようとする。ヘレン、動物のような声を立てて、別な側に這って行くが、しかし鼻をくんくんさせはじめる。アニー、パーシイと共にヘレンのほうに移動し、ふたたび、手を突き出させる。今度は、ヘレンはその手を掴み、匂いをかいでパーシイとみとめ、パーシイについてベッドの下から這い出し、喜んでバーシイを抱きしめる。パーシイはびっくりしてふりほどこうとする。ヘレンの指がパーシイの口に行く。

パーシイ：はなしてよう、はなしてよう――しゃべろうとしてる。きっとおらを打つよ――

アニー：…しゃべれるのよ。あれがわかりさえすれば――今やってみせたげる。ヘレンは字を書くのよ。（パーシイの片手を開けさせ字を綴る）これはCの字。Cよ。（二度ばかりCを強く綴りながら、目はパーシイの向う側のヘレンを見据えている。ヘレンは、パーシイの手が何をしているかと手をのばしてさぐりにくる。アニーの手と触れた瞬間、後ろに引っ込める）でもヘレンは今、あたしのことをすごく怒ってるから、遊ぼうとしないけどね。彼女、字を沢山知ってるのよ。これもそう、Aよ。C、A、C、A。（綴りながらも、目は依然ヘレンから離れない。ヘレンは好奇心にかられて、またさぐりにくる。アニー、パーシイの手に字を綴り続ける。ヘレンは二人が何をしているか知ろうとして手を突き出してくる。それからパーシイのもう一方の手を掴むと、素早く四つの文字を綴る。アニー、それを声高に読みあげる）ＣＡＫＥ。ケーキと書いたから、ケーキをあげようね。（ケーキとミルクを取りに急いで食物をのせた盆へ行く）でも、これがケーキだってことはまだ知らないのよ。書き方はちゃんと知ってるのに、その知ってることを知らないなんて、おかしいわね？（ケーキを二つに分け、二人にさし出す。ヘレン、その手から転がって身をよける）そう、あたしとは遊ばないっていうんなら、あんたと遊ぼうね。まだヘレンが知らない字、覚えたくない？[*20]

ケラー家におけるヘレンはしばしば暴君になぞらえられたが、納屋の共同生活でのサリヴァン先生のパーシイに対する振る舞いも暴君的である。一八八〇年代の南部アラバマ州の人種秩序が、こうした態度を自然とサリヴァンにとらせるのだ。

ここでヘレンとパーシイの対照性に目を配りたい。当時の南部における黒人教育の停滞ぶりから考え、パーシイの識字能力は極めてあやしいレベルであろう。しかしながら、たとえ字が読めなくても、彼はノーマルな言語習得のトラックにきちんと乗っていた。この黒人少年は、Ｃ―Ａ―Ｋ―Ｅという音のかたまりを聞いただけで、それが指示対象をもつこと（「すべての物は名前をもっていること[*21]」）を理解し、実物が現前していなくても話の中でそれをイメージすることができる。非実在を言葉によって再現前させることができるのだ。ところがヘレンは、未だノーマルな言語習得のトラックに乗ることができていない。その結果、彼女はサリヴァンの教えによって多くの単語の綴り（ＣＡＫＥのほか、ＭＩＬＫ、ＭＵＧ、ＤＯＧ、そしてＷＡＴＥＲまで）を、指文字を通して覚えたが、「書き方はちゃんと知ってるのに、その知ってることを知らない」。ヘレンは、先生の綴った文字をただオウム返しのように反復する

＊20　前掲、九六―九七頁。

＊21　サリバン『ヘレン・ケラーはどう教育されたか』三四頁。

だけで、言葉を道具として、すなわち世界と交流するツールとして使うすべを、またそのよろこびを知らないのだ。それらを他者が教えることは不可能である。学習者自身が非連続的飛躍によってつかみ取るしかない性質のものだ。サリヴァンの「待ちの姿勢」は、この教授不可能性を直観的に理解しているが故のものである。

それにしても、むくれるヘレンに当てつけるかのように、無学なパーシイ相手に文字を学ばせていくサリヴァンの行いはどうだろうか。パーシイはすでに非連続的飛躍を遂げているので、ヘレンがその学習過程をいくら模倣しても彼女自身の飛躍にはつながらない。しかしヘレンは次第に二人がやっていることが気になりはじめ、指文字での言葉の学習に参加し始める。この「合宿生活」を通じてヘレンはサリヴァンになつき、二週間の間に両親が見ちがえるほど穏やかな表情になり、協調的な態度を身につけていった。二人きりではなく、従僕的な存在とは言えパーシイという第三者がいることで「社会」が成立し、ヘレンに「社会性」の萌芽がきざしたのかもしれない。ただ、圧倒的に非対称な人種関係が存在してこそ成立した「社会性」教育だったということは強調しておきたい。

5．クライマックス「ウォーター……」の場面の解釈：絶望からの反転

合宿期間が終わり、母屋に戻る日がやってきた。行儀よく食事をするヘレンの姿を前にして、サリヴァン先生の表情はさえなかった。いらだちを隠さなかった。

ケート：この二週間で、ほんとに沢山教えて下さったのね。わたしだったら、とても――

アニー：まだ足りません。……服従だけじゃ、充分じゃないんです。まあ、今朝は名詞を二つ覚えました、キーとウォーター。これで名詞が十八と動詞が二つになりました。

ケート：……でも――それでも――

アニー：ええ、それが物を意味することはわかってません。まだ意味もない指の遊びなんです。[*22]

サリヴァンの、もう少し合宿を延長したいという申し出は却下され、ヘレンは母屋に戻ってくる。大人しくしつけられた様子のヘレンに両親は満足し、最初のサラリーを渡す際に「こんなもので感謝の意が表し切れるものではない[*23]」と手放しでサリヴァンを称賛したほどだった。明るい雰囲気の中、ヘレンが戻ってきて最初の晩餐のシーンとなる。

食堂には、一家のほかにエヴ伯母も加えた一同が集まった。感謝の祈りが終わると、アニーがヘレンの首にナプキンをかけた。なごやかな大人たちの会話が続くが、「アニーが水差しに手をのばした時、ヘレン、ナプキンを外して床に落とす。アニーはヘレンのグラスに水を注いでいる最中に、それに気付く。ヘレンの無表情な顔をちょっと眺めてから身をかがめて拾いあげ、もう一度ヘレンの首のまわりにかける[*24]」。このあと再び「ヘレンが故意にナプキンを持ちあげ、床に落とす……。ケート、かがんで拾おうとするが、アニーがその手を押える。……アニー、かがんでナプキンを拾いあげる[*25]」。このあたりで空気が凍り付きはじめ、全員が沈黙してヘレンをみつめる。「アニー、全員が見守る中で、三度目のナプキンをかけてやる。ヘレン、むしり取ってほうり出す。アニー、立ち上がってヘレンの皿を取り、遠くへ持って行く。ヘレン、皿がなくなったのを知ると、椅子からずり落ちて、テーブルの下を蹴とばしはじめる。皿がガタガタと踊る。アニー、この状態を見て、ちょっと考え、戻ってきてヘレンの手首をしっかりと掴まえ、振り回して椅子から引き離す、ヘレン、抵抗して片手をふりほどくと、母親のスカートを握る。ケートがその両肩を抱くと、ヘレンは静かになる[*26]」。このヘレンの無作法に、アニーは、これを見過ごしたら今まで学んだことが全部こわれるとして「テーブルから引き離します[*27]」と告げるが、兄ジェイムズを除く家族たちは「たかがナプキンでしょう」「それくらいは大目に」「歓迎パーティーだから」と口々に甘やかしを主張した。ケラー氏の「皿を返してやりなさい」の言葉に抗えずア

＊22　ギブソン『奇跡の人』一〇六頁。

＊23　前掲、一一六頁。

＊24　前掲、一二二頁。

＊25　前掲、一二二―一二三頁。

＊26　前掲、一二三頁。

＊27　前掲、一二四頁。

ニーは皿を戻し、ケラーがナプキンをつけてやる。続いてフォークを持たせるとヘレンはおとなしく受け取る。「ヘレンは……やがてよこしまな喜びともいうべき表情とともに、わざとフォークを投げ落す。そして、一拍おいて、料理を手づかみにすると、それを口に押しこむ……。ヘレンは別の手をアニーの皿へ突っ込む。アニー、即座にその手首を掴む。ヘレンのふり回した片手が水差しに当る。水差しを掴んでアニーのほうにふり回す。アニー後ずさりして、肘で水差しをさえぎるが、水はそのドレスにとび散る。アニー、一息つくと片手で水差しをもぎとり、片手でヘレンを身体ごと持ちあげてかかえこみ、蹴ってあばれるのを外へ連れ出そうとする」[*28]。ケラーの「どこに連れていくんです？」の問いにアニー、「これに水をくませるんです！」[*29]。アニーは水差し片手に、ヘレンを引きずるように屋外に出る。以上がクライマックス直前の場面である。

なごやかで楽しい晩餐が台無しになり、元の無作法に戻ったヘレンに一同は絶望に沈んだことだろう。ヘレンが成長したと思ったのはぬか喜びに過ぎなかったのか。一方サリヴァン先生はポンプの横にヘレンを連れていく。

（アニー、片手に水差しを掴み、片手でヘレンを階下に引きずり下してくる。ポーチの階段を下り、庭を横切ってポンプへ行く。ヘレンの手をポンプのハンドルにおく。……）

アニー：さあ、汲んで。（ヘレン、頬に手を当て、自信なげに待つ）いいえ、お母さんはいないわよ。汲んで！（力ずくでヘレンにハンドルを動かさせて、手を離す。ヘレン、服従する。ハンドルを上下させるとやがて水が出てくる。アニー、もう一方の手に水差しを持たせ、水の出口に導く。水は半分水差しに流れこみ、半分は外にこぼれてヘレンの手を濡らす。アニー、代わってハンドルを持ち水を出しながら、機械的にもう何百回となくくり返してきた動作、ヘレンのあいた掌に字を綴る）。ウォーター。W、A、T、E、R、ウォーター。これには名前があるのよ——[*30]

＊28　前掲、一二七頁。
＊29　前掲、一二八頁。
＊30　前掲、一二九頁。

シナリオではこれに続けて「そして今、奇跡が起きた」に始まる長いト書きが続く。ヘレンは水差しを取り落とし、身じろぎもせず立ちつくす。その表情にいままでにない光が浮かび、唇がわなわなとふるえだす。そして声がほとばしる。

ヘレン：ウァー、ウァー。（そしてもう一度、非常な努力で）ウァー、ウァー。（ヘレン、出の細くなった水に手を突っ込み、自分の手に綴る。それから狂ったように手を突き出してさぐる。アニー、手をさしのべる。ヘレン、アニーの手に綴る）

アニー：（ささやく）そうよ。（ヘレン、ふたたび綴る）そうよ！（ヘレン、ハンドルを掴んで水を汲み、ほとばしる水に手を突っ込み、アニーの手を掴んでもう一度綴る）そうよ！　ああ、とうとう――（両膝をがくりとついてヘレンの手を握る。しかしヘレンは、手を引き抜いて、憑かれたように立つ。……）[*31]

これに続いてヘレンは、地面、ポンプ、階段、格子、ベル、次々とアニーに手をさし出し、綴るよう要求する。両親も騒ぎに気づき飛び出してくる。お母さん、お父さん……綴りをたしかめたヘレンはかれらの手に、覚えたての字を綴るのだった。

希望がうちくだかれ幻滅が支配する食堂のシーンのあとに訪れるこの劇的飛躍に、観る者は感動せずにおれない。服従は意図的に教え込むことができるが、食堂の場面のようにいとも簡単に覆され剥落してしまう。それに対して、言葉が意味をもつことは第三者が教えることができず、当人が飛躍によってつかみ取るしかない一方で、いちど獲得された開かれは決して失われることがない。タイトルの「奇跡の人 the miracle worker」はヘレンではなくサリヴァン先生のことを指すというのが定説だが、彼女は魔術師のように不可能を可能にしたのではない。誰もがとおる奇跡的な飛躍の道を、ヘレンにも歩ませ

---

*31　前掲、一三〇頁。

るのに大いなる助力をした人、そうした意味に the miracle worker をとりたい。

おわりに：インクルーシブへ向けたとば口に立って

『奇跡の人』はもともと、一九五六年にテレビ番組用脚本としてウィリアム・ギブソンによって書かれたものである。それがブロードウェイで上演されて高く評価され、のちに同じ脚本でアーサー・ペン監督によって映画化された（一九六二年）。そうした時代的制約を負う作品が、「分ける／分けない」をめぐり混迷状況に立たされている二〇二〇年代日本のインクルーシブ教育に一体何を示唆するのだろうか。

子どもも大人も含めた障害者が、障害がないとされる人びとと基本的に同じ発達の道すじをたどるというアイデアは、一九六〇年代末の日本で発達保障論として整理された立場の中核にある。[*32] サリヴァン先生はこの道すじの同一性への信念を頼りに、ヘレンに言葉へのひらかれが訪れるのを辛抱づよく待ち続けた。この発達保障論は、現在の日本の「分ける」特別支援教育を支えるバックボーンでもある。マンツーマンの二人の関係性は、障害児学校における少人数クラスの教師―生徒関係にイメージ的にも重なる。他方で、「愛と哀れみ」の拒絶というサリヴァン先生の柱は、一九七〇年代の欧米・日本におけるラディカルな障害者解放運動のスローガンに通じるものがある。[*33] これらの立場は「分ける」教育を強く批判し、インテグレーションからインクルージョンへという要求を掲げ続けてきた。またこの立場の中では、障害児教育を担う教師の「専門性」についても厳しい問い直しが行われてきた。当初、ケラー氏がサリヴァン先生の教職経験の少なさに不信の念を抱くが、彼女を支えたのはパーキンス盲学校に蓄積されたノウハウや専門知というよりも、救貧院のどん底生活から始めた人生経験の中でつかんできた、人間そのものへの洞察であった。専門性への懐疑、さらにサリヴァンもまた視覚障害当事者であったことを踏まえると、障害者運動のスローガン“Nothing about us without us（私たちぬきで私たちのこ

＊32　発達保障論の立場について解説したものとして河合隆平『発達保障の道』を参照。

＊33　シャピロ『哀れみはいらない』などを参照。

とは何も決めるな)〟の精神をここに読み取ることもできる。

このように、『奇跡の人』のサリヴァン先生が提示する教師像、教育像は、現代的コンテクストの中でさまざまな方面への解釈の余地をはらんでいると言える。単なる美談や偉人伝を超えたレベルで、尽きることない知的刺激に富んだ問題作なのである。

参考文献

＊ギブソン、ウィリアム(額田やえ子訳)『奇跡の人 THE MIRACLE WORKER』劇書房、二〇〇三年

河合隆平『発達保障の道――歴史をつなぐ、社会をつくる』全障研出版部、二〇一八年

ケラー、ヘレン(小倉慶郎訳)『奇跡の人――ヘレン・ケラー自伝』新潮文庫、二〇〇四年

シャピロ、ジョセフ・P(秋山愛子訳)『哀れみはいらない――全米障害者運動の軌跡』現代書館、一九九九年

サリバン、アン(遠山啓序・槇恭子訳)『ヘレン・ケラーはどう教育されたか』明治図書、一九七三年

トラットナー、ウォルター(古川孝順訳)『アメリカ社会福祉の歴史――救貧法から福祉国家へ』川島書店、一九七九年

トレントJr、J・W(清水貞夫・茂木俊彦・中村満紀男監訳)『「精神薄弱」の誕生と変貌――アメリカにおける精神遅滞の歴史』学苑社、一九九七年

Trent, J.W. *The manliest man: Samuel G. Howe and the contours of nineteenth-century American reform*, University of Massachusetts Press, 2012

Wagner, D. *The Miracle Worker and the Transcendentalist: Annie Sullivan, Franklin Sanborn, and the education of Helen Keller*, Routledge, 2012

社会としての学校／社会のなかの学校

第III部

第6講

疎開と福祉

［子ども同士の世界にはなぜ暴力が充満するのか］

▒『少年時代』（柏原兵三原作『長い道』［一九六九年］・藤子不二雄Ⓐ漫画化［一九七九年］・篠田正浩監督・山田太一脚本［一九九〇年］）

キーワード
縁故疎開と集団疎開
二重構造社会
福祉の劣等処遇
級長
いじめ
中井久夫
ドラえもん
学校教練
配属将校
体育教官室

はじめに：子どもの暴力、大人の暴力

本講では学童疎開を手がかりに、子どもと暴力という主題について考えたい。戦争は人間社会における最大にして最凶の暴力である。そしてなおこの地上で戦争は続いている。戦争はあまたの悲劇を生んできたが、子どもや学童の疎開という事象は、人間形成の基盤となる家庭や親子関係からの断絶という問題を含み、教育学のテーマとなりうるものである。本講では当事者として疎開を経験した者が、長じてからそれを主題に創作した作品を手がかりに、疎開によって垣間見える人間形成の〈闇〉とも言える部分に迫りたい。ここで言う〈闇〉とは、大人の目が届かない子どもだけの自律空間に置かれたときに、子どもたちの間に生じる暴力や権力による支配の問題であり、古くは『蝿の王』などが文学的主題としてきた普遍的問題である。

またこうした子どもたちの間での暴力を構成するコンテクストとして、大人の暴力としての戦争がもたらした影についても認識しなければならない。後半では、疎開児童よりワンランク上の中等学校レベ

ルで正課として広く行われた、生徒の軍事教練に注目する。やはり当事者として教練を経験した表現者の作品をひもとき、それを追体験するとともに、私たちにおなじみの「体育教官室」に関するささやかな考察を披露したい。

　ところで疎開をあつかった文芸作品は大変すそ野が広く、そのジャンルは短歌などにまで及ぶ（たとえば夭折の歌人小野茂樹の「黄金記憶」）。その中でも、芥川賞作家柏原兵三の長編小説『長い道』は、藤子不二雄Ⓐによる漫画化、さらに篠原正浩監督・山田太一脚本による映画化（いずれもタイトルは『少年時代』）によって、今でも幅広い世代にその存在が知られている。映画は知らなくても、井上陽水が歌う同名の主題歌は誰もが一度は耳にしたことがあるのではないか。原作へのアクセスの容易さに加え、後述するように日本の教育構造・社会構造を鋭く抉っているという理由から、本講ではこの作品にスポットを当ててみたい。

1．〈疎開〉の類型学

　そもそも疎開とは、自軍の損害を少なくさせるために隊形を疎散させることを意味する軍隊用語であった。[*1]それが、空襲等による人的被害を避けるための移住を意味する「人口疎開」へと転じられていった。日本では戦況の悪化にともない、一九四三年末に「都市疎開実施要綱」が定められ、ここにまず学童の**縁故疎開**が開始された。空襲の恐れの少ない地方に親類縁者などの「縁故」をもつ者に自発的な疎開を促すという、政府お得意の金をケチる政策である。さらにこのポリシーは、縁故という資源（社会関係資本）を持つ者と持たざる者とを階層化し分断するという、現代にも通じるタチの悪さも併せ持っていた。作者柏原を投影した『長い道』（『少年時代』）の主人公・杉村潔は「持つ者」の側に入る人間であったことは押さえておきたい。なお本作で描かれたような疎開先の子どもたちとの濃密な接触体験が生じるのも、縁故疎開ならではのことである。

「少年時代」DVD発売中、四九五〇円（税抜価格四五〇〇円）、発売元：小学館、販売元：東宝

＊1　細谷俊夫他編集代表『新教育学大事典』第一法規、一九九〇年、四一〇―四一二頁。

ところが一九四四年六月、サイパン島陥落、中国基地からのＢ29の本土飛来といった事態を受け、政府は「学童疎開促進要綱」を制定し、方針を一歩先に進めざるをえなくなった。一方で縁故疎開という原則への固執を残しつつ、縁故による疎開先のない東京都区部の国民学校三〜六年生を対象に、**集団疎開**を実施することにしたのだ。集団疎開とは文字通り、児童集団が教師も伴い丸ごと地方に移り住み、寺院などに起居して勉学と生活を共にすることを指す。容易に想像できるように、食糧確保などにおいて困難を極めたため、その生活環境は縁故疎開児とは比ぶるべくもないほど劣悪であった。前出の歌人小野茂樹（一九三六年生まれ）は三年生で長野県に集団疎開をしているが、疎開時の悲惨を詠んだ

こゑ細る学童疎開の児童にてその衰弱は死を控へたり
かの村や水きよらかに日ざし濃く疎開児童にむごき人々

といった歌を残している。ちなみに『長い道』／『少年時代』作中には、東京から集団疎開の一行が到着し、村の学校の代表が歓迎の挨拶を述べるシーン、終戦間際に集団疎開児の脱走事件が発生したことなどが描かれている。また集団疎開の場合、疎開先の地方の子どもたちとのコンタクトは基本的に発生しないことにも注意が必要である。

ここでもう一度整理すると、日本の疎開制度は二重構造をもっていた。上層部に、縁故という特権を享受できる者たちがおり、そこでの疎開行為は私的なものであった。これが縁故疎開である。一方、そこからこぼれ落ちた者だけが、公的事業である集団疎開の対象となった。そして公的事業の対象者の常として、いわゆる劣等処遇に甘んじなければならなかった。この私的／公的という二重構造、どこか既視感がないだろうか。たとえば、第3講でみた一九三〇年代の小学校での松永健哉の実践記録に登場する「要保護児童」。かれらは公費で学用品の支給や給食の措置対象となっていた。ここでの二重構造と

は、私費（自費）で学用品や昼食をまかなえる児童のグループと、それが不可能な貧困層に属するため福祉の対象として学用品や給食を受ける子どもたちである。松永のレポートに描かれた要保護児童に対するその他の児童からの蔑みや暴力は、この二重構造に端を発するものであった。また戦後の教科書無償闘争は、こうした二重構造を批判し、国費による一律の無償化を権利として求め実現をかちとったものだった。[*2]さらに現代における「所得制限付き」の授業料等無償化政策に至るまで、社会保障や公的福祉の隅々にまで、この二重構造が貫徹しているのである。本講で取り上げる『長い道』／『少年時代』は、くだんの構造が、戦時下の少年たちによってどう**生きられたか**を主題とする物語として読み解くことができる。

柏原兵三（一九三三―一九七二）は一九四〇年に東京の小学校に入学するが、翌年に施行された国民学校令により校名も変更になる。そして国民学校五年生だった一九四四年四月から一九四五年九月までの約一年半を、疎開児童として父の故郷である富山で過ごした。『長い道』では五年生の主人公が四四年九月から丸一年を富山で過ごす設定なので微妙にちがってはいるが、作者の実体験が色濃く反映していることは間違いない。先の類型でいえば、柏原の場合は縁故疎開の経験者であったという点を再確認しておく。なお本作に強い感銘を受け漫画『少年時代』を創作した藤子不二雄Ⓐ（一九三四―二〇二二）も同世代であり、同じ県内ではあるが都市から田舎への縁故疎開を経験している。

2.『長い道』／『少年時代』にみる子どもたちの世界

（1）出会いのシーンから困惑・懊悩へ

作品の冒頭で、主人公杉村潔が、戦死した叔父の村葬出席のため初めて父の故郷を訪れるシーンがある。海辺で一人の少年に問いかけられ、「集団疎開にしようかとも思っている……んだよ。でも結局は縁故疎開にするかも知れないから、その時はよろしくね[*3]」と余裕をかました発言をしている。東京で高

＊2　本書第7講「無償化と脱統制」を参照のこと。

＊3　柏原兵三「長い道」『長い道・同級会』一〇頁。

級官僚として活躍する潔の父は「村の出世頭」として村人の誰からも一目置かれ、その息子である彼が村で大切にされないわけがなかった。しかし一方で「友達と離れ離れにならないで済む」という集団疎開の魅力にも未練を残し、双方のメリットを天秤にかけていたのである。これは「持てる者」だけに許された迷いであり、選択肢であった。

　海辺で邂逅したこの少年こそが、同じ五年で村の学校の級長をつとめる竹下進であることを、叔母の家に戻った潔は知らされ意外の感にうたれる。「裸に近い上半身に赤ん坊をおぶった今の子供が級長だといわれても、すぐには信じられないような気持がした」[*4]のである。さらに「彼が隣村の国民学校の教員をしている人の長男で、学校が出来る上に、大勢の弟妹たちの面倒をよく見、また農業と漁業を兼業している家業の手伝いを骨惜しみなくするので、村でも評判な子だ」[*5]というような情報も伝えられた。そこに進本人が訪ねてきて、「なぜ集団疎開なんかしようとするのか、集団疎開なんかしてもいいことは何もないではないか」[*6]と、この土地に来るよう潔を熱心にかき口説いた。これに大いに心動かされ、潔はほぼ意思を固めた。結果として彼は縁故疎開を選び、父の故郷の学校に一人乗り込むことになる（映画では「親戚ですもの、集団疎開で、長野のお寺に泊るよりずっといいにきまってるもの」[*7]と差異化をはかる母親のせりふがある）。結末まで読み切った上でこの出会いを振り返れば、海辺で進は都会の少年に「一目ぼれ」し、この土地に来るようかき口説くことで早々と「愛」を告白したのだと言える。

　ここでこのストーリーにおいて終始重要な役割を果たすアイテムの「級長」について説明をはさんでおこう。戦後の学級委員と異なり、戦前から戦中期に学級に慣行的に置かれたポジションが級長である。原田彰によれば「級長は、学級担任教師によって指名されたが、その際、成績優秀、他の子どもたちに対する統率力などが、この地位につく必要条件だった」[*8]という。さらに原田は、「戦前は、地域の中の身分階層制の上層の人たちが支配力をもっていたので……級長選びには地域における親の勢力・威信が影響したと思われる」[*9]とも述べているが、進の家庭は村においてそれほど有力層ではない。ただ学

＊4　柏原「長い道」一二頁。
＊5　前掲、一二頁。
＊6　前掲、一二頁。
＊7　山田太一「脚本『少年時代』」『キネマ旬報』五六頁。
＊8　原田彰「級長制・学級委員制・班長制」七〇頁。
＊9　前掲、七一—七二頁。

業に優れ抜群の腕力を誇っていた。じつは進と同程度の優れた成績で、かつ村の名士の家に生まれ大邸宅に住む須藤という生徒がいた（副級長に任ぜられていた）。だが彼はたまたま長期療養中で欠席を続けていたので、その間は進が権勢をほしいままにできたのである。ちなみに潔も東京の学校時代は級長をしていた。いずれにせよ、級長は「教師の下請けとしての役割を演じるフォーマルな地位」であり、「教師―級長―子どもたちというヒエラルキーは、学級秩序の維持に不可欠であった」[*10]。いわば級長とはミニ教師であり、この存在を利用することで教師はきわめて円滑かつ効率よく学級を統制することができた。教師にとってじつに都合の良い時代だったのである。

さて、夏休み中に村に転入してきた潔だが、二学期が始まるとただちに、進のもう一つの顔――飴と鞭を使い分けて少年たちに君臨・支配するボスとしての顔――をしたたか思い知ることになる。二人だけの時には親し気であった進が、学校にあがるとよそよそしく、冷たい態度に豹変するのだ。いくつかきっかけがある。潔が標準語で見事に国語の教科書を朗読して皆を感心させた場面、あるいは書道の時間にやはり潔が見事な字を披露し、それまでずば抜けていた進を脅かす存在だと認知されるシーンなどである[*11]。このあとすぐ、集団登下校の際に潔をからかう歌が歌われるようになる。

キヨッペ　キヨッペと
威張るなキヨッペ
キヨッペの頭にャ
禿《ズベ》がある　禿がある[*12]
キヨッペ　キヨッペと
威張るな　キヨッペ

＊10　前掲、七二頁。

＊11　柏原「長い道」二五―二六頁、二六―二八頁、藤子不二雄Ⓐ『少年時代』一六四―一七〇頁、二四二―二四六頁。

＊12　柏原「長い道」三九頁。

たあまに号令かけて
威張るな　キヨッペ[*13]

進は唱和することなく、涼しい顔で先頭を歩いている。だが彼の差し金で手下たちに歌わせているのだ。学校の休み時間にも、誰も潔を遊びの輪に加えようとしなかった。これも進の指示によるものである。潔は一人ぽつねんと過ごしていた。しかしこうした事情を何も知らない担任教師の増田は、学業に秀でた潔を副級長に任じた。須藤が長期欠席のため空席になっていたポストだった。

もっと根底から進の機嫌を損ねる引き金になったのは、同じく都会から縁故疎開で転入してきた美那子という少女の存在だったかもしれない。潔は同じ境遇の美那子とすぐ打ち解け、道端などで話をしていた。するとその姿が目撃され、瞬時に噂がひろまった。ある日、通学路の電信柱に「傘の絵の下に、美那子、潔と、相合傘をしているように書かれ」ているのを発見する。気がつくと「道の両側に五十メートル位の間隔をおいて交互に立てられている電信柱のうち三本に一本位の割合で同じような落書がしてあった」[*14]。この落書も進の指示によるものかは不明だが、少女の存在が進の嫉妬心に油を注ぎ、潔を一層苦しめる行動に走らせたものと思われる。だが潔は一向に進の「愛」に気づかず、「タケシ（＝進）はきっと美那子がすきなのだ！　だからぼくが美那子と親しくしているのがガマンできないのだ！」[*15]と的外れなことを考えている。のちに進の提案で、二人きりのポートレイトを撮ってもらいに町の写真館に出かけたりもするのだが、このあたりで「愛」に気づかないものだろうか。

こうして潔は次第に苦しみのどん底へと追いやられていくが、その苦悩の深さは、のちに、東京から到着した集団疎開一行のやせ衰えた姿をみても、「そんな彼らが今僕には限りなく羨ましい存在に思われ」[*16]るほどのものだった。

＊13　前掲、一三七頁。

＊14　前掲、七九頁。漫画における同様の描写は、藤子『少年時代』一九一頁など。

＊15　漫画版では進はタケシという名前で登場する。藤子『少年時代』三〇六頁。

＊16　柏原「長い道」一七八頁。

＊17　前掲、一一四―一一七頁。原作小説ではこの進の行為は「徴発」と表現されている。

＊18　藤子『少年時代』三二五―三二六頁。この流れは漫画版のオリジナルである。

（2）進のアンビヴァレンツに振り回される潔

このように進は集団内では冷酷なリーダーとして振る舞い、潔をいたぶり孤立させるのであったが、そのかたわら、一人になった時は別人のように潔に親しく接した。そうした顔を見せるのは決まって、学校がないときにフラッと潔の家を訪問する時だった。このギャップがますます潔を当惑させ、混乱に陥れた。

しかしながら二人の一対一の「友情関係」にも、どこかいびつなものがあった。潔が村に越してきて間もない頃、潔の寄宿先を訪ねた進はそこに『少年倶楽部』を発見し目の色を変える。田舎の貧乏な少年には垂涎の的だったこの雑誌を、潔は快く貸してあげた。そのうち実家から、『少年倶楽部』に連載した人気作家たちの単行本――どれも潔の蔵書であった――が小包で届く。今度は『豹（ジャガー）の眼』を貸してやると目を輝かせて帰って行った。その翌日の登校時、二列縦隊を組んで集団で歩く時の「特等席」を潔はいきなり与えられた。特等席とは最前列の進の隣のポジションである。この間、習字事件やらで既に仲間内で冷遇されていた潔であったが、いきなり失地回復のプレゼントであった。しかし別件で少しでも進の機嫌を損ねると、また後方の末席ポジションにすぐ逆戻りしてしまうのであった。

進にまったく頭が上がらない少年たちは、少しでも集団内の地位を上げようと、進の歓心を買うことに血道をあげていた。進もそうした心理を熟知していて、さりげなく貢物を配下の者に要求するようになる。ある少年が甘柿を献上した。それを見て周囲の者が口々に、干しイモ、干イカ、豆餅、……を持ってくると言い出した。[＊17] 潔はその流れに与したくなかったが、つい抗しきれなくなって、ちょうど東京から届いたばかりのカリントウを持って行くと約束してしまう。[＊18] このあと一悶着が起こる。「カリントウ」という魅惑の響きのインパクトがあまりに大きかったのか、進の手下の何人かが食べさせろと潔のところにやって来たのだ。その迫力に抗しきれず菓子をあげてしまうが、進の知るところとなり、手下たちは進にしこたま制裁を受ける。そして残りのカリントウを潔に持ってこさせたのだが、進はそれらを先ほど殴ったばかりの手下どもに気前よく分配してしまい、腹の太いところを見せる。進の人心掌握術に潔は「底しれぬ不気味さを感じた」[*19]。

そのうち、潔が強制されるようになった奉仕が「御伽衆」役である。進は東京の潔の実家から送ってきた本を借りて読んでいたが、登下校の際に「何か話をしてくれんか」と言い出した。「昨日借りた本に書いてあるような話よ。汝ァ、たくさん本読んどるから知っとろうが」[*20]というわけである。こうして潔は、講談社の「世界名作物語」シリーズや、江戸川乱歩の「少年探偵団」ものなど、記憶する限りの物語の語り部を、通学路でさせられることになった。潔の語りは進のみならず少年たち皆をとりこにしたが、進はそれを自分の専有物と考え、他の少年たちに物語の続きを教えることを潔に厳禁した。むろん語り部を務めている間、潔には進の横の「特等席」が与えられた。

このように進の潔に対する友情関係には、潔の所有する物品が絡んだり、彼のもつ能力が奉仕の道具にされたりと、いびつな性質が明らかであった。その背景には両者間の非対称な権力関係が存在していた。こうしたいびつさがほとんど見られず、二人がフラットな関係に近くなるのは、次項でみる中学受験という共通の試練を意識し、それに挑む同志としての絆が前景化するときである。だがそれ以外に、進との間の無償の友情関係を確認する場面が一つだけある。潔が駅留めの小包を受け取りに単身町まで出かけたときに、町の子どもたちにつかまり、暴行を加えられそうになった時のことだ。潔が大勢に連れていかれ、まさに暴行が始まったところで進が救出に乗り込んでくる。木刀で町の子を蹴散らし、二人は間一髪逃走に成功する。潔がバスで出発するのを目撃した仲間が進に連絡し、後を追って町へ急行したのだ[*21]。ただ、進の救出行為を「無償の友情」から出たものと解釈するのは留保が必要かもしれない。絶対君主然にふるまっていた進からすれば、潔との関係は領主—領民になぞらえられるものに近かったかもしれない。領民に手がかけられそうな時、領主の名誉にかけて剣をもって守る、という色合

＊19　前掲、三五四頁。

＊20　柏原「長い道」九七頁。

＊21　藤子『少年時代』四六五—四九〇頁。このエピソードは映画でも印象深く描かれている。ただ原作には該当する描写がない。進が潔を誘って町の写真館にポートレイトの撮影にいった後、上級生らしき子どもたちに絡まれ、進が殴られるままに任せたという話が挿入されている。柏原「長い道」二三七—二四〇頁。

いの、保護的性格の強い「救護」であったということだ。

（3）「中学受験」という接点、そして分岐点

上述のように、潔と進を対等な立場に立たせ、二人が穏やかにしみじみと語り合うのは、きまって「中学受験」を話題にするときだった。当時の国民学校は初等科（六年制）と高等科（二年制）から構成され、初等科の方は全員を収容する義務制の教育機関であった。これに対し、国民学校初等科修了後は進路が細かく分化していた。男子にとって「正系」の学歴コースは中学校への進学であった（高等学校、大学というエリートコースに通じる唯一の関門だった）。しかしここには入学者選抜の関門があり、家庭にとっての経済負担も大きかった。他方で、無試験で手軽に入れるため中学校非進学組の有力な受け皿となっていたのが国民学校高等科であった。すなわち、当時の学校制度においては、中学校に上がれるか否かが端的に、エリート、ノンエリートの分かれ目であり、社会を分断する二重構造の境界線であった。

そして村の少年支配者・竹下進もまた、この二重構造を切実に意識していた。進は潔に対して、教室や学校の行き帰りでは暴君として振る舞い、少しでも機嫌を損ねると、配下の者に潔を除け者扱いさせたり、彼をからかう歌を歌わせたりしていた。また強引に本を借りたり専属の語り部をさせたりと、ずいぶん傍若無人な態度をとった。しかし学校を離れ、また仲間の目のないところでは別人のように温和な態度で話し込むのであった。

進はしばらく黙って歩いていたが、やがて秘密を打明けるような調子でいった。
「家で汝のことをあれからいつも喋っとるんや。これで俺にいい友達が出来るってみんなで喜んでいるんや。もう分かっとろうが、どいつもこいつも出来ん奴ばかりでな」
僕は黙って何も答えなかった。……しばらくするとこう訊ねた。

「汝、中学校受けるんやろう」

「うん、行くよ」と怪訝な面持で答えながら、すぐに僕は田舎では東京と違って中学を受けない方が普通なのだった、ということに気がついた。

「六年になったら、一緒に勉強せんか」と進がいった。

「うん、いいね、是非しよう」……

「戦争が終ったら、汝は東京に帰るんやろ」

当然過ぎることを聞かれたために返事に戸惑っていると、進は返事を待たないでいった。

「東京に帰らんで、ここの中学に行ったらいいにか」……[*22]

じつは進は当時、この境界線のボーダーライン上にいた。非常に学業優秀であったが、六人の小さな子がおり、父が病身の家の暮しは決して楽ではなく、船にのって漁師の祖父を手伝っていた。だから、ある日潔の家に遊びに来て「俺ちでな、家族会議があってな、俺の中学進学が正式に決ったんや」[*23]と話したとき、どれほど心躍ったことだろう。潔を自分の家に連れてきて、設えてもらった「勉強部屋」を披露したほどだった。

進にとって、潔のみならず潔の家族・親族（特に父親）もまた、自らの準拠対象となっていたようである。

> 家での進は学校での進と別人の観があった。進が学校でも、家で会う時と同じように振舞ってくれたら、僕は進を本当に親友と見做し大切に思ったに違いない。……しかしとにかく僕たちは二人だけでいる限り、気が合い、話題も尽きなかった。話は戦争の見込みや、勉強の計画、自分たちの将来などに及んだ。たとえば将来の夢について、「戦争が長びくようやったら」と進はいうのだった。「俺ァ、海兵を受けることに

＊22　柏原「長い道」四四—四五頁。
＊23　前掲、一九〇頁。

やっぱり決めたわ」もし終ったらどうするかという僕の問に対して彼は答えた。

「高等学校へ入って帝大へ行き高文を受けて、官吏になるわ。汝の家の人みたいにな」

彼の頭に、成功した郷里の先輩として僕の父が描かれていたことは間違いなかった。[*24]

少し話が先走るが、敗戦後、潔が東京に帰ってしまってからの進がどうなったのかは、フィクションの世界なのでもちろん分からない。ただ柏原兵三が本作の後日譚として遺した「同級会」という作品に、竹下進を思わせる人物の話が出てくる。彼は「昭和三十一年の夏日本脳炎にかかって死んでいた。**京都大学を翌年の春卒業し、日銀に就職が内定していたというのに**」[*25]と書かれている。これを受けて言えば、進は孤独の中でも準拠対象を見失うことなく勉学に励み、予期的社会化を遂げて準拠集団への仲間入りをほぼ果たしたと言える。ちなみに『同級会』には、二代目の支配者となった「松」を思わせる梅吉という人物も登場する。卒業後二十数年を経た時点で梅吉は「町の顔役」をしている。要するにヤクザ者である。

（4）無責任な教師に鉄槌が……

日本の敗戦により潔の疎開生活は唐突に終わりを告げるが、その頃までに、進とは完全に疎遠になっていた。一方で他の級友たちが東京に帰る潔との別れを惜しんでいた。その一人のセリフである。「たまには俺という人間がいたことも思い出してくれや。汝ァ、中学から大学まで出て偉うなろうが。俺ァ、高等科出たら百姓じゃが」[*26]。級友のこの言葉——高等科出たら百姓じゃが——は、自分が潔や進とは境界線を挟んだ「別世界」にいることの覚悟や諦念がにじみ出ている。「どいつもこいつも出来ん奴ばかりでな」と進が蔑んでいたその他大勢の少年たちもまた、くだんの二重構造を生きていることに変わりはなかったのである。

八月十五日の天皇の玉音放送から潔の帰京までは急転直下で、その間の村の動きの描写は原作にも漫

＊24　前掲、二二一—二二二頁。

＊25　柏原兵三「同級会」四九一頁。強調は引用者。

＊26　前掲、四三七頁。

画にもほとんどない。しかし映画版にだけは印象深いシーンが挿入されている。教師の増田が、戦争に負けて「よかった」と屈託なく語るのをたまたま聞きつけた男たち（在郷軍人か）が激怒し、増田を叩きのめすのである。

（日中、神社の境内にて）

増田：負けたれど、戦争終わっていかった（よかった）なあ

一同：ハハハハハ

（男たち、ものかげから出てくる）

男A：おい、負けていかったとはなにを！

（増田を二発、三発殴打する）

男B：きさまー　こっち来い！

男C：負けていかったとはなにごと！

（男たち、増田を引きずって連れて行く）

シナリオでは以上のシーンに対応する記述は「広い田で、六、七人の男が怒声をあげて殴り合いをしている。「負けて嬉しいとはなんかッ」というような声が聞こえる」[*27]とだけ書かれ、発言主が増田先生だとは特定されていない。撮影の中でアドリブ的に変更されたのかもしれない。

ストーリーの中で一貫して、担任の増田先生は影うすい存在である。しかし進を級長に、潔を副級長に指名し、進による絶対的支配の実態をうすうす承知しつつも見て見ぬ振りをし、体制の上にあぐらをかいてきたのである。またその間、国家の忠実なエージェントとして忠君愛国をひたすら教え込んできたことは言うまでもない。その口で「負けたれど、戦争終わっていかったなあ」と言ったのだから、そ

＊27　山田「脚本『少年時代』」七五頁。

の無責任ぶりは際立つものがある。増田先生からすれば、戦時中の自分の言動は「心ならずのもの」であり、「内心では心を痛めていた」と言いたいのかもしれない。自分は平和主義者だとのアピールを、さりげなく周囲にさっそくし始めたのかもしれない。この一部始終を潔（映画では風間進二）が見つめていた。その表情は悲しさを通り越して空虚である。本当は彼をはじめ生徒たちこそが、さんざん自分らを騙してきたこの教師を、思うさま叩きのめしたかったのではないか。

有為転変の中で教師はいつも振り回され、無力な存在ではある。ではそうした中で何に準拠すれば、教師は子どもたちをミスリードしなくて済むのだろうか。増田先生が放った「よかった」という言葉は、子どもにとってよかった、すなわち子どもの幸福を語る言葉である。近年はウェル・ビーイングと片仮名に言い換えられ、教育を語る最重要キーワードの一つにおどり出ている。子どものウェル・ビーイングを教育の中心に置けば、こうした悲劇は回避できるのか。筆者はそう簡単ではないと考える。幸せ、幸福、ウェル・ビーイングは未だ普遍性を獲得したとは言いがたい、融通無碍な概念である。時の価値観や社会情勢によっていかようにも定義が書き換えられる可能性にさらされている。敗戦の日の前日までは、国家や天皇のため命を捧げて英霊になることが至上の「幸福」だったのであり、教師は子どものそうした幸福をただひたすらに願って教育を行っていた、こう解釈することもできるのである。個人の生の指標として使われてきたウェル・ビーイングを、一足飛びに公共的な営みである教育を基礎づける概念に据えることはできない。やはり地に足着いた、社会構想をめぐる議論をしっかりすることが、教育の基礎づけに欠かせないのである。

3．疎開といじめ

ここまで、『長い道』／『少年時代』の作品世界を、二十世紀前半の日本を支配した二重構造に関連させながら紹介してきた。そこに描かれた出来事の引き金になったのは戦争と学童疎開であった。しかしながら既述のように疎開そのものも二重構造によって貫かれており、そこで描かれた疎開生活もまた平時の二重構造に規定され、その延長線上に展開されたものだった。それでは、杉村潔少年が経験した〈闇〉は、二重構造の中で上位の恵まれた立場にあった者の経験として、相対化されてしまうものなのだろうか。確かに疎開文学の主流は集団疎開体験者によるものであり（たとえば小林信彦『冬の神話』、奥田継夫『ボクちゃんの戦場』など）、そこに描き込まれたような、生命を脅かす飢餓状態などの過酷さは本作からは欠落している。

この問題を考える手がかりとして、優れた臨床家、理論家でありつつ社会に対して鋭い洞察を加え続けた精神科医の中井久夫（一九三四―二〇二二）の所説に注目したい。柏原兵三と同世代である中井には、著名ないじめ論があるが、それは疎開時代の自身のいじめの原体験に基づくものである。

たまたま、私は阪神・淡路大震災以後、心的外傷後ストレス障害を勉強する過程で、私の小学生時代のいじめられ体験がふつふつと蘇るのを覚えた。それは六十二歳の私の中でほとんど風化していなかった。

それは戦時中のことであったから、一部の教師も協力して「おまえのような文弱の徒はお国のためにならないから叩き直してやる」ということにもなった……。学区の線引きの関係で友人たちと別れて一人だけ当時は農村だったところの小学校に上がった。…そこは、疎開する子も疎開してくる子もあるという、一種の境界地帯だった。[*28]

……疎開児童が加わるに従って、私は疎開児童への一種の「内通者」となることで、農村の諸君のいじめを共に防ぐことができた。疎開児童の組織の中で、地元の子の裏をかき、池の蓮や菱などの食料を調達し、安全な帰り道や隠れ家を教える役割を担った。／ところが予想しなかったことに、疎開児童の中にいじめっ

＊28　中井久夫「いじめの政治学」『アリアドネからの糸』二〇―二一頁。

子が現れた。彼は腕っぷしが強いだけでなく、……私たちの分団唯一人の高等科生徒（中学一、二年相当）であった。年功序列によって分団長になり、当時の隣組長のような小権力を天皇陛下の延長である教師から正式に授けられた。この場合、社会はこの暴君の味方であった。[*29]

私はその中で年少の子がいじめられるのを見ているだけのほかないことも何度かあった。私の罪の意識は、私自身がより激しいいじめを受けることによって償いをつけようとしていた。私が生きのびたのは、一つは暴君の宿題をやってやることであった。それはルネサンス知識人が暴君の宮廷で味わったであろうかと思うような屈辱感を伴っていたが、しかし、当時の私にはこれは彼からの恩恵であった。[*30]

最後にもっとも重要ではないかと今は思うが、一級下の疎開児童との一種のペア感覚があったことである。彼とはあまり深い話をする機会がなかったが、同じ世界を耐えている感覚があって、戦後になり、別々の中等学校に上がってから、彼もそうであったことを明かす手紙を貰ったことを覚えている。[*31]

以上の回想は、「いじめの政治学」における中井の三段階から成るいじめ過程論——孤立化・無力化・透明化——が構築される原点を知らしめてくれる点で興味深いものである。ここでは中井のいじめ論そのものを反復はしないが、その論のなかで彼は「子どもの社会は権力社会であるという側面を持つ」[*32]と指摘している。権力社会とは権力欲がむき出しになっている社会のことで、漫画『ドラえもん』が描く子どもの世界もまた、腕力と金が支配していると中井は言う。[*33]一方でH・S・サリヴァンの発達論を参照し、権力欲に身を任せるよりもルールに従う方に真の満足を見いだすようになるのが小学校四年生前後であるとも述べている。[*34]奇しくも『長い道』／『少年時代』と『ドラえもん』は十歳頃（小学四、五年生頃）が主人公の物語である。そこでの子どもたちは未だ、ルールに従うことに真の満足を見いだ

*29　前掲、二一一頁。

*30　前掲、二一一頁。

*31　前掲、二一二頁。

*32　前掲、四頁。

*33　中井久夫「漫画「ドラえもん」について」『「つながり」の精神病理』一三〇―一三一頁。

*34　中井「いじめの政治学」七頁。

ことを習得するに至らず、権力を一手に集中させる独裁者（進、松、ジャイアン）の存在を許してしまっている。しかし他方で、ルールによる支配を確立させることはできないにせよ、特定の権力者による支配を集団の手でともかく一度終焉させるという「成功体験」を、潔は疎開先の学校で目撃することになった。とかく戦時下という状況と結び付けて異常性、特異性ばかりが強調されがちな疎開であるが、中井を参照することで、人間形成の普遍的な問題に通じるすじみちが見つけられそうである。

それにしても中井の実体験、たとえばいじめっ子の宿題をやってあげて「ルネサンスの知識人が暴君に対するがごとく」奉仕したという体験は、『長い道』で描かれた進に対する潔の関係性、たとえばねだられるがまま物語の「御伽衆」を通学路でさせられていたくだりと、なんと重なり合うことか。この符合ぶりには息をのむほどである。

このように『長い道』／『少年時代』は、一方で戦時下の特異な経験を描いたものでありながら、他方でさまざまな人文・社会科学の主題につながる普遍性をもつと言えよう。この類まれな名作を、小説・漫画・映画の三メディアをとおして味わえるのは何とも幸せなことである。

4. 学校教練の歴史をひも解き、「体育教官室」をめぐるささやかな謎解きへ

戦時下の特異な状況を題材にしながら普遍性につながる作品が成立することをこれまで論じてきたが、こうした作品の検討から、当時の状況が完全に過ぎ去ってしまった過去でなく、現在にまでしぶとく生きのびていることに気づかされる場合もある。疎開から少しテーマを移して、そのことを論じてみたい。

北杜夫、手塚治虫、色川武大の三人は、いずれも私がその作品世界を愛してやまない表現者である。そして三人とも旧制の中学校で学び（色川は中退）[＊35]、共通して作品の中に、中学時代に経験した「教練」の時間のことを書き残している。かれらの出生年は一九二七（昭和二）年、一九二八（昭和三）年、一

＊35　かれらの母校は、北杜夫が私立麻布中学校、手塚治虫と色川武大は公立の、それぞれ大阪府立北野中学校、東京市立第三中学校である。

九二九〔昭和四〕年で、疎開世代の柏原兵三・藤子不二雄Ⓐ・中井久夫らより少し上世代として、根本的に異なる戦争体験をかいくぐってきた。学校に媒介されたミリタリーカルチャー〔軍隊文化〕がかれらにどう影響したかを知る手がかりとして、ここでは教練に注目したい。

「教練」にスポットを当てたい理由がもう一つある。それを梃子にして、長年私の心にモヤっていたささやかな謎を解きたいのである。謎とは「体育教官室」にまつわることで、筆者の出身校〔中・高一貫私学〕では「タイキョウ」と呼びならわしていた。要は体育の先生たち専用の、教科用職員室のようなところだが、私たちにとってタイキョウはとてつもなく怖い場所だった。また一方で、普通の先生が集まる職員室とはまったく異質な、独特の生活感にあふれる不思議な空間でもあった。さて私の謎とは、なぜ官立〔国立〕学校でもないのにこの部屋だけが教官室と呼ばれるのか、という問題である。

中等教育機関に官立・国立学校が占める割合は極めて低い。大半は公立か私立である。そこには教官と呼ばれる人間は存在しない。にもかかわらず、体育の先生の居場所だけはなぜ、公・私立をとわず「教官室」と呼びならわされてきたのか。厳密なリサーチをしたわけでなくあくまで肌感覚だが、シニア世代から現役高校生にまで及ぶ広範な世代の共通経験として、あの場所を教官室と呼び続けてきたようなのだ。

そもそも学校教練とは、大正末期に始まり敗戦まで続いた制度で、日本の中等以上の教育機関に、陸軍現役将校を配属し男子生徒に対し軍事教練を施すことを趣旨とするものであった。一九二五〔大正十四〕年公布勅令一三五号、第一条に示した対象学校には「官立又ハ公立ノ師範学校、中学校、実業学校、高等学校、大学予科、専門学校、高等師範学校、臨時教員養成所、実業学校教員養成所又ハ青年学校教員養成所」が挙げられ、中等教育のみならず今日ならば大学レベルに相当する教育機関までが「教練」の対象とされている。第二条では私立学校について、「男生徒ノ教練ヲ掌ラシムル為当該学校ノ申請ニ因リ陸軍現役将校ヲ之ニ配属スルコトヲ得」と規定された。申請すれば配属も可、と字面だけをみれば選択可能なオプションのように聞こえるが、これには裏がある。将校配属を願い出、教練を実施すればその学校の卒業生には兵役短縮という「特典」がつく。生徒確保が至上命題の多くの私学にとっては座視できない話だ。北杜夫が通った麻布中学も、そんな理由からか、配属将校がいて教練が行われていた。

北杜夫『どくとるマンボウ追想記』は、刊行は後だが時系列的には旧制松本高校での生活を綴った名作『どくとるマンボウ青春期』の前日譚にあたる作品である。読んでいて、子ども時代の北の追憶のなかに、時折父で歌人の斎藤茂吉の顔が見え隠れするところがこたえられない。そんな中で、北杜夫こと斎藤宗吉は「皇紀二千六百年」が喧伝された一九四〇（昭和十五）年四月、麻布中学校に入学する。そんな時節がら「暗い中学生活」が描かれていると早合点してしまいそうだが、『追想記』のトーンは意外に明るく楽しく、また首都圏御三家の一つというイメージだけだった麻布の、新たな面が発見できた。しかしそんな北にとっても、教練と配属将校というのはやはり強烈な存在だったようだ。

教練はなんといっても、もっとも緊張する時間であった。教練の教官に睨まれることは、他の学課の先生に睨まれるより数倍不利になる時代だったのだ。……教練の時間は、教官を迎えるときからものものしい。裏の校庭に整列していて、教官がやってくると、級長、または副級長が、『○○先生に敬礼！　カシラー右』とやり、「何年何組、総員何名、欠席何名、現在員何名」と報告する。[*36]

配属将校一人ひとりの描写もふるっている。「いったん喰いついたら離さないというので、スッポンという渾名」[*37]がついたＳ教官、「顔がジャガイモに似ている」のでポテと呼ばれたＹ教官、あとから入ってきた特務曹長なのでシントク（新特）と名づけられたＫ教官などなどである。ポテとシントク「の二人は、はっきりいってだらしがないといってよかった。……挙手の礼にしても、みっともなく指

＊36　北杜夫『どくとるマンボウ追想記』一〇九―一一〇頁。

＊37　前掲、一〇九頁。

がばらばらであったほどだ。といって、この二人がおっかなくないかといえば、その逆だった」[38]。ポテは「なにかつにけ生徒にマイナス点をつけ、それを閻魔帳に記入し、しかもこれを他の生徒に読みあげさせる」[39]という性癖をもち、シントクの方は「竹の鞭を持っていて、それで生徒の尻をこづいたり叩いたりした」[40]。恐怖とユーモアがない交ぜになった北杜夫の筆致に、学校教練の迫真性が伝わっている。

ところでここで改めて気づかされることがある。「教練」の時代には、私立学校である麻布中学にも、帝国陸軍将校すなわち教官と呼ばれる人間が自然な存在として校内にいたことだ。この点を念頭に、北の次の記述に目を向けてみよう。

KやIという配属将校がおり、他にS……やKやYという教官がいた。彼らは体育の先生と共に、教員室ではなく、雨天体操場の横の教官室におり、その部屋は全校生徒からもっとも恐れられる存在といえた。[41]

学校における配属将校は、誰からも一目おかれ下にも置かれぬ迫力ある存在だったことは間違いない。しかしそのことを別角度からいえば、配属将校は校内ではどこまでも外様であり、お客様的存在でしかなかったとも言えるのではないか。このことは一九二五（大正十四）年四月十四日付文部次官通牒第十項の文言、「配属将校ハ教練ニ関スル事務ヲ担任スルコトヲ原則トシ其ノ他ノ校務ニハナルヘク服サシメサルコト」でも物語られている。要は体よくよそ者扱いされたわけだ。

このストレンジャー＝異物の受け皿となったのが「体育の先生」のコミュニティであった。右の通牒第五項にこうある。「教練ノ成績ハ配属将校之ヲ定メ**体操ノ成績中ニ於テ**別ニ之ヲ記載スルコト」（強調は引用者）。体育という教科名は当時存在せず、正式には「体操（のち体錬と改称）」であった。教練にも成績の評定がなされたが、それは体操科の評価のなかに、別項として組み入れられていた。こうして教育課程上「体操科」が教練の受け皿になったわけだが、物理的な受け皿、すなわち校内での居場所を提

＊38　前掲、一一〇頁。
＊39　前掲、一一〇頁。
＊40　前掲、一一一頁。
＊41　前掲、一〇九頁。

供したのもまた体操科の教員たちだった可能性が、右の「体育の先生と共に……教官室におり」のくだりに示唆されているのではないだろうか。

まとめると、私が提示したい仮説とは次のとおりだ。一九二五年以降全国の中等レベルの学校で制度化された現役将校配属制度のもと、ストレンジャーである配属将校の受け皿になったのは体操（体錬）科教員コミュニティであった。体操（体錬）の教員は、成績評価など教学面でも、また居室を共にする生活者という意味でも、配属将校の相棒であった（相棒たることを余儀なくされた）。体操（体錬）科の教員室は、一九二五年以降終戦に至るまで、配属将校との共存が常態化し、生徒たちの目にはその空間は、将校＝教官のいる居室として認知された。こうしてその部屋を「教官室」と呼ぶ習慣が、官・公・私立の学校種を問わず広く定着した。戦後、配属将校の姿は当然ながら校内から姿を消した。その一方で、体錬科の方は体育科に再改称されただけで存続し、居室もそのまま残った。新しい教科名である「体育」と、戦前からの呼称である「教官室」がここに合体し、「体育教官室」という新呼称が生まれ、その後も広く使われた——そう考えられないだろうか。

ちなみに手塚治虫作品では、自伝的要素の強い『紙の砦』などで、北野中学時代の教練の様子が描かれている。配属将校は徹底的に戯画化され、悪魔的に描写されている。教官に眼を付けられ「健民修練所」送りにされたくだりなど、涙なしにはよめない。[*42] また、色川武大が公立の東京市立三中に入ったのは北と同じ一九四〇年のこと、連作短編『怪しい来客簿』所収の「右むけ右」に、中学時代の教練の話が出てくる。「教練の時間は級友が交代で小隊長の役目を務め、指揮の練習をする」[*43] のだが、河野という生徒が当番になるといつも失敗する。「いつも右と左をまちがえたり判断がわるかったりして、隊列が塀にぶつかってしまったり、花壇の中へ入ったり、泉水に行き当ったりしてしまう」[*44]。続く作者の言葉がいい。「今考えてみると、この点に関する河野の劣等ぶりは、なかなか味があったと思う。彼がどの程度作為的であったか、まったく造っていないで彼の地だったとしても、とにかく下品ではない」[*45]。

＊42　手塚治虫『紙の砦　手塚治虫漫画全集二七四』。

＊43　色川武大『怪しい来客簿』七〇頁。

＊44　前掲、七〇頁。

＊45　前掲、七一頁。

この作品には要領の悪い「河野君」のほか、支配的なミリタリーカルチャーにどうしてもなじめない学者肌の英語の「佐川先生」なども登場して楽しい。

北杜夫らの世代の中等学校での「教練」経験と、その下の世代における小学生（国民学校）時代の疎開経験との間には、かなりの違いがある。しかしそこに共通するのが、学校に媒介されたミリタリーカルチャーという要素であるように思える。前出の中井久夫は、当時のいじめっ子が大日本少年団（中井はヒトラー・ユーゲントの猿真似と規定した）の分団長を兼ねていた点を指摘しているが、その補助線を引いてみると『長い道』／『少年時代』の世界もより理解がしやすくなる。毎朝、男組の生徒が二列縦隊を組んで登下校していた光景も、全国の学校組織を介して浸透していた大日本少年団の分団活動の一貫だったと捉えてみることもできる。配属将校が学校から姿を消してもタイキョウが生き残ったように、大日本少年団は消滅しても、ミリタリーカルチャーは姿を変えて今日まで、日本全国の学校の各所にはびこり続けているのではないだろうか。

おわりに：戦時に思いをはせ、〈持てる側〉の外の世界を想像する

冒頭で述べたように、なおこの地上で戦火は絶えておらず、日本においてもいつ「有事」が来るか分からないというきな臭い空気に覆われている。そうした時勢にあって、第二次世界大戦下でいかなる教育が営まれていたかの探求は重要性を増しているように思える。本講では、まず少年の縁故疎開の経験をもとにした作品『長い道』／『少年時代』を手がかりに、平時における社会の二重構造がそこに貫徹しつつも、そこに付加したミリタリーカルチャーがその歪みを増幅させ、種々の暴力や抑圧を顕在化させたことをみてきた。その上で、北杜夫をはじめとする少し上の世代の作品が描いた中等学校の姿を手がかりに、真正のミリタリズムが異物として学校に存在していたこと、それが後世に意外な遺物を残したことを明らかにしてきた。

二重構造という論点に立ちかえって考えると、本講に登場した「作者」たち――柏原兵三、藤子不二雄Ⓐ、山田太一、中井久夫、北杜夫、手塚治虫、色川武大ら――は、のちに功成り名を遂げた人たちであるのはもちろん、子ども時代から総じて二重構造の「持てる側」に立っていた人たちである。そうした少年たちにとって、小学校（国民学校）の後半三年間というのは、未だルールによる支配が確立しない一方で、むき出しの権力行使が高レベルにまで達し暴力性の度合いが顕著になるという、最も苦しい過渡期にあたっていたのではないだろうか。たしかにこの期間の経験は、中井が一生のトラウマになったと言うほど重大な影響を及ぼしもしただろう。しかし何とかこの時期を駆け抜ければ、かれらには人生の別のステージが開けていた。問題は「持たざる側」の人々である。かれらにとってはこの年齢期が過ぎても、住んでいる世界に何の変わりもなかった。果たしてかれらの世界で、サリヴァンの理論通りにルールによる支配が確立したのかどうか定かでないし、「終戦の日」が訪れたのかどうかも怪しい。ロマンティックな香料がたっぷりふりかけられた「持てる者」の回顧ばかりでなく、現在進行形の痛切ないたみを語るような「持たざる者」の声を拾い集め、耳を傾けることなしには、あの戦争を総括することはできないのではないかと思える。さらに加えれば、教師があの時に何をしていたかの検証が不可欠である。異常な時勢を隠れ蓑に「この世の春」を謳歌したとも言える当時の教師のあり方を問いなおさなければ、戦争の総括は到底おぼつくまい。

参考文献

＊柏原兵三『長い道・同級会』小学館、二〇一八年（オリジナル版は柏原兵三『長い道』講談社、一九六九年）
＊藤子不二雄Ⓐ『少年時代――柏原兵三著「長い道」より（愛蔵版）』中央公論社、一九八九年（オリジナル版は藤子不二雄『少年時代（全5巻）』講談社、一九七九年）

原田彰「級長制・学級委員制・班長制――制度とその背景を振り返る」『児童心理』六四（一二）、七〇―七五頁、二〇一〇年
色川武大『怪しい来客簿』文春文庫、一九八九年
北杜夫『どくとるマンボウ追想記』中公文庫、一九七七年
小林信彦『冬の神話』講談社、一九六六年
中井久夫「いじめの政治学」『アリアドネからの糸』みすず書房、一九九七年
――「漫画「ドラえもん」について」『「つながり」の精神病理』ちくま学芸文庫、二〇一一年
奥田継夫『ボクちゃんの戦場』理論社、一九六九年
小野茂樹『現代歌人文庫㉑小野茂樹歌集』国文社、一九八二年
手塚治虫『紙の砦　手塚治虫漫画全集 二七四』講談社、一九八九年
陸軍省編纂『学校教練青年教練査閲官学校配属将校等 業務指針』一九三九年（第四版）
山田太一「脚本『少年時代』」『キネマ旬報』一〇三九号、五四―七六頁、一九九〇年

第7講

無償化と脱統制
［教科書無償闘争はなぜ顧みられないのか］

▒『たたかいは炎のように』（高知追手前高校部落問題研究部［一九八五年］）

キーワード

教育費
フラット化と統制のジレンマ
ワンパッケージ政策
教科書無償闘争
憲法二六条
検定制度
部落差別

はじめに：教科書無償闘争とその評価

もし皆さんが小・中学校時代に使った教科書がまだ手元にあるなら、一度裏表紙をじっくりながめてほしい。「この教科書は、これからの日本を担う皆さんへの期待をこめ、税金によって無償支給されています。大切に使いましょう。」このような文言が小さな文字で書きつけられている筈だ。まるで政府が進んで無償配布を実行したかのようだが、本当のところどうなのだろうか。またのちに詳しく論じるが、この教科書無償配布は、日本国内のすべての人を対象とする普遍的かつ恒久的な教育支援策の、数少ない事例の一つである。今日、子どもの貧困や子育て支援が重要な政策課題とみなされているが、教育費をめぐる政策進展はほとんど見られない。そんななか、半世紀前に実現した教科書無償配布は空気のように自然なものと受けとられ、その背後に「炎のような」激しい闘争があったことは今日忘れ去られている。本講では、闘争がたたかわれた地元、高知県の高校生が一九八五年に作成した優れた8ミリ映画『たたかいは炎のように――高知市長浜の教科書無償闘争』を素材に、その今日的意義を論じてみたい。

ところで、これほど輝かしい成功をおさめた画期的な運動だったにもかかわらず、教育学におけるこの運動への評価はじつはあまり高くない。「教科書統制は、教科書無償法をてこに、教科書会社を通してさらに採択の面からも強化された。[*1]」たとえばこんな具合に、教科書無償運動が国家による教科書への介入・統制強化の呼び水となったことへの、非難めいたまなざしが浴びせられることが多かった。事実だけ取り出せば、たしかにそのとおりかもしれない。教科書検定は年々厳しさを増し、政府の教育内容への介入はとどまることをしらない趨勢である。その咎を教科書無償運動に向けることの是非はひとまずおくとしても、教育の公費負担の拡充が、教育統制の強化を不可避にともなうのかという問題は、検証してみる価値はありそうだ。そこで本講では、教科書制度とその費用負担に焦点を合わせながら、明治以来の日本の教育の流れをおさえるところから始めたい。ここで問われている一般命題は、公的負担を徹底し教育へのアクセスを平等化すること（以下フラット化）を、公権力による教育内容の「統制」を避けつつ追求するのは可能なのかという問いである。このフラット化と統制のジレンマが繰り返し噴出する歴史として、近代日本教育史をみることが可能だろう。それに続けて、『たたかいは炎のように』に描かれた高知・長浜の教科書無償闘争に沿いながら、このジレンマにどう向き合うかさらに考察していきたい。

1．フラット化と統制のジレンマ：戦前編

周知のように日本の近代教育の出発点は一八七二（明治五）年頒布の「学制」であったが、近代国家として歩み始めたばかりの日本に、全国一律の中央集権的な学校制度を樹立するのはいかにも早計であった。民衆の反発をまねき、学校の浸透を停滞させた一つの要因に、学校建設費を地方負担とし、受益者負担の原則により授業料を徴収したことによる重い教育費負担の問題があった。政府は一八七九

＊1　大田堯編『戦後教育史』二七六頁。強調は原文。

（明治十二）年、新たに「教育令」（自由教育令と通称される）を出して学制を刷新する。新たに打ち出された方針は、国家統制を徹底して遠ざけ分権的自治を基本とするアメリカ合衆国に範をとり、政府の統制を大幅に緩め地方の実情にあった柔軟な教育運営を行うものだった。新基軸は分権的な教育行政のあり方だけでなく、カリキュラム面にも及んだ。「学制」体制下で文部省によって「小学教則」が定められ、それに準拠して授業を行うことが推進されたが、地域の実情に合わずあまり機能していなかった。そこで前年に教則を廃止した上で、教育令のもとではカリキュラム編成は公選された各地域の学務委員の手に委ねられ、多様な教材が編成・実施された。[*2] ちなみに教科書については、中村正直『西国立志編』や福沢諭吉『西洋事情』など啓蒙思想家の著作がそのまま使われるなど、国家統制から自由な状態にあった。

ところが、制定されたばかりの教育令にすぐに逆風が吹き始める。民衆や末端現場の負担を軽くし学校制度の普及を促すことがその狙いで、たとえば就学規定も四年間の就学期間に十六ヶ月以上と大幅に緩和されていた。ところが予想に反して就学率は伸びず、「学事停滞を招いた」との批判の矛先が教育令に向けられた。政府はこの状況を踏まえてその改正に動く。一八八〇（明治十三）年十二月に公布された第二次「教育令」は、就学規定を厳格化（三年間の就学期間に毎年十六週以上）したほか、授業日数を年間三十二週（通年授業）に増やした。また教育行政における文部卿および府知事県令の監督権限を強めた。カリキュラムについても、文部省が示した「小学校教則綱領」に基づき各府県が教則を定める体制に移行し、自由で自主的なカリキュラム編成に枠がはめられた。国が大綱を定め、府県がそれを基準に「主体的」に事を進めるという教育行政の大枠が確立する。その一方で、これまで野放し状態だった教科書についても統制が着手された。教育令改正と同じ一八八〇（明治十三）年、すでに国は使用禁止書目の発表を行い、教科書としての使用が不適切な書物のリストアップおよび排除に動いていたのである。さらに右記「小学校教則綱領」の制定を受け、そこで示された教授要旨にもとづき教科書が作成

＊2　山本正身『日本教育史――教育の「今」を歴史から考える』八二頁。佐藤秀夫「「自由教育令」百年の軌跡――「人民自為」の復権を求めて」『月刊 教育の森』四（五）、六八頁。

されることになった。国が大綱を示し、それにのっとった教科書を民間が作るという教科書行政の基本的流れが確立された。綱領制定とともに、府県が使用する教科書一覧を国に届け出る開申制（届出制）が一八八一（明治十四）年からとられた。不適切教科書排除の強化のため、二年後の一八八三（明治十六）年には採用に際して文部省の認可が必要な認可制となる。

このように教育令改正は、今日なおさまざまな問題点をはらむ教科書行政に通じる道を結果的に開いたと言える。だが、そもそも学制から自由教育令、さらに改正教育令への目まぐるしい改変の主要動因となったのは、重い教育費負担にあえぐ民衆からの強い不満の声だった。しかしそれに応えるはずの教育令もただ徒に負担軽減策に走るばかりで、国として維持すべき教育水準を保つための資源投入、すなわち教育費の公費負担分を増加するという発想は見られなかった。その点は改正教育令も同じで、厳格化によって民衆に重くのしかかった負担の手当てをどうするかは全く考えられていなかった。負担減と統制強化をワンパッケージとした本格的な教育政策の登場は、森有礼による「小学校令」を待たねばならなかった。

森有礼は一八八五（明治十八）年の内閣制確立にともない初代文部大臣に就任し、近代教育制度の基礎を固める仕事を行った。特に重要なのは、はじめて「義務教育」という文言が掲げられた「小学校令」である。そこでは小学校が尋常・高等の二段階とされ、修業年限はそれぞれ四年間とし、就学年齢は六歳から十四歳と定められた（義務教育は尋常小学校の四年間）。また重要な点は、教科書について「文部大臣ノ検定シタルモノニ限ルヘシ」と定められ、検定制が打ち出されたことである（後述）。一方で小学校令には、教育費問題の存在をにらんだ規定も散見される。その一つは就学猶予規定である。「病家計困窮其他止ムヲ得サル事故」を理由とする就学猶予を認めるとする条項は、就学からの排除という逆説的な形をとりつつも、教育費が貧困家庭を圧迫する現実への認識をはらんでいる点で重要である。また費用面その他で負担を軽減した「小学簡易科」の設置を認めた点も興味深い。簡易科の経費は「区町村費をもって支弁し、授業料を徴収しない」ことが定められ、「修業年限が三年以内、学科は読書・作文・習字・算術」とされた。[*3] 教育費負担力に乏しい者には負担軽減の名のもとサービス供給を絞るという対処は自由教育令の発想と同根ではあるが、教育費無償がここに明確に打ち出された点は画期的である。

さて「小学校令」で(ならびに「中学校令」でも)打ち出された教科書検定制度は、民間から発行される教科書のうち文部大臣の検定に合格したものだけを使用可能とする制度であり、従来の認可制から一段と国家統制を強めるものだった。一八八六(明治十九)年「教科用図書検定条例」、一八八七(明治二十)年「教科用図書検定規則」、同年の「公私立教科用図書採定方法」と着々と制度が整備されていった。最後のものは、地方長官が審査委員を任命し、府県一律に教科書採択を行う方法を規定したものである。

その後小学校令は一八九〇(明治二十三)年、一九〇〇(明治三十三)年に改正、再改正される。このうち前者は、大日本帝国憲法制定、教育勅語の渙発を受けて小学校教育の目的を明確化するものだった。それに対して第三次小学校令は、フラット化(負担軽減)と統制強化をワンパッケージとして打ち出す小学校令の性格を一層鮮明化するものとして重要である。何より注目されるのが、公立小学校の授業料を徴収しないという原則を明確化したことである。[*4] 教育費負担の根幹部分であり、教員給与の原資でもあった授業料負担が公費化されたことの意義はきわめて甚大である。「学制」以来の受益者負担の時代はここに終わりを告げた。この一九〇〇年が、教育費負担をめぐる公費と私費の境界線が大きく動いた第一の歴史的画期であった。

また第三次小学校令はカリキュラム編成における国家の関与を高め、次の教科書国定化の道を準備するものでもあった。従来、国が定めるのは「小学校教則大綱」であり、府県が定める教則の基準を示すに過ぎなかったのであるが、この改正の結果、小学校教則は文部大臣が定めるものと変更された。つま

＊3　山本『日本教育史』一三〇頁。

＊4　山本正身はこの実現の背景に、教育財政への国からの支援を保障する「市町村立小学校教育費国庫補助法」の成立(一九〇〇年三月)があったことを指摘している(山本『日本教育史』一六五―一六六頁)。

り国が定めたカリキュラムをダイレクトに学校現場に下ろすという算段である。この改定は、国の教科書国定化への意欲を表すものと考えられる。このように国定化への道を実質的に開く性質を第三次小学校令がもっていたとすれば、それは授業料無償化（フラット化）と教育統制がワンパッケージになった政策の典型例とみなすことができる。

教科書検定制を攻撃し、国定化を求める火の手が最初にあがったのは、国家統制の一丁目一番地ともいうべき修身の教科書をめぐってだった。議会において国定化を求める建議がなされたが、その議論のなかで検定教科書の「紙質が粗悪で、しかも高価であること」[*5]が槍玉にあげられたのが興味深い。また当時の文相菊池大麓が「国定にすると検定のときより、教科書の価格はよほど安くなる」[*6]とそのメリットを訴えてもいた。ここでもフラット化（負担軽減）と統制はワンパッケージで提示されている。一九〇三（明治三十六）年の小学校令一部改正により国定教科書制度が確立し、翌年春から小学校で国定教科書の使用が始まった。中等レベル諸学校ではなお検定教科書が使われていたが、一九四三（昭和十八）年からは中学校、高等女学校、実業学校、師範学校でも国定教科書が使用された。この状態は日本敗戦後、一九四七（昭和二十二）年に新学制のもとで国定制が廃止され、検定制度が復活するまで続いた。

国定教科書制度はフラット化と統制とのワンパッケージ政策の典型だと述べたが、だからと言って教科書がタダになったわけではない点に注意しておきたい。国定制導入が決定した一九〇三年、文部省が新旧教科書の価格を調べた資料を公表している。それによれば、尋常小学校の修身が十二銭七厘（検定教科書の平均価格、以下同様）から五銭三厘に、読本が一一銭から七銭四厘に、習字が五銭二厘から三銭に、高等小学校歴史が十九銭二厘から七銭六厘に、地理が二十五銭一厘から七銭六厘に、それぞれ値下げされている。[*7]高等小学校での値下げ幅が顕著なのに比して、完全義務化がなされた尋常小学校の下げ幅は小さい。教科書の公費負担への壁は厚く、敗戦まで実現することはなかったのである。

これ以降、敗戦までの教育史の動向においても、フラット化と統制のワンパッケージ現象を考える上

＊5　山本『日本教育史』一六八頁。
＊6　中村紀久二『教科書の社会史』一三四頁。
＊7　前掲、一三四頁。

で注目すべき出来事がいくつかある。一九〇七（明治四十）年の義務教育年限延長（小学校六年制）がまず目を引く。また大正期の臨時教育会議の決議を受けた一九一八（大正七）年「市町村義務教育費国庫負担法」、昭和期の教育審議会の議論を受けた単線型学校制度の胎動や一九三五（昭和十）年の青年学校義務制も重要なメルクマールである。さらに、就学猶予・免除の事由からついに「貧窮」の文字が消えた一九四一（昭和十六）年の国民学校令も、フラット化と統制のパッケージの極めつけの例と言えよう。

2. フラット化と統制のジレンマ：戦後編

日本の敗戦とともに、教科書の歴史も新たな局面をむかえる。一九四五（昭和二十）年九月、時勢の急変により不適切となった教科書の記述を糊塗するため、いわゆる「墨塗り」が始まる。翌一九四六（昭和二十一）年度には「最後の国定教科書」となる文部省著『くにのあゆみ』などが刊行されたが、民主主義色を全面に出した異色のものとなった。一九四七（昭和二十二）年度に「六三三」の新学制などを骨子とする学校教育法が成立・施行し、それを根拠に一九四九（昭和二十四）年度から教科書検定制度が実施された。それに伴い従来の「教則」に代わる「学習指導要領一般編（試案）」が公表された。これは国定教科書制時代の強力な政府統制から一変して、地域や生徒らの実情にあった教材・カリキュラムを各学校現場が創造することを推奨するものだった。それに呼応して各地で独自のカリキュラムが作られたが、戦争の痛手に苦しむ民衆の生活はどん底状態だった。新教育の理想と現実の生活とは大きく乖離していた。国家統制が極端に緩み教育界に自由が横溢する一方で、就学や通学を普遍化するための物質的支援には乏しい時代だった。教育の自由とフラット化がトレードオフの関係にあるかのような印象の強化に、この時代状況もまた寄与したものである。

ただし、特筆すべきは一九五〇年代に一時実施された政府による教科書無償配布である。学習指導要領が依然として「試案」のままだった一九五一（昭和二十六）年度から三ヵ年にわたり、小学校の新入生の算数と国語の教科書のみという限定されたかたちで、教科書の無償配布が全国で実施された。[*8] 一九五四（昭和二九）年度以降は実施されなくなり、貧困児童のみを対象とした福祉施策としての無償配布にシフトする。こうした状況で一九六一（昭和三十六）年春の教科書無償闘争を迎えることになるが、この短期間限定の無償配布時代を、多様性を許容するカリキュラムと普遍的なフラット化措置が両立しえた稀少な例として、記憶に刻んでおきたい。

日本経済が焦土から立ち直りの兆しをみせ、従来の支配層の復権が完成しつつある一九五〇年代後半になると、教育政策はふたたび国家統制強化に向かい始める。教育の分権体制を保障する教育委員会制度の骨抜きをはかる「地方教育行政法」の成立（一九五六年）はそのメルクマールの一つである（教科書検定についても、文部大臣の権限に属するものとの法改正が一九五三（昭和二十八）年になされた）。岸信介政権下でそうした動きが加速化した。一九五八年に法的拘束力をもつことを明記した学習指導要領の告示、特設「道徳の時間」の実施などの文教刷新が矢継ぎ早に行われた。

だが岸政権下で、統制強化と並行してフラット化に向けた布石が打たれたこともまた確かである。それが一九五八（昭和三十三）年成立の「公立義務教育諸学校の学級編制及び教職員定数の標準に関する法律」、通称義務教育標準法またはシンプルに標準法と呼ばれるものだった。これは教員定数・配置のルールを定めたのみならず、それに応じた国から地方への教育費分配の原則を確立したものであった。それまでは都道府県や市町村の財政状況によって教育予算のムラが生じ、教育条件に地域格差が存在していた。標準法は国のイニシアチブによってその格差を埋めることによる標準化、苅谷剛彦言うところの「面の平等」[*9]の実現をはかるものだった。困窮者のニーズに特化して手当てするアプローチと異なるため、標準法の意義は理解しづらいものとなっている。だが、「面の平等」を指向しない教育行政システムをとるアメリカ合衆国では今日でも、住民所得の多寡に連動した学区間の教育予算の不平等、それ

＊8　村越良子・吉田文茂「回顧　教科書無償運動　一　連載をはじめるにあたって」九九頁。

＊9　苅谷剛彦『教育と平等──大衆教育社会はいかに生成したか』を参照。

による教育条件の格差が放置されたままである。[*10]フラットル化政策の一環としての標準法の意義をおさえておきたい。

教科書無償闘争が発生した一九六一年はこのように、国の教育統制が加速度的に強まる一方、家庭の教育負担を軽減し教育費の平等な分配をはかるフラット化政策はまだ目に見え体感できるような成果には結びついていない、混沌とした状況下にあった。闘争の経過については項を改めて詳述することにし、まずはその概要と意義を確認したい。一九六二年の「義務教育諸学校の教科用図書の無償に関する法律」、一九六三年の「義務教育諸学校の教科用図書の無償措置に関する法律」成立をもって、一九六三年度新入学生から暫時、全ての義務制学校において一律の教科書無償配布が実現したことは、日本教育史上画期をなす出来事であった。一九〇〇（明治三十三）年の第三次小学校令で授業料無償の原則が確立して以来久々の本格的なフラット化政策であり、普遍的かつ恒久的な教育負担公費化の実現であった。と同時に、「学制」以来九十年、日本に教科書というものが登場してから初の無償措置であった。だが、というよりやはりと言うべきか、この画期的なフラット化政策には統制強化がパッケージされていた。

無償措置法において、教科書の採択方法について一つの方向が打ち出された。第十二条「都道府県の教育委員会は、当該都道府県の区域について、市若しくは郡の区域又はこれらの区域をあわせた地域に、教科用図書採択地区……を設定しなければならない」。いわゆる広域採択制である。教科書採択は、個々の学校や教師の手に届かない高レベルの意思決定に委ねられることになった。また無償配布後に鮮明になったのが教科書の選択幅の縮小である。海後・仲・寺崎の研究[*11]によれば、無償化実施後、どの教科においても教科書の種類数が大幅に減少した。まず無償化・広域採択制とともに、教科書発行から撤退する出版社が相次いだ。過当競争が強まり、中小の業者が採算がとれなくなったためである。[*12]また「各種目一社一種類発行」原則が厳格されたことも種類数減少に拍車をかけた。[*13]いわば真綿で首を絞

＊10　たとえば鈴木大裕『崩壊するアメリカの公教育』を参照。

＊11　海後宗臣・仲新・寺崎昌男『教科書でみる近現代日本の教育』二三〇頁。

＊12　前掲、二三七頁。

＊13　前掲、二三六頁。

めるように、じわじわと国家統制が強まる方向に向かっていったのである。フラット化と統制のパッケージ化は、この段階ではきわめて隠微な形をとった。

教科書無償実現の後、教育費をめぐる大きなメルクマールとして挙げられるのは田中角栄政権下での「学校教育の水準の維持向上のための義務教育諸学校の教育職員の人材確保に関する特別措置法」(通称人確法)である。これにより公立学校教員の給与が大幅に向上した。フラット化とはやや意味合いが異なるが、受益者負担主義に逆戻りすることなく教育予算の純増によって、教員待遇改善を実現させた点は画期的なものだった。その後、行政改革・財政再建のかけ声がたかまり、やがて新自由主義が席捲する社会情勢のなか、教育費の公費負担をめぐる動きは長きにわたり停滞を余儀なくされる。二〇〇九年の民主党鳩山政権の樹立と翌年の普遍的な高校無償化政策の実施は、一九〇〇年、一九六三年に次ぐ日本教育史上三度目の、教育費の公費・私費の新たな線引きの契機であった。その背景として、直接的にはリーマンショックに端を発する現役世代の切実な生活苦の訴えがあったにしても、より本質的には、歴代政権の長年にわたる教育費問題軽視、そこで鬱積されていた民衆の不満や怒りがあったと言えよう。しかしながら二〇一二年に第二次安倍内閣の登場で政権が再交代し、民主党時代の政策の一掃がはかられた。だが一度公費化という形で引き直された線を、負担増の方向にさらに引き直すのは容易でなく、歴史の歯車が完全に逆転したとは言い切れない。同政権下でまず幼児教育無償化が、次いで保育無償化がはかられたのがその証左である。その後継となる政権でも、「異次元」の掛け声のもと、高等教育などの費用の公費負担化が模索されている。

3.『たたかいは炎のように』の背景

それでは本題の教科書無償闘争に入っていこう。『たたかいは炎のように——高知市長浜の教科書無償闘争』は、すでに闘争が忘れられかけていた一九八五年に、高校生の目線からその意義を捉え直したものである。私は高知県の同和教育をテーマに研究していた縁から、当時追手前高校部落研の顧問をされていた中内康博先生と出会うことができ、この作品が作られた経緯についてお話を伺うとともに、部落研の活動に関する貴重な資料をご恵贈いただいた。[*14] これらの情報を手がかりに、本節ではこの映画そのものの背景を述べていく。

高知追手前高校部落問題研究会の前身となるサークル（同好会）が結成されたのは一九六九（昭和四十四）年のことだ。この年、同校ではロングホーム討議による同和教育の取り組みも開始されている。その後、学園紛争の余波を受けて「亀裂」が生じ、一時「開店休業」状態に陥るが、一九七三（昭和四十八）年、差別落書き事件をきっかけに「再建」された。一九七五（昭和五十）年に正式な「部」に昇格する。この年九月の文化祭で、その後続くことになる自主制作スライド・映画の第一作『ルポ・未解放部落――六つの部落をまわって』が発表された。この協同作業が「部落研究活動の転生となった」という。これを皮切りに、生徒たちによるスライドが五本制作された。顧問の中内先生によれば、三作目までは毎年一本ずつ制作され、この時が部落研の活動が最も軌道に乗っていた時期であった。だが一九七八年、七九年と新入部員が激減し、八〇年四月には一名だけになってしまった。「解散やむなし」の考えに傾いたときもあったが[*15]、同和奨学生に呼びかけ何とか存続のめどがたち、翌八一年に四作目のスライド『おづる井見聞録』を完成させることができた。「結成以来の二度目の大きな危機[*16]」をのりこえたのである。

スライド第六作『榎の証言』で識字学級をとりあげた時のことである。ある生徒が「識字学級のおばあさんの震える手で文字を書くスライドを窓にかざして、「スライドだと、ふるえるおばあさんの指が止まっている。だから8ミリ映画にして欲しいと言ったのに……」と強調した[*17]」。この言葉を機に、顧問は、「素人が映画を制作するにはどうしたらよいか、その指導方法の研究と、機材と資金を準備することになる[*18]」。そして翌一九八四年、映画第一作となる『人生の鼓動――ある結婚差別から』が制作さ

＊14　高知県立高知追手前高等学校部落問題研究部『それぞれの熱い夏――高知追手前高校部落研スライド映画　脚本集』、『それぞれの熱い夏――高知追手前高校部落研8ミリ映画脚本集　第二集』、中内康博「高知追手前高校部落問題研究部　一九八五年制作　自主制作映画（8ミリ）『たたかいは炎のように』――高知市長浜の教科書無償闘争」。

＊15　『それぞれの熱い夏――高知追手前高校部落研スライド映画　脚本集』八頁。

＊16　『それぞれの熱い夏――高知追手前高校部落研スライド映画　脚本集』八頁。一九八〇年九月の文化祭で未完成のスライドを上映した際、休憩の展示室に何者かによって「エッタのくせにえらそうにすな」という差別落書がなされたが、これに怒りを感じた生徒が部落研に参加し、スライドを完成に導いたという（中内「高知追手前高校部落問題研究部」六頁）。

＊17　中内「高知追手前高校部

れたのである。映画は「予想以上の好評を得た」が、二年生の部員が退部し、そのあとが続かなかったため「三たび、部落研は消滅の危機を迎えた」。だが残ったNさんを中心に二人の入部希望者をさそい、女子生徒三人で何とか存続することができた[*19]。部落研がそんな状態にあった一九八五年度に作成されたのが『たたかいは炎のように』である。教科書無償闘争という題材が選ばれたのは、学校の部落問題学習で学んだことがあるものだったからだという。「六月から七月にかけて、三人の部員は集中的に教科書無償闘争の文献を研究した。日時、人物名、事件、時代の背景の問題、等々。そのあといつものように取材・研究・撮影に入り、八月いっぱいかけて原稿を書いた[*20]」。こうしてこの映画はできあがったのである。

なお、本作品を含む部落研生徒によって制作されたスライド・映画は全て、ＤＶＤ等の頒布は一切されていない。上映には作成した部員または顧問が立ち会い、解説付きで行うことを原則としているためである。以下では、脚本集からの引用を基本に、筆者が特別に許可されて視聴した映像の記憶をもとに稿を進めていきたい。

4.『たたかいは炎のように』にみる教科書無償闘争

(1) オープニングから時代背景の説明まで

開巻のシーンは高知市の目抜き通り、はりまや橋交差点の近くの風景。そこにナレーションの声が重なる。若干なまりの混じった素朴な女子生徒のナレーションが味わい深い。

【ナレーション[*21]】

いつも変わらない街並
青信号になると、急ぎ足で通りすぎる人々

落問題研究部」六頁。
＊18 前掲、六頁。
＊19『それぞれの熱い夏――高知追手前高校部落研スライド映画　脚本集』九頁。
＊20 前掲、九頁。
＊21 前掲、一一三頁。

おしよせる波のような車のむれ
誰も隣りを歩く人に、関心すら示しません。
あなたは、高知市長浜でおこった「教科書無償闘争」を知っていますか。
なぜ教科書がタダになったのか知っていますか。
部落問題研究部の私たちは街頭インタビューを試みました。

交通量の非常に多い幹線道路に、浮島のように路面電車の駅がある。乗降客は狭いホームの上を縫うように、肩をすぼめて歩く。その横をかすめて、巨大なダンプカーが通過していく。殺伐としていて互いに無関心な現代社会の姿（八五年時点の）が印象づけられる。そこに、教科書無償闘争を知っているかという問いかけが畳み掛けられる。

部員による街頭インタビューのシーンが数カット流れる。大丸百貨店前、はりまや橋の上など多くの人が行き交う高知市の繁華街が舞台だ。

【ナレーション】[*22]
しかし、そのわけを知っている人は、一人もいませんでした。
教科書は、政府が貧しい家庭のためにタダにしたと考えている人がほとんどでした。
そして、タダであるのがあたりまえだと思っている人があまりにも多かったのです。
（中略）
私たちは教科書がタダになった理由や当時の背景を研究してみました。

そして映画は闘争の舞台、高知市長浜の一九八五年時点での姿を映し出しながら、そのプロフィール

＊22　前掲、一一三頁。

を紹介していく。ちょうどこの頃、同和対策事業の一環で環境整備事業が進行中で、町並みが変貌しつつある姿がフィルムにおさめられている。貴重な記録である。

【ナレーション】[*23]

長浜は高知市の南端に位置し、東は名勝桂浜、西には吾川郡春野町があり、ひろびろとした太平洋を望んでいる所です。

現在の長浜の被差別部落は、世帯数一二八五戸、人口三七八七人で、他に比べて大きい部落です。

主な職業は、造船関係で全体の二〇％、次に多いのが小売業、建設業です。しかし造船業といっても殆どが、溶接工、電気工、とび職などの下請、孫請の日雇的就業で収入は安定していません。

そのため、好況、不況に大きく左右され、また、健康を害すれば、生活保護に頼るしかないという状況です。

部員たちが長浜の重要スポットを訪ねるシーンが映し出される。原神社、自彊館跡、広願寺、そして長浜小学校である。

【ナレーション】[*24]

長浜小学校は、生徒数九二一人、学級数二八組の大きな学校です。全校生徒のうちほぼ四〇〇人が教育扶助、または、準教育扶助を受けています。その扶助は、闘いの伝統を受けついで権利として受けているそうです。

このナレーションは重要である。日本全体がバブル景気に突き進んでいた一九八五年でなお、四割を

---

*23　前掲、一一五頁。

*24　前掲、一一七頁。

超える児童が準貧困ライン以下の生活をしているという厳しい生活環境が明らかにされているのが一つ。そしてこれらの扶助（教育扶助または就学援助）を「権利として受けている」という文言。後者「権利として受けとる」は、教科書無償闘争の最大の山場でタダの会が声明することになるキーワードである。

（2）教科書無償闘争の始まりから長期戦へ

ＢＧＭが物悲しい調子の「北上夜曲」に変わり、一九六〇年頃の長浜地区へと話題が移っていく。当時の航空写真が映し出される。

【ナレーション】[*25]

これは、環境整備事業が行われる以前、一九六〇年代の部落です。民家がさらに密集してきました。教科書無償闘争がおこった頃、日当は、母親二五〇円、父親でさえ三〇〇円。この時、教科書代は、小学校で七〇〇円、中学校でも九四〇円もしました。

せめて教科書が無償であれば……

これは、当時の子供を持つ父母の共通した願いでした。

当時の物価水準を示しながら、一揃えしたトータルの教科書代を紹介している。現在の日当が一万円程度と考えて換算すると、小学校が二万円台半ば、中学校では三万円台半ばといったところか。中産階級家庭でもかなり「痛い」レベルの出費であることがわかる。

ここで黒のバックに白文字で、憲法二六条の条文が映し出される。音声もＢＧＭもなく、沈黙の中に文字だけが浮かび上がる。

日本国憲法第二六条

＊25　前掲、一二三頁。

（教育を受ける権利、教育の義務）

①すべて国民は、法律の定めるところにより、その能力に応じて、ひとしく教育を受ける権利を有する。

②すべて国民は、法律の定めるところにより、その保護する子女に普通教育を受けさせる義務を負ふ。義務教育は、これを無償とする。

最後に「義務教育は、これを無償とする」の文字がもう一度大きく映される。

続いて、教科書無償闘争の中心となった二人のリーダーが登場する。「長浜地区小中学校教科書をタダにする会」の元会長・宮本儔（ひとし）氏と同事務局長水田精喜氏に、直接生徒がインタビューするシーンである。会長の宮本氏は当時、地区内の洋品店の御主人、水田氏は長浜小学校教員であった。

【宮本儔氏の語り[*26]】

えー当時は、経済的に大変苦しい社会情勢がありまして、義務教育の教科書代にたえられないという実態がありました。失業多発の時代でございまして、それと憲法を守る学習会なんかがありまして、その中で日本国憲法を具体的に勉強していく中で、義務教育は無償だということも理解がされはじめますし、勤評・安保の闘いを経まして、当時の社会情勢の中で、民主的な意識も大変強まっておりまして、学校の校区教研の席で、もう教科書をタダにするまで買わないで頑張ろうじゃないか、ということを提案いたしました。これが満場一致で採択されるというところから教科書を買わないで頑張る運動というのは、タダにせよということで発展をして来た訳です。

【水田精喜氏の語り[*27]】

生徒：教科書無償闘争は、どのような人たちが闘ったのですか。

＊26　前掲、一二四頁。

＊27　前掲、一二四頁。

水田：それこそ名もない一般家庭の主婦たちが主だったと思います。女性というか、母親は特に強かったですね。
特に気をつけていただきたいのは、部落だけのたたかいではなくて、周辺地域の人たち、その時分私たちは地域闘争と呼んだ訳ですが、まあ統一戦線の精神ですね、そういうことを特に考えておってほしいと思います。

この場面がきわめて貴重な理由は、二人がすでに物故者となっていることだけにあるのではない。教科書無償闘争の時点では一つにまとまっていた運動体がその後六〇年代末に分裂し、現在に至るもその状況は続いている。この宮本、水田両氏とも部落解放同盟を離れ、立場を異にする組織に属することになった。その後、教育委員会が教科書無償闘争について教材を作成する場合でも、宮本氏や水田氏がそこに登場することはないまま今日に至っている。それに対して『たたかいは炎のように』が画期的なのは、両方の立場の人が同じ一つの作品に「共演」（一堂に会することはできず、別々に取材されている）し、無償化運動の全体像を見事に浮き彫りにしている点である。

ＢＧＭがアップテンポの曲になり、ここからは運動の高揚していくさまがナレーションで説明される。そのバックの映像に、地元紙『高知新聞』の紙面や写真がカットインするが、これらの記事・写真も部員たちが当時の紙面のバックナンバーを地道に探索し、未整理だった写真の山の中から発掘したものである。[*28] 今日のようにデータベース検索が簡易に利用できる時代ではなく、また研究者からもこの運動が忘れ去られていた頃である。さて、三月七日の夕ダにする会正式結成から、四月十日の市長による配布約束までの経緯を、ナレーションに即してみてみよう。

【ナレーション】[*29]

＊28　中内「高知追手前高校部落問題研究部」七頁。

＊29　『それぞれの熱い夏――高知追手前高校部落研スライド映画　脚本集』一二五―一二九頁。

一九六一年三月七日。

部落解放同盟長浜支部、民主教育を守る会、子供を守る婦人の集まり、高知市教組長浜分会、全日自労などの民主団体を中心にして、「長浜地区小中学校教科書をタダにする会」が正式に結成されました。

母親の憲法学習会の中で、勉強を重ねていくうちに、教育を受ける権利に目覚めたというのです。

「タダで配るまでガンバロウ!」と題した署名は、わずか一週間たらずで、小中学生の八割を占める一六〇〇人にものぼり、長浜地区をあげての大運動へと発展していきました。

三月一三日、大衆動員による高知市教育委員会との交渉。その結果、とうとう市教委に憲法二六条の義務教育無償の原則が正しいことを認めさせました。

しかし市教委は、「準困の枠を拡大し、買えない者には市が買う。」と述べるばかり。

この態度はかたくなで、「理念としては考えられても、現実にはできない」というのです。

三月二五日。

長浜における現地交渉が始まります。

この日の午後一時。

市教委は約束通り長浜小学校に姿をあらわしました。

仕事を休んでまでつめかけた父母四〇〇人——。その他、市内各地から応援にかけつけた人々で、校内はごった返していました。

エプロンがけ、げたばきで参加した父母たちは、口々に「私たちは物乞いをしているのではない。憲法を守れと言っているだけだ」と主張します。

無償の原則を認めながら、教科書を買ってほしいという教育長に対して、

「教育長、そりゃ矛盾じゃないか」

「この闘いは憲法を守る闘いじゃ。憲法を守れ。」

という言葉がとびかい、市教委を圧倒した交渉になりました。

「教科書を買う意志のない者には、無償で配布せよ。」という父母側の強い要求がつきつけられている中で教科書販売が行われました。

ところが、教科書を買いに来た人はわずか六五人。

高知新聞は「閑古鳥鳴く長浜小の教科書売り場」と報じています。

「勝利は目の前だ。」という父母側の期待とはうらはらに、闘いは、大きくもつれこんでゆくのです。

四月六日。

市教委は、タダにする会に対して、「買える人には買ってほしい。買えない人にはこちらで買います。」と文書で一方的に通告してきました。

四月七日。

勝利を信じていた人はおどろいて代表者交渉。しかし教育委員会は、「児童・生徒数の一割以上の者に支給する」と回答。

四月九日、日曜日。

交渉を約束しながら市教委は、出席せず。

明日から本格的に新学期が始まろうという時、市教委が交渉のボイコットを決めこんだのです。

四月一〇日、午前一〇時。

そのため、思いあまった「タダにする会」の人々は、貸し切りバスで市役所につめかけ、交渉をかけますが、市教委は行方不明――。

市長ですら「知らぬ」の一点ばり。そのため氏原市長を追及しました。

午後一一時を回って、市長はようやく「無償配布の要求は認められないが、現場の混乱をさけるため、現在、教科書を持っていない子供に対し、一二日までに、全員が教科書を使えるように取り計らう。」と約束してくれました。

「最高責任者の市長さんが約束してくれたのだから」と一三時間も交渉をねばった「タダにする会」の人々は喜びいさんで家路につきました。


以上の経過説明で、長浜の教科書無償運動の特徴は過不足なく描かれている。「持たざる者」だけの運動でなく、普遍的権利を掲げて「持つ者」と連帯し、一致結束して不買行動に打って出るという前代未聞の戦術だった。[*30] 対する市教委の「準困の枠を拡大し、買えない者には市が買う」という提案は、タダにする会側の権利の普遍性の主張を否定し、あくまで困窮者に限定した福祉的措置として教科書無償配布を捉えるものだった。両者の懸隔は明らかであった。

（3）状況の暗転、交渉の泥沼化、差別団体の横行

ここでBGMが悲しげな曲に変調する。交渉相手の逃亡、メディアの裏切り、敵対勢力の台頭、会の主張に水をさす学者の説や文部省の見解の登場などの逆風である。

【ナレーション】[*31]

四月一一日。

高知市教委が総辞職。

長浜の人々の期待と希望はうちくだかれました。

氏原市長は、「教育行政の責任者がいないので、一〇日の約束は白紙にかえった。」と冷たく宣言し、さっさと十数日間の東京出張に出かけ、タダにする会は、交渉相手を失ってしまいました。

この頃から、タダにする会に反対する人もあらわれました。「長浜地区正規な教育促進の会」です。また、

＊30　長浜地区の運動に先立ち、たとえば京都市田中地区では教科書無償配布を求める運動により、限定的な形で配布が実現している。

＊31　『それぞれの熱い夏――高知追手前高校部落研スライド映画　脚本集』一三〇―一三一頁。

今まではこの運動に対して好意的であった高知新聞も、少しずつ行政側に加担する記事を載せるようになっていきました。

交渉がゆきづまったため、額をよせ合って相談する「タダにする会」の人たち。エプロン姿のお母さんたちが印象的です。長浜小学校、南海中学校で、プリントによる授業が始まったと、高知新聞は報じています。

それと同時に、市教組の応援をうけて、両校の教員によるガリ切り、印刷作業も始まりました。毎日、夜中までの作業が一ヶ月も続くことになるのです。このように、教師と父兄が協力しあい、一体となって教科書無償闘争がすすめられたのです。

これに対し「促進する会」は、教科書を使って授業をせよ、とせまり、「タダにする会」の運動を切りくずしにかかります。

授業中に教室内へ踏みこんできて、部落の子供に、

「教科書もってないがかえ? おじちゃんがお母ちゃんに買うように言うちゃおか?」

などと、正規の授業に名をかりた妨害行動を続けます。

これらの人々は、長浜中を宣伝カーで走りまわりました。……

ついには、この運動に精力的にかかわった教師三人の名前をあげて、「今晩この三人をクビにする会を開く集まってくれ。」とまで言いだす始末でした。

先生たちはさまざまな妨害に直面しながらも、必死で説明につとめました。先生たちにしてみれば、プリントで授業をすることが、市教委に対してできる精いっぱいの抵抗だったのです。

不買運動の人々と連帯し、小中学校の教師たちも教科書を使わずプリントによる授業をおこなったことは今でも語り草になっている。当時長浜小学校で二十代の若手教員だった永吉（旧姓今井）玉子さん

は、プリント印刷に使っていたガリ切り機を今も大切に保存していて、講演会の際には持参して見せるのだという。

【ナレーション[*32]】

さらに四月二一日になって、高知新聞は、大きな記事を載せました。

市教委の問い合わせに対して、「無償の義務なし」という文部省の解答です。早大教授の見解まで載せています。

この記事で、「いくらねばってもタダにならん。さっさとそんな運動やめてしまえ!」とでもいうような空気がまわりから起ってきます。

お母さんたちは怒りをこめて、その時の事情を話してくれました。

「国家乞食みたいな真似をするのはエタじゃ。」

「あいつらぁ三〇〇万おるいうけんど、我々は九七〇〇万おる」とラジオで放送したこともあったそうです。

権利に無頓着な人々が、堂々と部落差別を行使したのです。言いかえれば権利にめざめる人々を分裂させるために部落差別が利用されたのです。

(中略)

四月二〇日。

かたくなだった市教委も革新議員団の斡旋で、ようやく重い腰をあげました。

そうして、今にも解決しそうな気配を見せながらも、不安な一日一日が過ぎていきます。

五月一二日、市教委の総辞職からまる一ヶ月が過ぎました。

革新議員団の斡旋により、市単独で二五〇人程度、長浜地区については、昨年の五倍の二〇〇人を準困家庭とみて、無償対象とする提案がなされました。

＊32　前掲、一三二―一三四頁。傍点は引用者が加えた。

市教委側は、あくまでも準困のワクを拡げるという名目を出してきます。「私たちは、貧乏だから教科書をタダにしろと言っているんじゃない！　憲法にうたわれている権利として要求しているのだ。」という、人々の悲痛な叫びはとうとう受け入れられなかったのです。

それからの三日間、「タダにする会」は連日会議を開き、市教委案をめぐっての対策を協議しました。

五月一五日、時すでに五月半ば…。もうこれ以上長びくことは許されません。

「市教委案を受け入れる。しかし我々は権利として勝ちとったものと確認する」これまでがんばってきた長浜の人々は、唇をかみ、涙をのんで、こう決定したのです。

（中略）

配分された二〇〇人分の教科書は、最後までがんばった五〇〇人に平等にわけあたえられました。

初期に期待されたとおりの結果は得られなかったものの、長浜の父母たちは、鍛えられ大きな自信をみいだしました。

（4）教科書無償配布の普遍化、そして次の世代がうけつぐべきものとは

このようにして一九六一年度の教科書無償闘争は、必ずしも運動側の勝利とは言えない形で幕引きとなるが、直後から国が動き出したことがナレーションで紹介される。「『無償の義務なし』と言った文部省が、二ヵ月後には大蔵当局と折衝をはじめ」、同九月に福岡を出発した部落解放同盟の国策樹立大行進が行われているころ、「小中学校の教科書無償配布について、政務次官懇談会が検討をはじめ」た。そして一九六二年三月三一日、政府が「教科書無償法案《ママ》」を公布したのである。[*33]

【ナレーション】[*34]

このようにして、高知にはじまった運動が県外へも広がりながら、ついに文部省を動かして、教科書無償

＊33　前掲、一三五―一三六頁。
＊34　前掲、一三六―一三七頁。

の権利を勝ちとったのです。

(中略)

この写真は、長浜小学校ではじめて全員に教科書が無償になった時のものです。その時の気持ちをお母さんに聞いてみました。

「それはもう、それこそ心の中でヤッタア!とねえ、自分らあがやったことは、やっぱりまちごうてなかったと思うてね、あの、周囲にもやっぱり当時としては、女の人がそういうこと、家庭をおいてそんなことをするのは、幾分、正しいことをしていても、一般の周囲に対するひけめみたいな、後めたさみたいなものがありますきにね。

その点では、自分たちがやった、それがむくわれて、全国へね、教科書が配られるということになったじゃないか、ということで非常に嬉しかったですヨ。

まあ、当時の闘いが苦しかったことと正比例してね、人にみんな言うて回りたいような気分でね。『こら、私たちがヤッタがぞね、ヤッタがぞね』というて回りたいような衝動も覚えました。」

(中略)

一度は敗北に終わったかのように見えた闘いが、結果的には、大勝利をおさめて、闘争は終結しました。数々の困難をくぐりぬけて、部落の人々と部落外の人々が共通の目的で手を結び、志を同じくして闘った意義ある運動がとうとう実を結びました。

しかし、人権というものがなんであるか全くわかっていない一部の人々によって、公然と部落差別が利用され、この意義あるすばらしい運動がさまたげられてきたことを忘れてはなりません。


最後のフレーズには、「正規な教育促進の会」やそのシンパによる、運動反対に名を借りた公然たる部落差別の行使に対する満腔の怒りが込められている。

ここからＢＧＭに『マイ・ウェイ』がかかり、フィナーレに入っていく。映像と音楽とナレーションの三者が絶妙にマッチし、観る者の魂を揺さぶらずにおられないラストである。部落研の三人の部員たちがひと夏かけてこの映画制作から学んだことが昇華され、高らかな決意表明がなされている。それだけでなく、現在（一九八五年）に対する批判的視点が示されてもいる。教科書無償闘争の成果に胡坐をかいて座視していれば、その成果もろとも獲得した権利を失ってしまうと警鐘が鳴らされている。それが「教科書はタダでもらっても嬉しくない教科書になりつつある」という悲痛なメッセージだ。その声は時間を超えて二十一世紀の我々の状況をもさし貫くものである。

【ナレーション】[*35]

人間が人間であることを誇りうるとき……、それは権利に目覚める時です。

何者にもおかされることのない崇高な精神と、何者にも屈することのない強い意志、そして団結力。

それらはきっと、人間が権利に目覚めたしるしでしょう。

長浜のお父さん、お母さん、先生方、私たちは、あなたたちのことを誇りに思います。

そして、あなたたちの意志をこれからは、私たちがついでゆきます。

教科書は、たしかにタダになりました。しかし、それとひきかえに各小、中学校の教科書の採択権がうばわれ、かわって各市町村の教育委員会にうつっています。

また、教科書検定は年々強化されています。

その検定も今までは、高校、中学校の社会科がやり玉にあげられていましたが、（画面――戦争を過ちというのは短絡しすぎる。現在も戦争をしているところがあるので検討せよ――という文部省の指示）

この映画を作りはじめた今年から、小学校の社会科にまで、影響がおよんでいると新聞は伝えています。

これらのことは、私たちの気付かないうちに、思想・教育・学問の自由をうばい、国家統制をはかろうと

＊35　前掲、一三八―一三九頁。傍点は引用者が加えた。

いう戦前の軍国主義のめばえともいえるべきことなのです。

教科書はタダでもらってもうれしくない教科書になりつつあるのです。


ナレーションの最後のくだりにバックで映し出されるのは、大きなビルに次々と吸い込まれていく若者の姿。カメラがパンして、地元の大手進学塾の名が書かれた大きな看板が見える。高知県は全国有数の私学王国としても知られ、県内での教育格差は現在も甚だしい。公教育が危機に瀕する一方で、せっせと塾通いし自らの栄達に走る子どもも少なくない、そんなアイロニーが込められたシーンである。

【ナレーション】[*36]
「教科書がタダになったからといって私たちの運動は終わったわけじゃない。これからは、内容の充実を求めて運動していくつもりだ。」と語った長浜のお母さんの熱意に私たちは感動しました。
軍事費がGNPの一％を突破しようとしている今日、もう一度、教育を受ける権利や国民の基本的人権について考え直してみてはどうでしょうか。……

今回の映画制作で私たちは、国民の権利をうばいさるのが部落差別であり、偏見であるということを痛感しました。

そして、水田先生、宮本さん、お母さん方、その他たくさんの人々の生き方から多くを学びました。

日頃、勉強においまわされ、受験という目先のことだけしか考えていなかった私たち。

そんな私たちですが、これからは部落問題はもちろんのこと、様々な社会の矛盾にも目を向け、考えてみたいと思います。

そして、人生を与えられたものとして、決められたレールの上を走るだけでなく、自らの力で道を切りひ

＊36　前掲、一四〇—一四三頁。

らき、一歩一歩ふみしめていける……少なくとも、そんな人間になりたいと心から思うのです。

ナレーションの最後では、三人の部員が肩を並べて海辺に腰を下ろし、太平洋を眺める後ろ姿がかぶる。苦労を共にした部員がねぎらい合っているような、ほのぼのしたシーンだ。そしてエンドロールが流れ、映画は終わる。

おわりに：統制を伴わないフラット化にむけて

教科書無償運動について、ここまで詳細に事実を振り返り、その意義を高らかに歌いあげたものは存在しなかった。画期的な作品と言うしかない。その後、子どもの貧困や格差、教育費負担の問題がクローズアップされ、高知の教科書無償闘争についても新たに関心が高まっている。最新の資料に基づく研究書[*37]も刊行されている。

最後に、本講でかかげた問い「教科書無償闘争はなぜ顧みられないのか」（正確には顧みられなかったのか、かもしれない）に立ち戻りたい。教育学アカデミズムでは、あたかも教科書無償闘争が、国家による教科書統制の呼び水となったかのような冷たいまなざしが存在していた。1、2節で論じたようにフラット化（負担軽減・門戸拡大）と統制がワンパッケージとなって政策化されてきた歴史が、たしかに日本において存在することは事実である。だが、二者の間に論理的必然性は存在しない。すなわち、フラット化のなかに、統制を正当化し必然化するロジックは何ら確立されていない。砕いて言えば、教育への平等なアクセスの整備は恩恵ではなく人民の権利の実現と捉えるべきであり、政府に対して何ら負い目を感じる必要はないのだ。にもかかわらずこれらがワンパッケージ化されがちな現実からは、誤認された「負い目」に付け込み、政府が統制強化をはかる力学が透けて見える。それでも僅かな例ではあるが、統制を伴わないフラット化の実績が刻まれてきた歴史がある。こうした実績を積み上げ、論理

＊37　村越良子・吉田文茂『教科書をタダにした闘い――高知県長浜の教科書無償運動』。

的必然性の誤認を打ち砕いていくことが私たちの課題である。

参考文献

＊高知県立高知追手前高等学校部落問題研究部『それぞれの熱い夏――高知追手前高校部落研スライド映画　脚本集』平和プリント、一九八六年

＊『それぞれの熱い夏――高知追手前高校部落研8ミリ映画脚本集 第二集』平和プリント、一九九五年

海後宗臣・仲新・寺崎昌男『教科書でみる近現代日本の教育』東京書籍、一九九九年
苅谷剛彦『教育と平等――大衆教育社会はいかに生成したか』中央公論新社、二〇〇九年
村越良子・吉田文茂「回顧 教科書無償運動一 連載をはじめるにあたって」『部落解放』七〇二号、二〇一四年
――『教科書をタダにした闘い――高知県長浜の教科書無償運動』解放出版社、二〇一七年
中村紀久二『教科書の社会史――明治維新から敗戦まで』岩波書店、一九九二年
中内康博「高知追手前高校部落問題研究部 一九八五年制作 自主制作映画（8ミリ）『たたかいは炎のように』――高知市長浜の教科書無償闘争」第五二回社会教育研究全国集会配布資料、二〇一二年
大田堯編『戦後教育史』岩波書店、一九七八年
佐藤秀夫「『自由教育令』百年の軌跡――『人民自為』の復権を求めて」『月刊 教育の森』四（五）、一九七九年
鈴木大裕『崩壊するアメリカの公教育――日本への警告』岩波書店、二〇一六年
山本正身『日本教育史――教育の「今」を歴史から考える』慶應義塾大学出版会、二〇一四年

第8講

綴方と世間
［子どもがありのままを書くことはなぜ大人に不都合なのか］

▒『綴方教室』（山本嘉次郎監督、木村千依男脚本［一九三八年］・豊田正子原作）

キーワード

作文教育
『赤い鳥』
童話・童謡運動
メディアミックス
純粋無垢な魂
戦時体制
山びこ学校
生活綴方
無着成恭

はじめに：作文と学校の切っても切れない関係

「面取り」という新聞記者用語をご存じだろうか。無名の一般人が突然クローズアップされるような事件が勃発した際、記事に付随して掲載する本人の肖像写真を探し当てる作業を言う。その主要なリソースは学校の卒業アルバムである。そして卒アルとセットのアイテムが卒業文集であり、そこに掲載された作文も無名人の人となりを知る情報源として重宝され、記者たちは血眼になって探し回る。このように考えると日本人にとって学校は、一生のなかでわずか数回の、有無を言わさずそこそこの長さの文章を書かされ、後世に残す作業の場ということになる。

作文は学校の教育課程において国語という教科の中に位置づけられている。しかしその中で、書くことは「話す・聞く・読む・書く」という言語の四技能のなかで最も脇に追いやられている。教師の指導もややもすればおざなりで、ただ時間つぶしのために子どもに作文を書かせる場合もある。作文に嫌な思い出しかなく、文章を書くのが嫌いになってしまったという人も多かろう。ところが、作文がまだ旧

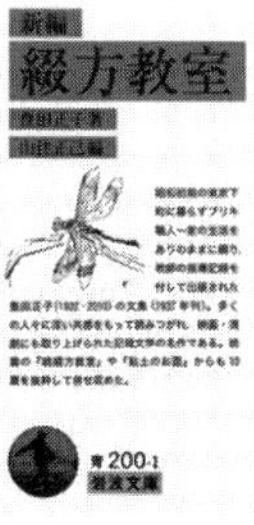

豊田正子著、山住正己編『新編綴方教室』岩波文庫、一九九五年

称の綴方（つづりかた）と呼ばれていた頃、教師の熱心な指導により綴方が活字として掲載され、やがてその文集が本になり、舞台劇化、映画化までされて一躍スターダムに登り詰めた子どもがいた。それが豊田正子（一九二二―二〇一〇）である。東京の下町の貧しいブリキ職人の家に暮らすこの少女が、雑誌『赤い鳥』とであい、今日でいうメディアミックスによって脚光を浴びていく時代は、ちょうど、日中戦争開戦から太平洋戦争への突入という戦禍の時と重なっていた。

　本講では、全てが始まるきっかけとなった最初の作文集『綴方教室』にスポットを当てる。その理由は、この作文集ならびにそこに付随する諸エピソードによって、学校の営みが社会の連関に埋め込まれていること、社会とつながっていることが鮮やかに示されるからである。小学校卒の一介の女工だった豊田が時の人となりスポットライトを浴びたのは、大正期に『赤い鳥』が創刊された頃とは大きく異なる、きな臭い世情の中においてであった。ただ「見たまま感じたままを表現する」という理念に忠実に綴方を書いたに過ぎない少女の営みが、いつの間にか過剰な意味を背負わされ、否応なく政治の渦に巻き込まれていった。『綴方教室』は、社会としての学校／社会のなかの学校を考える恰好の素材なのである。なお『綴方教室』の映画版は、名匠山本嘉次郎監督がメガホンをとり、十四歳の高峰秀子が主演、無名だった黒澤明が制作主任を務めたという見どころ満載の作品である（脇を固める役者陣も豪華メンバー！）[*1]。あわせてここで参照したい。

　さらに作文（綴方）と教育とが交差する地点で見落とせないのが生活綴方運動である。昭和戦前期におけるその高揚期はちょうど豊田の小学生時代と重なっているが、運動が特に熱心の展開されたのは東北地方の農村部であった。本講では、その系譜を継いで綴方教育を戦後に開花させた山形県の無着成恭の『山びこ学校』に注目したい。いくつかの点で『綴方教室』との間に興味深い呼応関係を見出すことができるからである。

1. 豊田正子の飛躍台：雑誌『赤い鳥』をめぐって

『綴方教室』の話にすすむ前段として、小学生時代の豊田正子の作文が日の目を見る舞台となった雑誌『赤い鳥』について簡単に触れておきたい。

『赤い鳥』は鈴木三重吉（一八八二―一九三六）の個人刊行雑誌として、一九一八年に創刊された。もともと鈴木は漱石門下の小説家であったが、次第に子ども向けの読み物の普及に力を注ぐようになり、童話・童謡普及運動の拠点として『赤い鳥』を発刊したのである。賛同者として、泉鏡花、小山内薫、徳田秋声、高浜虚子、野上豊一郎、野上弥生子、小宮豊隆、有島生馬、芥川龍之介、北原白秋、島崎藤村、森林太郎、森田草平が名を連ねた。[*2] こうした錚々たる文壇作家たちを執筆者に迎え、鈴木三重吉が目指したのは、従来子ども向きの本を席捲していた俗悪な通俗読み物、そして官製教科書に載っているお仕着せの読み物のどちらとも異なる、高い芸術性を備えた「童話」を日本の子どもたちに届けることであった（また学校音楽に閉じ込められた唱歌に対抗する「童謡」の普及もめざした。童謡については本書第3講も参照のこと）。こうして『赤い鳥』からは、芥川龍之介「蜘蛛の糸」「杜子春」「アグニの神」、有島武郎「一房の葡萄」、小川未明「黒い人と赤い櫂」「月夜と眼鏡」「飴チョコの天使」など数々の名作が生まれた。[*3]

『赤い鳥』の主要な講読層は都市中間層家庭であった。しかし、経済的に手の届かない階層の子どもや農村部の子どもたちにも影響は及んだ。学校の教師が雑誌を取り寄せ、国語の補助教材として子どもたちに掲載作を読み聞かせたのである。[*4] また『赤い鳥』は子どもたちのために綴方や童謡（自由詩）の投稿欄を設け、積極的な表現活動も推奨した。その理念は「子どもの目で見たまま感じたままを表現する」[*5] ことであった。

『赤い鳥』は最盛期に約三万部の発行をほこったが、童話雑誌の乱立、通俗読み物で人気を博した講

＊2　河原和枝『子ども観の近代』六八頁。

＊3　前掲、九二頁。

＊4　前掲、八九頁。
＊5　前掲、八八頁。
＊6　前掲、九六頁。
＊7　岩波文庫版が最もポピュラーであり以下本講での引用も同書から行う。ただし一九三九年刊行の『続綴方教室』も完全

談社『少年倶楽部』の登場、昭和恐慌による経済状況の悪化などが要因となって次第に部数を落としていった。一九二九年三月に休刊を余儀なくされ、一九三一年一月に復刊するが、往時の勢いを取り戻すことはできなかった。そして、鈴木三重吉の死によって一九三六年十月号をもって幕を閉じる。豊田正子の作文が掲載されたこの時期は「童話・童謡運動の退潮期」[*6]ともされるが、晩年の鈴木は最期まで入選作に丁寧な選評を書き、子どもたちを励まし続けたのである。

2．メディアミックスによる「作者・豊田正子」の誕生

現在入手可能な『綴方教室』[*7]は全て豊田正子著とクレジットされているが、そこに行きつくまでの経緯はいささか複雑である。この著作が、そして豊田正子が一躍時の人になるまでのいきさつも併せ簡単に振り返っておく。そもそもこの本は当初、大木顕一郎・清水幸治という二人の小学校教師の共著として、中央公論社から一九三七年八月に刊行された。大木が担当した前編（個人指導編）が豊田一人の作文から構成される一方、清水担当の後編（学級指導編）には豊田は全く登場しない。今日普及しているのは前編のみを独立させ、豊田正子著に改めたバージョンなのである。さてこの大木・清水のオリジナル版は当初「市場の反応は極めて薄く、雑誌、新聞の書評欄や新刊案内でもほとんど取り上げられていな」[*8]かった。全く売れず話題にもならなかったのである。

豊田正子は一九二九年四月に東京・向島区（現在の墨田区）牛島小学校に入学、その後二回の転校を経て、四年生の時葛飾区の本田小学校に転入してきた。そこで担任教師大木顕一郎との運命的な出会いを果たす。大木は、雑誌『赤い鳥』の主宰者鈴木三重吉に私淑し、作文を熱心に指導する教師であった。[*9]この大木の作文指導を受け、『赤い鳥』一九三二年十月号に佳作として、初めて豊田の作文「うさぎ」が掲載された。以後、一九三五年五月号掲載の「火事」に至るまで合計七本が入選している。[*10]

このように『赤い鳥』によって見出された豊田正子であったが、世間一般には全く無名であったこと

収録した完全版が木鶏社から出ている（豊田正子『綴方教室』木鶏社、星雲社（発売）、一九八四年）。

＊8　中谷いずみ「〈綴方〉の形成――豊田正子『綴方教室』をめぐって」『語文』一一一号、四四頁。

＊9　山住正己「解説」豊田正子『新編 綴方教室』所収、三六九―三七一頁。

＊10　豊田正子の掲載作とその掲載巻は以下の通りである。「うさぎ」第四巻第四号、七六―七九頁（一九三二年十月）、「にわとり」第五巻第二号、七二―七七頁（一九三三年二月）、「おりえのおばさん」第五巻第四号、七二―七八頁（一九三三年四月）、「きつねつき」第六巻第二号、七六―八一頁（一九三三年八月号）、「浪花節」第八巻第一号、八〇―八三頁（一九三四年八月）、「はだしたび」第九巻第一号、七六―八三頁（一九三五年一月号）、「火事」第十巻第一号、八二―八五頁（一九三五年七月）。

は言うまでもない。その指導者、大木顕一郎も一介の教師であり、地味な作文指導の書『綴方教室』が出版市場で目立たなかったのも当然であった。ところがこうした状況を一変させる転機が訪れた。それが新築地劇団による『綴方教室』の舞台化であった。新築地劇団は「一九二九年築地小劇場からの分派で旗揚げされ……日本プロレタリア劇場同盟（プロット）の一翼を担う劇団として活動を続けてきたが……方向性の模索期にあった」[*11]。『綴方教室』は脚本古川良範、演出岡倉士朗で一九三八年三月六日から上演され、大評判をとった。公演は「四十二日間七〇回に及［び］……最終的な観客動員数は五万人とも五万五千人とも言われ」[*12]るほどの大ヒットとなったのである。脚本化にあたって、まず個人指導編（前編）だけが抽出され、豊田正子原作というクレジットがここに初めて生まれた。構成は「綴方一つを独立した一幕物で、「幕」という言葉の代わりに「課」が用いられ」るといった工夫が凝らされ、「目で見る綴方」が目指された[*13]。この舞台化の成功とともに、「原作者・豊田正子」への注目が飛躍的に高まり、同年八月封切の東宝による映画化によって豊田人気は決定的なものとなった。以後『婦人公論』などに文章を書く場が与えられ、豊田は文筆家として歩み始めるのである。

舞台化と映画化を通じて、時流は小学校卒の一介の女工だった豊田正子をスターダムに押し上げた。その後の戦時体制の進行で、多くの表現者が弾圧を受け沈黙を余儀なくされる。しかし豊田には表現の機会が与えられ続けた。『続綴方教室』（一九三九年、豊田正子著・大木顕一郎編）、『粘土のお面』（一九四一年）、そして陸軍報道部の要請による中国視察旅行後に刊行した『私の支那紀行――清郷を往く』（一九四三年）と、次々に著書が刊行されていった。困難な時局を、かなり巧みに遊泳したのだと言ってよいだろう。このことの含意については、本講末尾において改めて考察を加えることにしたい。

先述のように豊田正子は教師大木の指導により何度も『赤い鳥』に入選を果たすが、佳作として初めて掲載された綴方が「うさぎ」と題するものであった。この作文は大木が「モデル問題」と呼んだちょっとした騒動を巻き起こし、映画前半のクライマックスにもなっている。まずはこの綴方にスポッ

＊11 中谷「〈綴方〉の形成」四五頁。

＊12 前掲、四五頁。

＊13 前掲、四五頁。「目で見る綴方」という斬新なコンセプトは、映画化においても参考にされたという。

トを当ててみたい。

3. 綴方『うさぎ』の世界と筆禍騒動

正子の家の「一軒おいたおとなり」に丹野さんという一家が住んでいた。ある日、母がその家のおばさんに呼ばれて出かけ、しばらくして帰ってくると「ちょっときてごらん」と正子をうらへ呼んだ。母は笑いながら「どうも、すみませんですね」と言った。それに応えておばさんが次のように応える。

いいえ、いいんですよ。うちでね、いなかへいくんですの。私一人じゃ、なかなかせわが出来ないんですよ。だから、あとはみんな売ってしまうんですもの。でね、ここだけの話なんですけれど、松本さんのうちへもやろうと思ったんですが、あのうちは、大じんでも、けちくさいから、やらなかったんですよ。あの家へやっても、おからもけちをして少ししか食べさせないでさ、草もろくに食べさせないと、いくらうさぎでもかわいそうだからね。おたくじゃ、お子さんが草ぐらいとってきますから、らくですよ。三ヶ月ぐらいたつと子をうみますよ。子が一匹二十銭ですよ。[*14]

これに対して正子の母が再び「どうも、すみませんですね」と言った。こうしてうさぎが来ることになった豊田家では、みなが浮足立ち始める。

家ではお父さんが、私が箱をもっているのを見て、「なんだよ、それは」とききましたから、「うさぎ」というと、お父さんは仕事をするのをやめて、お勝手にでてきました。そして、「ほほう、いいうさぎだね」といいました。そのとき、お母さんが来て、「あんた、子うさぎ一匹二十銭だってよ」というと、お父さんは、「この不けい気に、二十銭に売れりゃ、わるくねえな」といってわらっていました。私は、「父ちゃん、

＊14　豊田正子『新編　綴方教室』五二頁。

うさぎ入れる箱買ってきてよ」というと、「うん。よしきた」といって、十銭たんすの上からとって、おびの間へくるんで、自てん車で市場の方へいきました。／まもなく、光男と稔が来ました。光男はうさぎのいるのを見て「うちゃちゃんだ。うちゃちゃんだ」といってよろこびました。稔も「あれ、いいな、うさぎ、うさぎ」といってよろこんで、はねまわりました。お母さんはお勝手のごようをしていました。ジャブ〳〵ジャブ〳〵、豆をあらっていました。そのとき、お父さんがかえってきました。お父さんは自てん車から箱をおろして、「さあ、箱を買ってきたから、これから、うさぎのはいるところをこしらえようかな」といいました。その箱には、梨のえがかいてありました。[*15]

父がいそいそと箱を買いに出かけ、弟たちもお祭り騒ぎである一方、母一人が冷静なその対照がおかしくもあり、ほほ笑ましくもある。ところで大木による指導の真骨頂は、一軒隣のおばさんによる長ぜりふの、息遣いが伝わってくるような高い再現性にある。近所の金持ちの松本さん（映画シナリオでは梅本さん）の悪口を共有して仲間意識を喚起し、また豊田家の家計の足元を見透かし恩着せがましく子うさぎの売値を告げるあたり、結構食えない人物である。この隣人を内心疎ましく思っている母の心理も、短い描写で的確にとらえられている。

この作文「うさぎ」に対して鈴木三重吉は以下のような選評を寄せている。

……冒頭にお父さんが、よその家のやかんにハンダづけしたり、雨樋をこしらえたりしていられたとあるので、家業もわかり、家の中の空気が浮かんで来るのが儲けものでした。叙写としては、全篇の対話がすべていき〳〵と実感的にかけています。おりえさんのうちのおばさんの、兎をくれるについての長い対話や、もらって来てからの正子さんとお父さん、お父さんとお母さんとの対話なぞ、すべてがそうです。東京語での対話だけに、快感があります。／正子さんが、兎の大きさをたとえて、大人の下駄ぐらいだと言っ

＊15　前掲、五二―五三頁。

たのは、子供らしくておもしろい。お父さんが、「よしきた」と箱を買って来るのを請け合われ、十銭、たんすの上からとって、おびの間へくるんで、自転車で市場の方へ出かけられたというのは細かい叙写です。小さい二人の弟さんが、兎だ兎だ、いいなァとよろこぶところも気分が出ています。[*16]……

鈴木の講評が、豊田が捉えた一見和やかにみえて息詰まるような近所づきあいの人間関係には言及することなく、それを捉えた豊田の目の曇りのなさを、「子供らしさ」という表現で讃えているところが興味深い。鈴木は作文指導論を体系的に述べた『綴方読本』の中で、「児童はいろいろの点で、凡庸な大人よりも、はるかにえらいのである」[*17]と述べ、大人がむやみに作文に手を入れると「作品の純性」が汚されるとして批判している。

ところが、この豊かに再現されたおばさんの長ぜりふが、思わぬ筆禍事件を引き起こしてしまった。標的となった松本さんの子どもも豊田と同じ小学校に通っていた。ある日、受け持ちの教師が『赤い鳥』に載った豊田の作文をみんなの前で読んでしまったのである。自分の親を「けち」と書かれた子どもは泣き出してしまい、その話は親の耳にも入った。激怒した松本さんは学校に抗議にねじ込み、いよいよ大ごとになってしまった。テクストではその顚末は大木の回想としてさらりと書いてあるだけだが、映画では「梅本さんのおばさん」が直接、「正アちゃん、赤い鳥って本に、うちの悪口を書いたって、ほんと？」と詰め寄るシーンがある。[*18]正子は事実を認め何度も謝るが、おばさんは次第に激高していき、正子の母も心配気に見つめる。やがて事実を聞かされた母は激怒し、家の中で正子を箒で何度も打つ。正子は泣き出し逃げまどう。観ていて胸痛むシーンだが、背後には切実な事情があった。「もし、梅本さんの旦那が、父ちゃんに仕事をくんなけりゃ、この家ァ一体どうなるんだよ、明日っから、オマンマが喰えなくなるんだよ」[*19]と母が語るように、豊田家の稼ぎ手の父は、腕一本のほか何の頼るものも持たないブリキ職人である。地域の顔役らしい松本（梅本）さんの機嫌を損ねると仕事を回しても

＊16　前掲、五五―五六頁。強調は引用者による。

＊17　鈴木三重吉『綴方読本』一〇〇頁。

＊18　木村千依男「昭和十三年製作 綴方教室」五六頁。

＊19　前掲、五六頁。

らえず、一家は窮地に陥りかねなかったのだ。

こうした事情を知った大木は豊田家を訪ね、その足ですぐ松本家を訪れ平身低頭謝ったのだ。先方は「請負いのような仕事は世間の信用がなくては出来ない」として「あれを一つ取り消してもらいたい」と要求した。[*20] この掲載取り消しの件は結局うやむやに終わったようであるが、映画の中で大木は帰宅後妻にこう語る。「自分は今まで、綴方のことばかり考えていて、世間というものを考えたことがなかったが、たかが、この子供の綴方一つでも、世間を切離して考える事は出来ない……綴方でも世の中と強いつながりを持ってる事をつくづく考えさせられたね[*21]」。ここで大木が言及した「綴方と世の中（社会）との強いつながり」はまだ、素朴なレベルで捉えられているに過ぎなかった。その真の意味は、大木の手を離れて独り歩きを始めた「表現者・豊田正子」の軌跡を追うことで初めて明らかになってくるだろう。

4. 豊田正子が描き出した修羅の世界：童心主義をはるかに超えて

大木顕一郎が傾倒した『赤い鳥』の運動については、芸術至上主義や童心主義に偏し、社会との接点を欠いている点がしばしば批判されてきた。しかし鈴木三重吉によって見出された豊田の作文は、「うさぎ」以降ますますリアリズムの度合いを増し、胸つぶれるような自家の貧困経験、また生活に窮して狂信に嵌っていく近隣住民の姿（うさぎをくれた丹野さんのおばさん！）などを、迫力ある筆致で次々と綴っていく。本節では豊田によって描き出された修羅の世界を紹介する。

（1）「おりえのおばさん」

まずは「うさぎ」の続編といってもいい「おりえのおばさん」という作文を見てみたい。これは豊田正子が小学五年の夏に『赤い鳥』に掲載された作品である。前作「うさぎ」でおばさんが何気に「いなかへいくんですの」と語った事情の背景について、読者は何も知る由がない。鈴木三重吉の選評でもそ

＊20　豊田『新編　綴方教室』六四頁。

＊21　木村「昭和十三年製作綴方教室」五七頁。

の点はむろん見過ごされていた。しかしそこには一筋縄でいかない深刻な事情が横たわっていた。それを全面展開した作品である。

いつかのばん……家へかえると、お勝手で、どこかの女の人と父ちゃんが話し合っていました。私が、おでんの入ったニュームのなべを、赤黒い、所々きずのある、げんかんからはいって右っかわのたんすの上にのせました。父ちゃんは、こっちを向いて、私に、「おりえちゃんちの、おばさんだよ」といった。／おりえちゃんちのおばさんは、四月ばかり前に、なんだかしらないけれど、おじさんにおいだされたのです。そして、こんばん来たので、おどろいてしまいました。[*22]

おばさんは、古ぼけて、所々あなのあいた、茶色のえりまきをして、まっ黒な着物に、井という字のようながらのついた着物をきて、羽織は、たてに、すじのとおったくしゃ〱な羽織を着ていました。おばさんは、今、三十六です。／おりえちゃんのおばさんが、お勝手から出ていったと思ったら、入れちがって、母ちゃんが、どこかへおつかいにいって帰ってきました。父ちゃんは、「お雪、おりえさんのおばさんがきたよ」と母ちゃんにいいました。母ちゃんは、「ああそうかい、何しに来たんだい」と、父ちゃんにいうと、父ちゃんは、「となりの、おじさんに会わしてくれってよ」というと、母ちゃんは、「何しに、会うんだろな」といいながら、がまぐちを、はいちょうの下のひきだしに入れました。[*23]

言葉少なな母の反応から、「おりえちゃんのおばさん」が彼女にとって歓迎されざる客であることが察せられる。おばさんは、豊田家の一軒隣に住む、離婚した元夫のところに金の無心に来たのである。だが再婚した元夫はまだ帰宅していなかった。このあと、豊田家一同とおばさん、おりえちゃんで食卓を囲む。

＊22　豊田『新編　綴方教室』一四〇頁。

＊23　前掲、一四一頁。

……うちでは、夕はんなので、おりえちゃんと、おりえちゃんのおばさんに、「まあ、ごはんでも、たべたらどうかね」と母ちゃんがいうと、おばさんは、「ええ、おかまいなく」と、手をよこにふりました。せんより、とてもていねいなことばでした。……ごはんがおわって、へっつい様の前にすわっているおばさんを見たら、おばさんは両手をあわせて、「神様、どうぞ、おたすけ下さい。あーあ、そうですか〱。春子さんに会わしてくれますか」といいながら、なみだを、目からポロ〱こぼしてないていますので、母ちゃんは、「こっちへ、いらっしゃいよ」といって、おばさんを、背中をおしたり、手をひいたりして、六じょうの押入れの柱の所までつれていきました。父ちゃんは、どこかへ、自転車にのってゆきました。／それで、みんな火鉢のそばへよりました。おばさんは、手をがっしょうして、口を八の字にして、又、「キリスト教の神様あああ、そうですか、わかりました」といって、からだを右へやったり、左へやったり、なみだをポロ〱こぼしてないていました。……母ちゃんは立ってお勝手の方へいったから、私も後からついてゆきました。＊24

正子の父は気まずさに耐えられずさっさと逃亡してしまい、母が応対せざるを得なくなった。しかし次第に居たたまれなくなり、丹野さん家に様子を見に行くといって席を外す。

二十分位たつと、母ちゃんがきて、「もうじき、かえってくるそうですよ」といったら、おばさんは、「そうですか」といって、又手をがっしょうして、目をつぶって泣きだしました。おばさんのひざの上に、なみだが、ポロリ〱とこぼれます。／おばさんは、おりえちゃんや、私や稔ぼうに、「おばさんのからだには、十字かの神様がついているんです。さ、こうやってちょうだい」といって、手を合わせました。私は、なんだかいやなので、母ちゃんの方を見たら、母ちゃんは、「やってやんな」と、小声でいったから、私はそっぽをむいて、手を合わせていました。／その時、母ちゃんが、「さて、もう一ぺん、見てきましょう」

＊24　前掲、一四一―一四二頁。

といって、身にゆきました。すると、すぐに、うらから、母ちゃんが、「おりえさんのおかみさん、かえってきましたよ」といったら、おばさんは、おりえちゃんの手をひいて、「むこうへいったら、ごあいさつするんですよ」といいました。それから、おばさんは、まっかな目をふきながら、立ち上って、いそ〳〵と出てゆきました。[*25]

正子がおばさんに付き合わされてお祈りのポーズをとらされる、いくぶん滑稽でもあるシーンは映画版でも忠実に再現されている。この作品によせた選評において鈴木三重吉は、「人生の或る深刻なもだえ、なやみを取り入れた小説的な作篇」と前置きしたうえで、「叙写としていきいきしている部分」を丁寧に拾っている。[*26] また大木顕一郎はこの作品について「復活第一期の作」と説明しただけで批評を加えていない。[*27]

ほのぼのとした作風の「うさぎ」と同じ舞台である豊田家の近隣に、このような凄まじい怨念渦巻く人間関係が広がっていたことに驚かされる。鈴木や大木がこの件について言葉少なであるのは、「子どもの目であるがままを見よ」と豊田を指導し鼓舞し続けた結果行きついた、あまりの修羅の世界に対する戸惑いの反映ではないだろうか。

（2）「自転車」

豊田正子が小学四年生だった年の年末から年明けしばらくにかけて、豊田家の家計が非常に困窮した時期があった。冬休みに入る前、大木は「豊田ほか二人の子供と一緒に写真を撮った。皆、『赤い鳥』に入選作を出した子供であった」。[*28] 結局写真は元旦の儀式のあと撮り直したのだが、「豊田は古いメリンスの着物に、色褪せた袴をつけていた。着飾った他の児童に較べては見劣りしがして可哀そうであ」[*29]り、本人もいたく沈んだ様子だった。このことも含めて、作文「自転車」にはこの時期の家庭の困窮する様子がつづられている。父ののる自転車の盗難事件がテーマである（本作は『赤い鳥』掲載作ではない）。

＊25　前掲、一四四―一四五頁。
＊26　前掲、一四七頁。
＊27　前掲、一三九頁。
＊28　前掲、一一七頁。
＊29　前掲、一一七頁。

この間のことでした。父ちゃんは、夕方六時半ごろ家を出て、浅草かみよし町の、平田さんという家へ、かんじょうを取りにいきました。自転車にのっていったのだから、おそくとも七時半ごろにはかえって来るはずなのに、八時ごろになってもかえってこないので母ちゃんは火鉢に火をおこして、あたりながら待っていました。弟たちは、もう、とうにねむってしまいました。私もねたのですが、父ちゃんのことが気になって、ねむれないでいました／間もなく、時計が九時をうちだしました。その時、表の戸がガラッとあいたと思ったら、いきなり父ちゃんが、「お雪、大へんなことになっちゃったよ」とがっかりしたようにいいました。母ちゃんは、びっくりしたように表の方を見て、「自転車は」ときくと、父ちゃんはさもしょげたような声で、「自転車、かっぱらわれちゃったよ」といいました。……母ちゃんが、「どうして又、ぬすまれたんだろかなあ」と、ひとりごとのようにいうと、父ちゃんは、「おれがな、平田さんの家へいったら、あいにくと、だんながお湯へいってるすなんだよ。あのだんなと来たら、とってもお湯はなげえんだから。で、おらぁ、おうせつしつへいって、ストーヴであたりながら、おくさんとくだらねえせけん話をしてたんだ。そうして、一時間ばかりたつと、だんながかえって来たからよ、かんじょうをもらってさ。げんかんの戸をあけて見たら、おらァ、ぎくっときたな。もう、自転車がねえんだ」といった。そういってる間も、父ちゃんは、まだげんかんにつっ立ったままです。……ざしきへ上ると、父ちゃんは火鉢のそばであぐらをかいたまま、頭をさげてかんがえこんでいた。母ちゃんは、片手のゆびを開いて両方のこめかみをもみながら、父ちゃんと向いあってだまっていました。なんだか、私もかなしくなってしまいましたが、私はそのうちにねむってしまいました。[*30]

呆然自失する父の姿、怒りをためている母の様子が手に取るように描写され、仕事の依頼主の「平田さん」の豊かな暮らしぶりとのコントラストが効いている。以上の両親のやり取りに、正子は聞き耳を立てていた。そして翌朝のことである。

＊30　前掲、一一九―一二二頁。

よく朝、七時ごろおきて見ると、父ちゃんはいないで、母ちゃんはおきて火鉢によりかかって、まだ何か、かんがえこんでいるようでした。私がおきていくと、母ちゃんは、「正子、大へんだわ。父ちゃんの自転車、ぬすまれちゃったよ」といったから、私は、ゆうべ、私がねないで聞いていたのを知らないんだなと思いながら、「あらァ、大へんだなァ。で、父ちゃん、今日どうしたの。どっかへ仕事にいったの」ときいたら、「とうろく、あたったんだよ」といって、父ちゃんの茶わんとおわんを、お勝手へもっていきました／父ちゃんは、とうろくあたり番のときは、五時におきてしょうかい所にいって、しょうかいしてもらって来るのです。母ちゃんは、父ちゃんのかえって来ないうちに、火をおこしてごはんをたいてしまうのです。今朝は、自転車がないから、なお早くおきていったのかも知れません。母ちゃんは、まだねむいような顔をしていました。私は、父ちゃんが水道みちを歩いて行くようすを思うと、なんだか、かなしくなってしまいました。……自転車は、父ちゃんのしょうばいどうぐなので、新しいのは買えないから、中ぶるでも買わなきゃしょうがないといって、うえ木屋のみの八さんのせわで、みの八さんの知っている店で、とくべつやすくしてもらって、八円で買いました。買っても一ぺんにははらえないので、二円か、三円ずつはらうことにしたのです。[31]

年末の物入りな時期に豊田家を襲った余計な出費のあおりで、正子が元日に着ていく着物が買えなくなった。そのことが冒頭の大木が書いたエピソードにつながるのである。本文中の「しょうかい所」とは職業紹介所（職安）のことである。正子の父はブリキ職人の仕事が安定せず、職業紹介所に「登録」をして日雇いの仕事の斡旋を受けている。

大木は本作への講評として、「ここに至っては、最早……単に綴方としてのみ考うべきではなさそうである。この作の作者をいかに指導していくか、これはもう教育全般の仕事である」[32]と述べている。綴方（作文）の問題でなく教育全般の問題だというわけである。しかし今日的視点に立つなら、これは

＊31　前掲、一二二―一二三頁。

＊32　前掲、一二五頁。

「教育」の問題である前に、生活保障、社会保障の問題として論ずるべきかもしれない。この自転車盗難事件があった一九三二年といえば、児童虐待防止法が帝国議会を通過し、また学校給食国庫補助の根拠となる文部省訓令第十八号が発出されている。[*33] 貧困や社会問題がもはや覆い尽せない趨勢となり、政府が重い腰をあげ社会政策に取り組み始めた頃だ。子どもを取り巻く環境も厳しさを増し、「児童問題」という言葉も聞かれるようになっていた。社会情勢の変化の中で、鈴木三重吉や大木の思惑や願いを超えて「綴方少女・豊田正子」が独り歩きを始める土壌が、次第に整いつつあったのである。

（3）「芸者」

最後に、書かれた「修羅」が豊田の女性性（ジェンダー）と密接に関連するものとして「芸者」を紹介する。これは小学校卒業後、労働者をしていた十四歳の時の作品であり、[*34]『続綴方教室』に収録された。一九三八年版映画では小学校卒業間際のエピソードとして取り入れられている。より切迫した設定となっているので、映画のシナリオの方を参照する。

母「まア公、お前、いまさっき、そこで、キレイな着物着てた子に会わなかったかな」
正子「会ったよ……あれ、芸者?……」
母「そうさナ、まア、芸者の卵かな」
稔「芸者にも、卵あんのかア」
母「バカだよ、この子は。あれ、隣のお神さんの、腹違いの妹だってよ。なんだかまア、キレイな着物着てたじゃないかキレイに白粉つけてな」
という母の様子に正子、だんだんその腹の内が読めて来る。
母「なんだい、もういいのかい。いつもなら四五杯食うくせに……（と正子に湯をやり）まア、あいだな、いつまでもこんな家で、ピイピイしてるより、あんな風になるてんだよ、そうすりゃお前、いやだっ

＊33　藤原辰史『給食の歴史』。
＊34　豊田正子『新編　綴方教室』五四一頁。

てはア、いい着物は着れるし、うまいものは食べられるし……」

正子、プイと立って、

「あたい、勉強しなけりゃ」

と、鞄からガラガラと物を出して、一隅に座を占める。母、言う。

母「それにお前、あんなことをしていると存外、いいところへお嫁に行かれるッて言うからな、やれ社長だとか、お金持だとかナ、こないだもなんでもはア、大阪の何とかの会社の専務とかの奥さんになったって言うからな」

鉛筆を削っていた正子、

「そんでも母ちゃん、芸者ばかり、そんなに良いとこへ行っちゃったら、いい家のお嬢さんのお嫁口がなくなっちゃうじゃないの」

父、大笑いする母、だまってしまう。お膳を片付けて、台所へ行く。正子、畳に、腹這いになって、書き始める。台所から来た母ふと目を止めて、

「まア公、お前、まさか、下らないこと、綴方に書くんじゃ、あんめえな」

正子、ギクリとしたが、

「書きゃア、しないよ」

と紙をかくして、読本を見る。[*35]

結局、正子を芸者にして稼がせようとする母の画策は口だけに終わり、正子は無事に工場に就職先が決まる。映画では卒業式の日、晴れ晴れとした正子（演・高峰秀子）が、教師大木（演・滝澤修）と腕を組んで川辺を歩くシーンで幕となる。一見ハッピーエンドのようだが、娘を売ろうとする母の底意に触れてしまったことは正子にとって、一生の心の傷になるかもしれない。また当時の貧困家庭の女子が普

＊35　木村「昭和十三年製作綴方教室」五七頁。

遍的にさらされていた人身売買などのリスクは、未解決のまま残されたのだった。

5．幻の『綴方教室』後篇（学級指導篇）に光を当てる

先述のとおり、もともと大木と清水という二人の教師の共著であった『綴方教室』は、その後、「原作者・豊田正子」が脚光を浴びるにつれ前半部分だけが独り歩きする一方、清水幸司が執筆した後篇（学級指導篇）は完全に忘れ去られて今日に至っている。しかしながらこの後篇は一学年から六学年の全てについて、清水が実践した授業の指導案ならびに鈴木三重吉が臨席した実際の授業の逐語的やりとりまでが収録されており、資料的価値が高いものである。それのみならず、綴方（作文）の授業として表現の指導と両輪をなすものとして鑑賞に重点がおかれ、クラス全体の討議による共同批評が追求されているのも興味深い。映画版『綴方教室』でも、豊田正子が書いてきた「光男」という作文（自分の弟をテーマにした作品）が俎上にのせられ、クラス全体で批評が行われ、そこでの意見を踏まえて改作した作文を翌週に豊田が皆の前で朗読する場面が描かれている。後篇の内容がきちんと映画に反映されているのである。本節では後篇の中から、四年生の指導例の一部をピックアップして紹介する。

清水の綴方の授業の基本フォーマットは、概評と鑑賞批判の二部から成る。鑑賞批判においてはまず作文の朗読、続いて児童および指導者が感想を発表し、それを対照させ、最後に各々の内省に資すという手順になっている。「尋常四年・男組」におけるある日の授業は、前週に児童が書いた二本の作品を鑑賞するものであった。そのうちの一本は、高橋という児童が書いた「へび」という作品であった。

僕はおととい友達と、池のはたへさかなつりに行きました。坂本二丁目を通って、上野の山をこえて行きますと、とんぼをとっている人もありました。池のはたへ着いてしばらくあそんでいますと、木の橋の上で、「わいわい」大さわぎが始まりました。

みんなで行って見ましたら、よその子がへびをつったのでした。けれども糸が切れてしまって、その時は、しゅうしゅうおよいでいました。つったとなりに居た、とりうち帽をかぶった人が、「こんどつったら二円で売ってくれないか」といいました。へびはまだしゅうしゅうとおよいでいました。僕はへびをつったところは、はじめて見ました。大きなしまへびだったそうです。みていると、うしろで七八十ぐらいのおばあさんが、自てん車とぶつかった。その時、僕の胸はひやっとしました。それからみんなで、そのおばあさんをおこしてあげました。自てん車にのっていた人も、顔がまっさおになってあやまっていましたが、すぐににげてしまいました。おばあさんは足を、すこしすりむきました。先、へびをつった子は、「ああ、おどろいた、おどろいた」といってかえっていきました。僕たちは向うへ行ってつったけれども、一匹もつれませんでした。ぜんちゃんがどこかの子に小さいふなをもらいました。ばけつの中はえびが多かった。つまらないから草を取りながら帰りました。[*36]

この作文をめぐる「指導の経過」が次に掲載されている。括弧書きに「鈴木三重吉先生外約五十名来観」[*37]とある。以下の引用では便宜上、教員の発言にT、児童の発言にSを付し、作者の高橋君の発言は高、鈴木三重吉の発言は鈴であらわすこととする。

T：さあ調べてみましょう、文を味って感じた事を自由に言ってごらん
S：高橋君、どうして蛇なんて釣ったんだ
高：弁天さんのつき出た所に、蓮の葉が沢山あるだろう。その葉と葉の間にいたんだよ。餌を下げたら驚いて泳ぎ出して、横っ腹が針に引っかかったんだね。後でその子が言っていたんだ。
S：僕は蛇が餌を食べて釣られたと思った。そういう話なら書く方がいいね

＊36　大木顕一郎・清水幸治『綴方教室』二三一—二三二頁。
＊37　前掲、二三四頁。

S：鳥打をかぶっている人は蛇を二円なんて出してどうするんだろう
S：蛇は病気の薬になるんだよ。蛇を焼いて食べたり、粉にして食べたりするんだよ
S：そのおじさんも病気らしいね
S：釣った所は始めて見たと書いてあるが、ほんとに見たんじゃないだろう。橋の所で大さわぎをしているから行って見たんだろう。少し変だね
S：僕もそう思うよ、見たんなら、縞蛇だったそうです、なんてかかなくてもいいね
S：釣って、ばたばたしている所は見なかったけど、糸がきれて逃げてる所を見てその話を聞いているんだから、釣った所は始めて見たって書いていいと思う」――賛成者多く四五人立って各々意見を述ぶ
T：釣り上げた所は見なくても、大騒ぎをしている所から、その糸をきった蛇がしゅうしゅう逃げて行く所を見ていたんだから、釣った所は始めて見たと書いてもいいだろう
S：しゅうしゅうなんて音を立てて蛇が逃げて行く所の言葉のつかい方がうまい
S：阿部君の言った所もうまいし、釣った子が『ああおどろいたおどろいた』と、言って帰った所は、ほんとにびっくりして青くなった様子が分る
S：題が蛇だから、蛇の事を書けばいいのに、自転車にひかれた、おばあさんの事なんて書かないがいいと思う
T：今石川君が言った事はどうだろう――賛否両立して意見多し。
鈴：（突然椅子にかけたままで）そりゃあ君達そのおばあさんが、あんまりみんなが大さわぎをしていたんで何んだと思って、よぼよぼし乍らのぞいたんだよ。そこをひかれて又大騒ぎになって、蛇をつった子供までが、びっくりして見ていて、大丈夫だと思ったので帰って行ったんだね。やっぱり蛇釣りの大さわぎから起った出来事だから書いてもいいじゃろ

（指導者も児童も暫し黙然）

T：さあつづきを調べよう……[38]

児童間の白熱の討議に、鈴木三重吉が「突然椅子にかけたまま」参入したというくだりに現場のリアリティを感じる。そこに至るまでの児童の討議も非常に活気に満ちている。筆者がこの作文を一読してひっかかった部分、たとえば鳥打ち帽の人の「二円で売って」という申し出の真意とか、作者はへびが釣り上げられたその場面にいたのか、それとも糸が切れて逃げたあとに到着したのかが不明な点、などについて児童がきっちり指摘をしているのにも感動をおぼえる。最大の問題点である、おばあさんという二つ目の主題を入れることの是非をめぐり、鈴木三重吉が介入したのもさすがである。

清水による実践記録の一端を紹介したに過ぎないが、ここからはっきりするのは、作文指導にはしっかりとした理念と方法論をもって臨まねばならず、子どもに文を書かせておいて放置しておく（教師は内職に励む）などは論外だということである。一九三〇年代の時点で日本の作文指導・教育が、少なくともその一部はかなりの高みに達していることが伺える。こうした裏づけの中で、大木顕一郎や清水幸治のような優れた教師が輩出され、豊田正子のようなユニークな書き手が出てきたのである。

6．「うさぎ」をめぐる冒険：『山びこ学校』との距離

うさぎにまつわる筆禍騒動で大木顕一郎が気づいた「綴方と世の中とのつながり」を、嫌というほど思い知らされた教師が戦後にもいた。『山びこ学校』（一九五一年）で一世を風靡した山形の無着成恭《むちゃくせいきょう》（一九二七―二〇二三）である。無着は国分一太郎らの、よりラディカルな戦前の生活綴方運動の担い手たちの影響を受け、単に「ありのままに書かせる」ことを超えて、生活を学習対象に据え、「綴方で生活を勉強する」「生活で生活を勉強する」[39]というスタンスで生徒の作文指導を行った。その成果として中学生たちの文集を編んで『山びこ学校』を刊行し、全国から喝さいを浴びたのだった。しかしながら本

＊38　前掲、二三四―二三五頁を、一部表記を改変。

＊39　国分一太郎『新しい綴方教室』九四頁。

の刊行を知った親たちや地元の人びとから、「家の恥をさらされた」と総スカンを食うことになる。ちなみにこの作品集にも「うさぎ」というタイトルの文がある。平吹光雄という生徒が書いた詩であった。

うさぎをころすとき／こがたなでこつんと一つくらすけると／「きいきい」となきました／そして／うさぎのけっつから／こがたなをさしました／それから／そりそりとむきました／足にきたとき／ちょっときずをつけて／ぽつりとおだりました／　すぅーっとむきました／手にきました／またおだりました／頭にきたら　むきづらくなりました／こがたなで／ガスガスむきました（一九五〇年一月）[*40]

東京の小学生・豊田正子が戦前に書いた作文「うさぎ」と比べたとき、山形の中学生が戦後書いた詩「うさぎ」において使われている語彙や表現の素朴さ、もっと率直にいえば稚拙さに胸打たれる。この生徒は小中学校とほとんどまともに学校に通えず、学力も低かった。[*41] 無着の必死の励ましで書き上げた詩であった。

二つの作品の間で、「うさぎ」がもつニュアンスも異なっている。たしかに両者とも、生活や生計とうさぎが密接に結びついている点では共通している。しかし東京の豊田家にとってうさぎは、家の中の雰囲気をパッと明るくする愛玩という意味合いも持っていた。つがいのうさぎが生んだ子うさぎは一匹二十銭で売り払える、というのも気休め程度に軽く受け流されている感じがする。それに対して山形の平吹家にとってうさぎは、もっと切実な意味を、すなわち命をつなぐ「食料」という意味を持っていた。うさぎを捌く過程をあまりに即物的に綴る平吹の姿勢におののいた無着が、「こんどは、なぜ殺さなければならなかったのか、そこんとこころかけな。なあ、光雄」[*42] とコメントしたことも知られている。

また二つの「うさぎ」の間には戦争の惨禍が挟まっている。戦禍の炎は豊田正子の下の弟の命をう

＊40　無着成恭編『山びこ学校』九一―九二頁。

＊41　倉石一郎『テクストと映像がひらく教育学』一〇九―一一二頁。

＊42　前掲、一一一頁。

ばってしまった（上の弟も戦中に病死[*43]）。一方で豊田家がうさぎ加入にわいていた頃、昭和恐慌や東北冷害の痛手から立ち直れない「山びこ」の村では、満州開拓団への勧誘に応じ移民する家が後を絶たなかった[*44]。そうした山村の貧困は戦前戦後を通じて継続し、平吹光雄のような生徒をあまた生み出していた。それに比して大戦前の時期の豊田家には、まだほんの少しの「余裕」があったように感じられる。

おわりに：再び、社会のなかの学校とは？

舞台化・映画化というメディアミックスを通じて、時流は小学校卒の一介の女工だった豊田正子を時代の寵児へと押し上げていった。時代は急速に戦時体制へと移行していた。その流れの中で、多くの表現者が沈黙を余儀なくされた。しかし豊田正子には、前述のように表現の機会が与えられ続けた。彼女が、困難な時局を巧みに遊泳していった事実が、本講の主題である社会の中で学校の教育実践がもつ、あるいは持たされてしまう意味について示唆する点を考えてみたい。

そもそも「文筆家・豊田正子」の原点にある『赤い鳥』の鈴木三重吉は、「〈子ども〉を純粋で無垢な存在とみる「童心」の理念[*45]」を拠り所としていた。大木顕一郎の指導の甲斐あって、豊田正子は子どもらしい、曇りなき目で生活現実を見つめ文章にする力を開花させ、「おりえのおばさん」「自転車」のような作品で人生の修羅を表現するまでになった。しかしその「純粋さ」はいつの間にか、生活苦にも負けない「純粋な魂」というコードに読み替えられていったのではないか――このように解釈したのが国文学者の中谷いずみである[*46]。こうした読み替えは、大木による「自転車」への講評の言、「幸福なことに「自転車」の作者は、他の貧困児童に見るような、うす暗く、じめ〳〵した、拗ね曲ったところがなかった[*47]」という中にすでに原型があらわれている。中谷は、下町のヒロインとしての豊田正子言説が形成されていく過程を検証し、彼女の笑顔の写真が欠かせないアイテムであったことを指摘している。すなわち、『続綴方教室』の広告や新築地劇団公演の広告などに「まるで約束事のように豊田正子の笑顔

＊43　弟たちの死の詳しい経緯は豊田正子『さえぎられた光』に書かれている。
＊44　佐野眞一『遠い「山びこ」』一〇三頁。
＊45　河原和枝『子ども観の近代』一九二頁。
＊46　中谷いずみ「〈綴方〉の形成」を参照。
＊47　豊田『新編　綴方教室』一二六頁。

が写真で付されてい」[48]たのである。生活苦にめげず、笑顔を絶やさず健気に生き続ける少女—総力戦体制に急速に移行し、国民に対して耐乏を求めなければならなくなった政府にとって、このようなヒロインを利用しない手はなかった。こうしてシンボルとしての豊田正子は独り歩きを始めてしまったのである。

しかしながら「おりえのおばさん」や「自転車」といった作品、さらに自家の困窮ぶりをいっそう深く抉った「困っていた頃のこと」「かんじょう」、近所の狂女を鬼気迫る筆致で描いた「きつねつき」、母から芸者になることを持ちかけられる話を書いた「芸者」といった作品群[49]を虚心坦懐に読んでみると、生活苦を笑顔で耐える健気さといった読解がミスリーディングであることはすぐに分かる。むしろそれらの作品群は、正統的な生活綴方運動とも共鳴するような形で、悲しき人々の群を生む社会構造や制度に対する怒りの表出へと向かうエネルギーを潜在的に持っていたと考えられる。そうした正しい方向での豊田のシンボライズは、間一髪のところで阻止されたということかもしれない。豊田の潜在的脅威に気づいた「大人たち」が、確信犯的にその誤読、ミスリードを促進したのだとも言える。学校教育が優れた実践によって、どのように豊かな可能性を育もうとも、社会や政治との接面において、それが真逆の方向に歪められてしまう可能性があることを、豊田正子の軌跡は教えている。学校が社会や政治と接点を持つこと、持ってしまうことの難しさ、こわさを改めて感じずにはおれない。

*48　前掲、四八頁。
*49　いずれも豊田『新編 綴方教室』に収録されている。このうち「芸者」の初出は『続綴方教室』である。

参考文献

*豊田正子著、山住正己編『新編 綴方教室』岩波文庫、一九九五年（オリジナル版は大木顕一郎・清水幸治『綴方教室』中央公論社、一九三七年）
*木村千依男「昭和十三年製作 綴方教室」『日本映画代表シナリオ全集』第二巻、キネマ旬報社、一九五八年

藤原辰史『給食の歴史』岩波新書、二〇一八年
河原和枝『子ども観の近代――『赤い鳥』と「童心」の理想』中公新書、一九九八年
国分一太郎『新しい綴方教室』新評論、一九七五年
倉石一郎『テクストと映像がひらく教育学』昭和堂、二〇一九年
無着成恭編『山びこ学校』岩波文庫、一九九五年
中谷いずみ「〈綴方〉の形成――豊田正子『綴方教室』をめぐって」『語文』一一一号、日本大学国文学会編、二〇〇一年
佐野眞一『遠い「山びこ」――無着成恭と教え子たちの四十年』文藝春秋、一九九二年
鈴木三重吉『綴方読本――綴方と人間教育』講談社学術文庫、一九八七年
高峰秀子著・斎藤明美編『高峰秀子ベスト・エッセイ』ちくま文庫、二〇二二年
豊田正子『さえぎられた光』木鶏社、一九九二年

第IV部 良い生/悪い生/唯の生

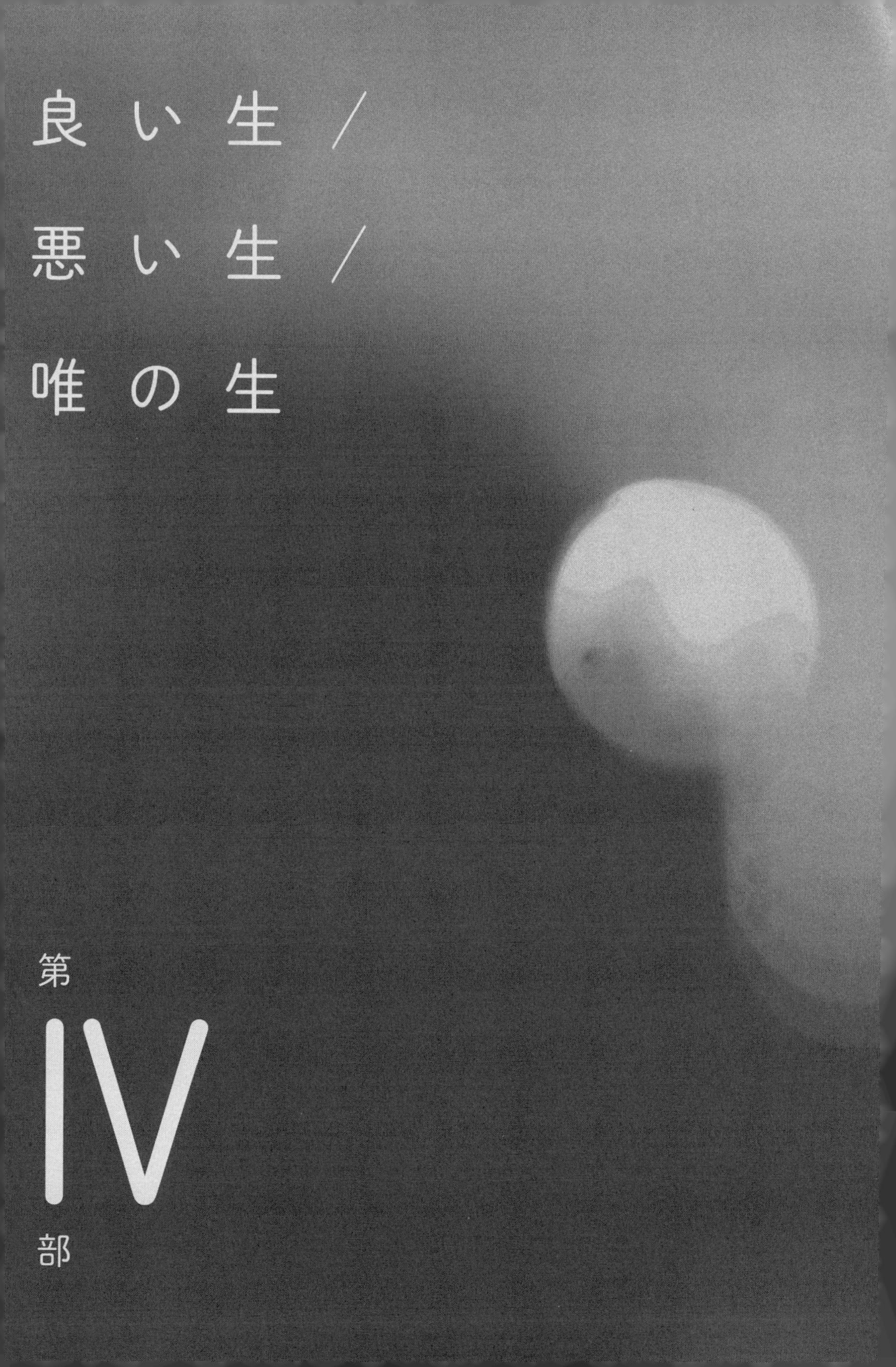

第9講

夜尿症と揚げパン

［なぜ私たちは「良き生」への執着を手放しがたいのか］

▒『きみはいい子』（中脇初枝原作［二〇一四年］・呉美保監督・高田亮脚本［二〇一五年］）

キーワード

良き生と唯の生
文明化と排泄・食
条件付きの愛と無条件の愛
認知症
自閉症スペクトラム
注意欠陥多動性障害
特別支援学級
良い／悪いの彼岸で生きる

はじめに：ひとりの社会学者のあとを追って

猛暑に覆われた二〇二三年夏、ひとりの社会学者が逝った。立岩真也。その蛇がのたうち回るような文体が苦手で、彼の良い読者ではなかった。しかしどこか気になる存在ではあり、立岩真也と表紙に書かれた本はけっこう集めて積んであった。彼は、安楽死・尊厳死を美しく語ろうとする言説を全力で批判し、その合法化を進めようとする政治的動きを阻止すべく闘った。「認知症になった自分のこと、脳血管障害で意識がなくなった自分のことを予想して、そうなったらこうしようと決める私は、そうなった自分に家父長的に振舞っているのではないか。未来にその状態になった私のことを、その手前にいる私は決めてよいのだろうか」[*1]。その思想を語る立岩節とは、たとえばこんな調子だ。今にして、立岩の議論はとてつもなく長い射程をもってこの世を射抜いていたと思う。なお我々の記憶に生々しい相模原障害者殺戮事件。立岩の死の数ヶ月前には売り出し中の若手学者がネット番組で「老人集団自決論」をとなえ、物議をかもした。またおよそ八十年前、沖縄戦のさ中、住民が「集団自決」を強要された史

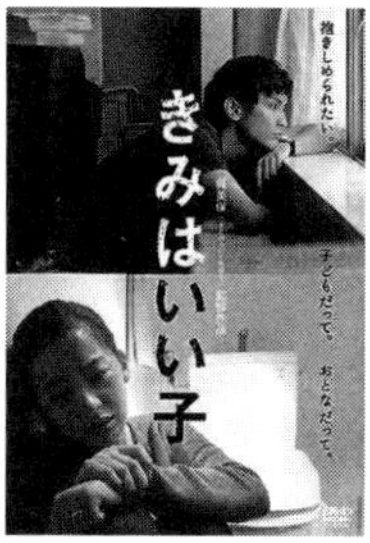

©二〇一五『きみはいい子』製作委員会

＊1　立岩真也『良い死／唯の生』一四一頁。

実。これら「美しい（幸福な）死」を言祝ぎ他者に押し付ける言説の裏側には、「良い／良くない生」の二元論がべったり貼り付いている。「認知症で周囲を疲弊させるぐらいなら、寝たきりで何も分からないぐらいなら、生きて虜囚の辱めを受けるぐらいなら、死を選んだ方がどれほどましか」というロジックは、突き詰めれば生の「良さ」への執着に源を発している。だからそれを突き崩すのに最も効果的なのは、なぜ「良く」生きなければならないのか、「唯の」生でたくさんではないかと反撃することだ。みすぼらしい生、みっともない生、自身も周囲もうんざりさせる生、それでいいじゃないか、生きたいだけ生にしがみつこう。少しきれいに言い直せば「ありのままを生きよう」とでも言うべき立岩の思想を、教育学者として、また一生活者として継承することをここに誓う。

中脇初枝の小説を原作とし、呉美保監督・高田亮脚本による二〇一五年の映画『きみはいい子』は、「良き生」の幻想に翻弄され、苦しみ、その葛藤の中から「ありのままを生きる」ことをつかみ取ろうとする人々の群像劇である。主な舞台の一つは小学校で、主人公のひとりは経験が浅く自信なげな男の先生である。またそこには親の苦情に翻弄される教師、ネグレクトされ腹を空かせた子ども、ひとり親家庭、いわゆる発達障害、特別支援学級といった「いま風」の描写がてんこ盛りされている（並行して幼い子が家庭内で親から日常的に暴力を振るわれる描写もある）。だが思えば、学校とは「良き生」の追求を主要な動因として稼働している機関であり、教師とはその「良き生」への執着を子どもたちに身をもって示し続けなければならない存在である。だからたいへん皮肉なことに、「ありのままを生きる」思想から最も遠い場が学校であり、最も縁遠い人間が教師なのだと言える。立岩真也が渾身の力で闘ったその相手と、学校や教師は地続きの位置にある存在なのである。本講ではこの根本的悲劇性を念頭におきながら『きみはいい子』を読み解き、タイトルにある「いい」とは「そのままでいい」ことを意味し、「いい子」とは唯の生を生きる「唯の子」を指すという、立岩の思想とも重なる解釈を提示したい。

1．桜ケ丘小学校とその周辺の人びと

舞台は桜ケ丘小学校という学校である。映画では土地の固有性は表現されていないが、原作には「マンションの給水塔の脇に、富士山が頭をのぞかせてい[*2]」るという描写がある。周辺は宅地とマンションの開発が進み、桜ケ丘小学校は児童数の急増に対応して教室の増設が急きょ行われていた。そんな校区の様子を校長は自嘲気味に、「よせあつめの町、よせあつめの家、よせあつめのこども[*3]」と表現する。この学校に勤務する岡野匡先生（演・高良健吾）は教師二年目、四年生の受け持ちである。「県立高校から指定校推薦で入った私立大学の学部が、たまたま教育学部」だったこと、「母が自宅でピアノ教室をやっていたから、ピアノが弾けた」ので、競争率の低い小学校教諭をえらんだ[*4]。

没個性的な名前の小学校を擁するこの街に古くから住む、一人の老女の家の玄関先から物語は始まる。一戸建て住宅は坂の途中にあり、登下校時には桜ケ丘小の児童がその前を通る。住人のあきこ（演・喜多道枝）と児童の間には挨拶などの自然なコミュニケーションが発生することもあるが、トラブルの種もつきない。

（家の呼び鈴が鳴る。）
あきこ、引き戸を開ける。
と、そこには二十代らしき若い男（岡野）がいた。
岡　野：申し訳ありませんッ
いきなり頭を下げられ、面食らうあきこ。
岡　野：桜ケ丘小学校で教師をやっている岡野と申します。
あきこ：あぁ……

＊2　中脇初枝『きみはいい子』七頁。
＊3　前掲、九頁。
＊4　前掲、二二二頁。

岡　野：実は、ウチの児童がこの辺りの呼び鈴を鳴らして回っていたらしくて、こちらも鳴らされてませんでしたか？
あきこ：いいんですようちは
岡　野：本当に申し訳ありませんでした。
あきこ：そんな、先生様に謝っていただくなんて……毎年のことですから……
岡　野：今後このようなことがあり……
あきこ：さっきもね、家の中に桜の花びらが入って来て、春になったなぁって、思ってたんですよ。学校の桜が、こんなところにも飛んで来るのねえ。
岡　野：……[＊5]

最後のあきこの言葉に岡野が絶句するのは、桜の季節などとっくに過ぎた六月だからである。手分けして周辺の家を謝罪して回っていた同僚（学年主任）の女教師、正田先生は「あそこのおばあちゃん、ボケてるでしょう」とにべもない。このあと学級経営に苦戦する岡野に対して、主任の正田がさまざまに助言や介入を行うが、物事に対しても対人関係においてもどこかがさつな正田への反発と不信感を、岡野はずっと抱き続けることになる。

二人の教師が言葉を交わす奥で、男子児童が道の隅を歩いている。道を掃いているあきこの前で立ち止まり「こんにちは、さようなら」と話しかける。あきこは平然と「おかえりなさい」と言って微笑み、児童を見送る。この児童が櫻井弘也で、第5節で取りあげる。その特異なコミュニケーション形態から、自閉症スペクトラムの児童であることが示唆される。彼は岡野先生との接点はなく、ひまわり教室という特別支援学級に通っている。

＊5　高田亮「きみはいい子（シナリオ）」一五頁。以下、シナリオからの引用に際してはDVDの音声と照合し、自然な会話の流れを優先させて後者の方をとった場合もある。

2．岡野先生の悪戦苦闘の日々①：教室で粗相した児童への対応、トイレ問題

内憂外患。岡野の学級経営を表わすのにこれ以上ふさわしい言葉はない。しかも内憂と外患は連動していて、相乗的ですらある。これが現代的学級経営のリアルかもしれない。

岡野は経験の浅い教師である。原作では教師二年目（前年度に一年生を「学級崩壊」させた）、映画では初任者という設定だが、いずれにせよ短期間の教育実習を例外としてほぼ職業的訓練が皆無のまま、いきなり即戦力として教壇に立つという構造から教職は脱却できずにいる。ブルペンでの投球練習なしにマウンドに上がるピッチャー、という比喩もよく使われる。教室では、正解というものが予め設えられていない問題状況が突然発生し、常にそれに対する即座の判断と対応が要求される。本節ではまず、夜尿症に悩まされ、排泄のコントロールが難しい小野君という児童に焦点をあてる。あるハプニングに対して小野君の母親のクレームがあり、学年主任の正田らの介入が起こり、結果として岡野がとった対応がクラス全体に波紋を広げ、岡野をさらに追いこんでいくという構図である。

(1) 文明化の装置による排泄の隠蔽

ある日小野君が起こしたハプニングというのはこうだ。児童のピンポンダッシュのいたずら（前節参照）に対する説教がひと段落し、教科書を開けるよう児童に指示したせつな、隣に座る女子児童から「せんせー、小野君が……」と声が上がった。見ると小野君が「背中を丸め、顔を隠すように突っ伏し、股間を押さえて」[*6]いる。おしっこをもらしてしまったのだ。うるさ型でいつも岡野先生から疎まれている大熊が先陣を切って「きったねー」と叫び、クラス全体が蜂の巣をつついた騒ぎになる。

このシーンには、ビジュアルでなければ再現できないディテールが詰まっている。まず印象的なのは、おしっこをちびってしまった小野君の周囲の児童が、叫びながら蜘蛛の子散らすように彼から一定の距離に避難してしまうことである。それも席を立って逃れるのでなく、机・椅子ごとの避難——まさ

＊6　前掲、一六頁。

に疎開という表現がピッタリの避難――という念の入れようである。しかし圏外に逃れながらもクラス全員の視線と意識が小野君に集中し、彼の粗相は一大スペクタクルとして、固唾を飲んで皆から見守られている。排泄行為は言うまでもなく人間の営みの中のいくつかの基本的営為の一角を占め、大いなる関心の的であり続けている。しかし他方でそれは人間の生物学的根源を我々に想起させるものであるがゆえ、文明化の進展とともに忌避され、タブー化され、舞台裏、無意識下に追いやられてきた。[*7]学校という装置はそうした文明化のなかで築かれたものであり、また排泄の忌避、無意識化をさらに徹底する役目も果たしている。だからこそそうした学校の、心臓部である教室における、授業時間中のおもらしという行為は、すべての子どもの心を鷲づかみにして離さないような衝撃を与えるのである。

こうした事態への岡野の反応が、後に母親に伝わりことをさらに大きくすることになる。岡野は保健係の児童二人に、小野君を保健室へ連れて行くよう指示（命令）し、自分は掃除用具入れからモップを取り出してせっせと尿で汚れた床を清めはじめるのだ。

大熊：きたねーッ！

岡野：（大熊君に）おまえちょっとどけ！（小野君に）大丈夫だからね。

小野君を立たせ、廊下の方へ連れて行く。

岡野：保健係の人、小野さんを保健室へ連れてってあげてッ。先生も後で行くから。

保健係の児童、それぞれの席で不満げな態度。しぶしぶ立ち上がった。

岡野：保健の先生に言えば、着替えさせてくれるから。

（中略）

岡野：静かにッ、静かにして！

岡野、ロッカーからモップや雑巾を取り出し、小便を拭きとり始めた。二人に連れられ、教室を出てい

＊7　エリアス『文明化の過程（上）（下）』。また奥村隆『社会学の歴史Ⅰ』二六五―二七〇頁も参照。

く小野君。[*8]

後日、母親から岡野の対応をただす電話が学校に入る。どうしてうちの子を先生が保健室に連れていかなかったのかという母親の問いに、「私は汚れた床の掃除がありましたから……」と答えた岡野に、「床より生徒の方が大事だと思わないんですか?」と畳み掛ける母親。そこまで言われても岡野は非を認めず「もう四年生ですし」と返す。[*9] 母親の不信感は正当なものである。だが岡野の無意識を代弁すれば、大事だったのは床そのものでは勿論なく、文明化の精髄である学校（教室）を、排泄（物）から遮断してその聖性を守り抜くこと、これが「大事」だったのである。その関心事を前にして、小野君がいま岡野に何を一番望んでいるのかに思いを馳せる余地は奪われていたのである。

もう一つ重要なのが、「保健の先生」すなわち養護教諭に対して岡野が無意識裡にとっていた態度である。粗相という「あってはならない事態」の発生を前に、その当事者のケアという最大の仕事から逃避し、学校のケアワーカーと彼が規定した養護教諭にそれを丸投げした。男性として、ジェンダー規範に縛られての行動だったのかもしれない。後に、虐待疑いがかけられる児童に保健室で聞き取り調査をする場面で、岡野は養護教諭に対して「一度に三十八人の面倒見てからもの言って下さいよ」[*10] と言い放ち周囲を呆れさせる。

母親との電話のやり取りに戻るが、見かねた学年主任の正田（たまたま傍にいた）が受話器をもぎ取り、小野君の母親と勝手に話を進め出す。結局、おもらしの主因はトイレに行きたいと言い出しづらい雰囲気を出す岡野にあるとされ、「授業中でもトイレに行っていいって、みんなに言う約束」[*11] をさせられてしまった。さらに加えて正田から、身長が高い岡野はただでさえ児童に威圧感を与えるのだから「怖がらせない」よう気を配ること、等を指導されてしまう。翌日から岡野は授業中いつでもトイレに行っていい、という新方針をクラスに導入する。しかし自分の判断でなく同僚（事実上の監督者、上司）

＊8　前掲、一七頁。

＊9　前掲、二一頁。

＊10　前掲、三五頁。

＊11　前掲、二三頁。

＊12　前掲、二三頁。

の介入に基づく他律的な方針により、小野君はいっそう追いつめられ、岡野のクラスはさらなる混乱に陥っていくことになる。

（2）空回りする新ルールと教師の「条件付きの愛」

翌日、岡野は児童に向かって新ルールを告げた。「昨日、小野さんがトイレに行けなかったのは、先生のせいでもあると思う。これから、トイレに行きたい人がいたら、授業中でも先生に言ってほしいです」[＊12]。正田の指示通り「さん」付けする岡野だが、彼はルールの告げ方ですでにつまずいている。新ルールと小野君との結びつきをすすんで強調することで、児童がトイレに行くたびに小野君のスティグマを強化する下地を作ってしまったのである。お調子者の大熊が、さっそく新ルールに便乗して岡野を不安にさせる。彼を含めた数名の児童はトイレに立つたびに小野君をひやかし、彼の存在に注目が集まるよう仕向ける。小野君は沈みこむ。そして、新ルールが破綻する日がとうとうやってきた。

（指名された児童が国語の教科書を音読し終わる。）
岡野：はい、ありがとう。この時、モンシロチョウは……
「せんせー、トイレしたいです」と声がし、児童たちを見る。……十人近い児童たちが手を挙げていた。
岡野：……あのねー、授業中にトイレに行っていいのは、ほんとに我慢できない人だけなんだよ。
児童たち：ほんとにがまんできませーん。／もれる～
岡野：……うそをつくな！
怒鳴り声に、一瞬静まる教室。
大熊：……うそじゃねえーし
……他の者も……騒ぎ出した
岡野：いい加減にしろ！

静まらない児童たち。トイレコールを始めた。
児童たち：トーイーレッ！　トーイーレッ！
岡野：……
その時、立ち上がる小野、ランドセルを持ち上げた。
小野：うあぁーッ！
と、それを大熊の方へ投げつけた。
ランドセルは大熊の方に当たった。
大熊：イテ！
驚いた児童たち、
大熊：なんだよ小野！
奇声を発する小野、ペンケースを手に、大熊に殴りかかった。
怖くなった大熊、逃げ出す。
岡野：やめろ！[*13]

教室中をゆるがす「トイレ」コールに、小野君の忍耐が限界に達した。彼自身の存在がこの言葉と分けがたく結びつき、スティグマとなってまとわりついていた。彼の怒りは特に、いつも先頭に立って小野君のスティグマ強化をはかる大熊に向けられた。二人の喧嘩が始まるが、それにお構いなくトイレに行きたいと叫ぶ別の児童たち。こうして教室はカオスに陥った。「ランドセル、人に投げていいと思いますか?」と正論をいう女子。誰も小野君の側につこうとしない。「あやまれ」コールが巻き起こり、小野君は席に突っ伏してしまう。「静かに!」と叫ぶばかりでなすすべのない岡野。何かがおかしい。でもどうしていいか分からない。叫び声をあげて助けを求める岡野。

＊13　前掲、二九―三〇頁。

この修羅場をめぐって、岡野が同僚と経験を共有する場面が二つ描かれている。一つは学年の教師四人が集まっての報告・反省の会である。会の中心はもちろん主任の正田である。岡野の報告に「状況はだいたいわかりました」と正田が述べたのに続いて、先輩教師たちが口を開く。A「中心になってるの大熊さんですよね？あの子ちょっとやんちゃだけどいい子じゃないですか」[*14]、B「小野さんも、本来は問題のない子ですから、今回の件はボタンの掛け違いというか」[*15]。教師Aは、かつて自分が大熊を受けもったときはきちんと彼を制御できたとさりげなくアピールし、教師Bも自分は小野君の本質をよく理解していることを誇示している。マウントをとることばかり考える同僚に岡野は辟易しつつ話を続けようとするが、正田は保護者対応の方に話の水を向け、結局打開に向けたヒントやアドバイスは何ももらえない。同僚教師たちの言説にひそむより大きな問題は、児童に対する「条件付きの愛」であることだ。かれらが「良い子」だ、「問題ない子」だと強調するその裏側にあるのは、そうした条件がつかない、ありのままの大熊や小野君と向き合うことからの逃避である。「良い」大熊、「問題のない」小野君を愛することはできても、果たしてそうした条件の付かない無条件の愛を、児童に振り向けることができるだろうか。

映画ではカットされているが、シナリオでは次のようなやり取りが続いている。

正　田：えー、三組の方はどう？　多動ぎみの三波さん、最近、廊下に出てないみたいね。
教師A：えぇ、でも、油断してると、また暴れちゃったりするんで、なんとも言えないですけど。
教師B：あの子も保護者がちゃんと認めて支援級に入れた方が、いいかも知れないんですけどね～
教師A：んーまあ、でも私は、このままでもいいんです。あの子が一時間座ってられただけで嬉しいんで。
正　田：（満足げにうなずく）[*16]
岡　野：……

＊14　前掲、三〇頁。
＊15　前掲、三〇頁。
＊16　前掲、三〇頁。一部表記を変更した。

子どもが授業中座っていられず頻繁に教室を飛び出す姿は、いま日本中で見られる光景だ。会議の場では、支援級や注意欠陥多動性障害といった言葉が飛び交っているに違いない。そしてこのやり取りだが、岡野のケースの検討と同様、自己満足・自己確認以外の何ものも生み出していない。「あの子が一時間座ってられただけで嬉しい」という発言は、支援学級入りを推してはいないものの、多動児を取り巻く環境や通常の授業のやり方を変えるものではない点で、インクルーシブの理念から大きく隔たっている。[*17] 三波さんの存在を無いものとして扱うことでクラスに保たれる、かりそめの「良さ」だけにこの教師はしがみついている。岡野はもやもやした思いをつのらせるが、それをうまく言語化できない。

もう一つのシーンは、コピー機のある部屋での立ち話。相手は特別支援学級担当の大宮先生（演・高橋和也）で、彼に対しては岡野も少し心を開いている感じだ。

大宮：きのう、小野が暴れたんだって？

岡野：あぁ……えぇ……今日もその件で話し合うはずだったんですけどね、どっちの親も来れないって言うんですよ。

大宮：小野の母親、自分が加害者の時は静かなんだな。

岡野：はい……まあ、被害者でもあるんですけど……なんか……ムカつきます。

大宮、笑って、終わったコピーを手にし

大宮：あんまり気張らない方がいいよ～（と出て行く）

岡野：はい[*18]

大宮先生には注目すべき対人センスがあり、やがて岡野の覚醒を後押しすることになっていく。だがこの時は小野君のケースについて一面的な物言いをしている。それに対して岡野は「彼は被害者でもあ

＊17　L・フロリアンは、インクルーシブ教育としての特別教育は、一部の標準から外れた子どもだけ向けのものではなく、全ての子どもの教育丸ごと全部を変える営みであることを強調している（フロリアン編『インクルーシブ教育ハンドブック』第一章）。

＊18　高田「きみはいい子（シナリオ）」三一頁。

る」という見方を対置し、自分なりの解釈を模索する。小野君が一方的な加害者であるはずは断じてなかった。その自らの直感を大切にしようとしている。しかしそこから先に自力で思考を進める力がなく、結局「なんかムカつく」という結論に落ち着いてしまった。

文明化の先兵である学校・教師という存在が全力で隠蔽し、無意識下に押しやろうとする排泄（おもらし）の顕在化という修羅場は、岡野を含む教師たち、そして教室の児童たちが無意識下に持っていたものを表面に引き出した。それは巨大な葛藤とストレスを噴出させ、学級秩序を破壊した。しかしそれがきっかけで学校文化の自明性にメスが入り、教師としての非連続的成長の糸口へと転化する可能性もある。

岡野の変容に話を進める前に、彼に立ちはだかったもう一つの壁である、神田君とネグレクト親の事例に目を転じてみよう。

3. 岡野先生の悪戦苦闘の日々②：ネグレクトを受ける児童への対応

放課後の運動場。鉄棒の傍で独りさびしそうに時間を潰している神田君に、岡野が近づいていく。「これ、お母さんに渡してくれる？　給食費、払い忘れているだけだと思うけど、一応ね」と言いながら封筒を手渡す。渡された神田君は辛そうにうつむく。さすがの岡野も彼の様子が気になり話しかける。

岡野：まだ帰んないの？

神田：……

岡野：先生はねえ、まだ仕事あるんだけど、もう帰っちゃう。

（神田、顔をあげる）

神田：サボり？

岡野：そう、サボり。ははは

神田も笑った。

岡野：じゃあ、早く帰れよ

と、肩を叩こうとした。

神田、ビクッとそれを大きく避けた

岡野：そんなビックリする？（と笑い）じゃあな〜[*19]

「せんせい」と「サボる」という意外な組み合わせが、教師である岡野の口から飛び出したことで神田君が岡野を見る目に少しだけ変化が生じた。ただこの時すでに岡野はトイレ問題でいっぱいいっぱいになっていた。疲れ切ってタガがゆるみ、思わず飛び出した軽口だったのだろう。僅かのシーンのなかで、貧困、男親からの暴力といった神田君が抱えるバックグラウンドが巧みに示されている。

このあと、岡野が自宅（実家で親と同居しながら職場に通っていると思われる）で、出戻りの姉に「みんな好き勝手言うから、面倒クセーんだよ」と愚痴る様子は、まるっきり「大きな子ども」の風情である。姉の「あんたは苦労してないからね」という返しからは、岡野が恵まれた環境で育ち今日まで歩んできたことが示唆されている。

ある土曜日に出勤していた岡野は、校庭の定位置にいる神田君の姿を目に止め、近づいていく。

岡野：（笑いかけ）学校好きだな〜

神田：……

岡野：昼は？　食べ帰らないの？

神田：（首を振った）

＊19　前掲、二六頁。

岡野：……腹へらない？

神田：……

岡野：先生、これからご飯食べ行くけど……

神田：……

岡野：……一人で食べるのやだから、一緒に行ってくれない？

神田：……いいよ[*20]

どちらが大人だか分からないような会話で、連れていった先が「ラーメン屋」というあたりにも学生気分の抜けない岡野のありようが表れているが、店でラーメンをすするうちに神田君はぽつぽつと家庭の状態を岡野に話した。看護師の母親は働き詰めでほとんど家にいないこと、「本当のお父さんじゃない」男性つまり養父は全く扶養をしておらず遊び暮らしていること、家ではほとんど食事を与えてもらっていないこと。そして話は神田家の食卓の話題になり……

岡野：……今日の夜は何だと思う？

神田：……

岡野：パン？

神田：(うなずいた)

岡野：……

神田：月曜日は、ツナそぼろ

岡野：あ、そうなの？

神田：月曜日はツナそぼろとはいがごはん。火曜日はミートソーススパゲティとロールパン、水曜日は揚

*20 前掲、三二二頁。

＊21　前掲、三二一—三二二頁。

げパン、木曜日はひじきごはんと五目豆、金曜日はやきそば

岡野：……[21]

神田君は一週間の給食の献立表を諳んじていた。給食こそが一週間の栄養源であり、いのち綱であったのだ。岡野は絶句する。

お店を出て、岡野は帰宅するようにうながすが、神田君は動こうとしない。彼の養父から五時までは家に帰ってくるなと言われているというのだ。

岡野：えぇ？　でも……自分んちなんだから

神田：だめだよ……おこられる

岡野：怒る方がおかしいんじゃない？

神田：ぼくがわるいんだよ

岡野：悪くないって

神田：お父さんも、ぼくのことわるい子だって言うし

岡野：そんなの……お父さんがおかしいんだよ

神田：ママも言うよ

岡野：ママは……本気じゃないよ。そんなこと思ってないから、ぜったい

神田、鼻をすすり、トレーナーの袖で拭った。

岡野：神田さんは、わるい子じゃないよ。大熊さんたちと一緒になってトイレに行きたいって言わなかったしさ（笑いかけた）

神田：……あれは……小野さんがかわいそうだったから……

岡野：ほら、いい子だよ神田さんは[*22]

ここで二人の間に「いい子／悪い子」問答が交わされる。いつの間にか話題が、養父との関係から、クラスでの小野君をめぐる事件の立ち位置にすり替わっているのだが、岡野が神田君の存在を精一杯肯定してあげようとする気持ちは伝わってくる。ここで重要なのは、岡野がいう「良さ」が、否定形で語られる良さ（「一緒になってトイレに行くと言わなかった」）であることだ。学校や教師が飽くことなく追求し執着する「良さ」とは肯定形で語られる良さ、積極的な良さである。それらは通常、～できること、○○に秀でている、などといった文体で語られる。それに対してここで話題にのぼっているのは、大熊の悪ノリに追随して小野君をさらに貶めることが自分にはどうしてもできなかった、いわば「～することができない」能力とでもいうべきものである。学校的「良さ」の対極にある良さ、非学校的良さである。学校というコミュニティのなかで四面楚歌に陥った絶望の中で、岡野は非学校的良さに目を開こうとしていた。しかしながらまだ彼は決定的に非力でもあった。非学校的良さ、すなわち「そのままでいい」ことの肯定の延長線上に、神田君の側に立って彼を守ろうとするような腹のすわりは、彼にはまだない。このあとアパートまで付き添っていった岡野は、やから風の養父（演・松嶋亮太）と鉢合わせ、その迫力にたじたじとなり撃退されてしまった。「雄太君は、ご飯食べていますか」という岡野の問いが怒りに油を注ぎ、岡野が帰ったあと神田君へのさらなる暴力を招く結果になってしまった。

小野君の存在がクローズアップされるきっかけが排泄だったのに対し、神田君とのかかわりのキーワードは「食」である。食べることは排泄と並び、人間の根源的営みである。根源的とは、ヒトの生物としての地金が表出化せざるを得ない局面を指している。文明化の過程で排泄が隠蔽され無意識下に追いやられたのと同様に、食べることに対しても、マナーや作法の精緻化という形で過剰なほどに粉飾が施され、生物性を想起させる要素の不可視化がもくろまれてきた。[*23] 文明化の装置たる学校においても、

＊22　前掲、三三頁。傍線は引用者による。

＊23　エリアス『文明化の過程（上）』第四章を参照のこと。

食ははじめ周縁化され、のちに教育的意味を付与された「食育」として学校文化に取り込まれていった。しかし学校文化になじむことができずはじき出されそうになっていた岡野は、まさにそのことによって偶然にも、給食によって命をつないでいた受け持ち児童の存在を通じて、文明化の過程が覆い隠そうとしてきたもの、良い／悪いの彼岸にあってただひたすら、どん欲に生きようとする生命体としての人間のあり方に触れることができた。神田君が体現する「良さ」は、否定形で語られる非学校的良さである。賢明にも岡野は最初それを「わるい子じゃない」という二重否定で言いあらわしていた。その後それを「いい子」と言い換えてしまうが、それは正しくは「そのままでいい子」、唯の子とでも言うべきものだった。

小野君の事例ではまだ五里霧中の彼方だった反転の手がかりが、神田君とのかかわりを通じて岡野に少し見えかけてきたようにも思える。しかし明確な覚醒につながるきっかけは、やや意外な方向からもたらされた。

4.「無条件の愛」の実感：「宿題」への若干の疑問

あいかわらず、岡野の学級経営はボロボロのままだ。清水さんという女子児童の悪口を書いたメモが主に女子児童の間で回覧され、それを苦にして彼女はついに不登校になってしまった。母親からの抗議の電話に声もない岡野。そんなある日の終わりの会で、達観したような表情で岡野が切り出した。

岡野：えー、今日も、みんな落ち着きがありませんでした。でもねえ、先生は、怒るのに疲れました。

児童たち、静まり始め、岡野に目をやり始める

岡野：そこで、先生はみんなに、とても難しい宿題を出したいと思います。

「えー」と、声を揃えて言う児童たち。

岡野：それは、家族に抱きしめられてくること、です。

「えーッ」「なにそれ」「変態じゃん」「キモーい」「ありえないんだけど」などと口々に言う児童たち。

神田：……

岡野：家族の、誰でもいいからね。お父さんでもお母さんでも、おばあちゃんでもお兄ちゃんでも、妹でもいいです。

大熊：猫でもいい？

岡野：猫も家族だと思うけど、今回は、人間の家族だけです。

ざわめきの止まらない児童たち。

岡野：明日、宿題やってきたか聞くからね。今日は家族にぎゅーっと抱きしめられて下さい。以上です。

はい、日直。[*24]

なぜ岡野はこんな突飛な宿題を児童に課したのだろうか。事の起こりは、数日前の岡野の自宅（実家）の晩にさかのぼる。岡野は、学校でのたびかさなる失敗に加え、最近つれなくなっていた彼女が職場の同僚と思しき人にしなだれかかっているのを目撃し、打ちひしがれていた。ソファに縮こまり動くのも大儀そうな岡野は、甥っ子の蓮をかまってあげる気力も体力もない。それを見た姉の薫（演・内田慈）が「おじちゃん疲れてんだって、『がんばって』ってしてあげな」と促す。「いいよいいよ」と嫌がる岡野にかまわず、蓮は膝を登って岡野に抱きつき、「がんばって」と岡野の背中をぽんぽんと叩く。岡野の表情が変わり、やがて「ありがとね」と、涙ぐみながら蓮の背中をぽんぽん叩き返してやる。蓮はじいじに呼ばれ去ってしまい、岡野と薫が会話を交わす。

薫　：あの子、私の真似してやるんだよね、ぽんぽんって。

＊24　高田「きみはいい子（シナリオ）」三八頁。

岡野：そうなんだ。
薫：私があの子に優しくすれば、あの子も他人に優しくしてくれんの。だから、子供をかわいがれば、世界が平和になるわけ。母親って、すごい仕事でしょ？
（中略）
岡野：そうだよな……
薫：え……そんな真面目に返事されても困るんだけど。[*25]

岡野はこの晩の経験から、例の宿題を学級の児童に課すことを思いついた。クラスのなかには嘲りや暴力やいじめが充満し、児童たちは岡野の存在を意に介さなくなりつつある。厳しく出れば正田ら同僚に注意され、下手に出れば舐められて収拾がつかなくなる。お手上げ状態であった。そこに僅かでも風穴を開けることを期待して、まずは自分が家族から無条件に愛されていることの実感を得るために[*26]、この宿題を出したのであった。宿題を告げたあと、教室を出ようとする神田君に岡野は「宿題、やってこれる？」と声を掛ける。「ぜったいやってきます！」と悲壮な表情で叫び、神田君は帰って行った。

翌日、岡野はこの「宿題」をしてきた経験をクラス全体で共有する。六分ほどの長尺のシーンだが、映画全体のなかでここだけは異質な時間が流れている。児童たちがこもごも、家族に抱きしめてもらった感想を語っていくのだが、その姿は演技者でなく素の小学四年生に戻っているかのような印象である。これは筆者の想像だが、出演者の子どもたちは実際にこの課題をやって来たのではないだろうか。公表されたシナリオでも詳細は書かれていない。ここはドキュメンタリータッチで行くという演出方針があったのだろう。教師役の高良健吾も、教師岡野でなく素の高良個人にもどり、子役たちへのインタビュアーとなっている観がある。そのやり取りの一部を再現してみよう。

＊25　前掲、三七頁。
＊26　スニデルスは「愛するために子どもには親の愛が必要である」と述べている（スニデルス『わが子を愛するのはたやすいことではない』二九九頁）。

児童A（小野君役の児童）：お母さん
高　良：お母さんにしてもらった？　宿題のこと何って言ったの？
児童A：宿題だから……
高　良：してって？　どんな気持ちになった？
児童A：んーんー、不思議な気持ち。
高　良：不思議な気持ち？
児童B：安心した。
児童C：恥ずかしくはなかった。
高　良：恥ずかしくはなかった。
児童D：いっつもお帰りってやってくれる。
高　良：あーいっつもしてくれるんだ。
児童E：弟にやってたらみんなワーッて集ってきた。
児童F：特にない。
高　良：特にない？　ほんとに？
児童G：赤ちゃんの時みたいになった。
児童H：なんかキモかった。（え？）キモかった。
児童I：あったかい気持ち。
児童J：やさしい気持ち。
児童K：二。
高　良：二歳？　あ、抱きしめてもらったんじゃなくて、抱きしめたんだ。
児童K：うんうん。逆。

児童L：何分もね、やられてね、放して放してって。
高　良：おばあちゃんの方が嬉しかったんだね。
児童M：気持ちいかった。
高　良：気持ちいかった？　じゃあ、嬉しかったってことかな？
児童N：ずーっと笑ってた。
児童O：なつかしかった。
児童P：落ち着いた。
児童Q：ホッとした。
児童R：うれしかった。
児童S：やめてやめてって言われて、ちょっと悲しかった。
高　良：いっつもしてもらってるって、お父さんにもお母さんにも？　そうなんだ。それは、自分がしてっていうんじゃなくて？
児童T：んー、いっつもやってくれてるから。
高　良：そうなんだ。そうか。宿題でやな気持ちにはならなかった？
児童T：うれしかった。[*27]

感想を聞いてまわっている時の高良は、長身を折り曲げて屈みこみ、児童と同じ目線で話しかける。その表情は、岡野先生の時とは打って変わって柔らかく穏やかである。と、ここである児童が「なんでこんな宿題出したの？」と問いかける。岡野はこう返答した。これも台本にない表現が多く、また児童から出た感想を引用しながら語っているので、台本よりずっと長くなっている。

＊27　DVDより書き起こし。

岡野：ほらさ、今吉沢さんが、うれしい気持ちになったとかさ、なんかかわいかったとかさ、なんか気持ちいかったとか言ったじゃん？　なんかほら、やさしい気持ちになったとか、あ、赤ちゃんの頃の気持ちに戻ったとか、懐かしかったとかも言ってたじゃん。まあ、みんなほら、何だろう、そういう、みんなちゃんと言葉にしてくれたけど、きっと何かそれ以上の、気持ち？　不思議な気持ち？　を感じてくれたと思うんだよね、この宿題で。感じた？（児童の声）なんかちがう気持ちになってくれた？（児童の声）自然な気持ち？　なんも考えてなかった？　でも何かこう、何？（児童の声）不思議な気持ちになった？　いろんな気持ちが混ざってた？　たぶん、いま佐藤さんが言ってくれたように、みんなも多分きっと、そういう気持ちになったと思うんだよ。先生はね、その、なんだろその不思議な、気持ちを、みんなに味わってほしかったんだよ。そのーそういう気持ちで、そういう気持ちを、人に分けてあげられる、人になってほしいなって、思ったんだよね。だから、うん、いや分かんないんだけどね。（児童の声）いや、ごめんごめん。[*28]

この応答をしている間、岡野は自然と教壇を降りて児童たちの机の真ん中に立っていた。他の授業シーンはいつも前に立って児童を見下ろしていたが、それ以外でもめったに子どもたちの中に立ったことはないに違いない、そんな想像をしたくなってくる。また岡野（高良）が懸命に思いを語っているのを支えるように児童たちの合いの手が入り、巧まずしてダイアローグになっているのも心地いい。

このなごやかなシェアリングの場に、神田君の姿はなかった。この宿題をしていくことができず、そのことを苦に感じ登校することができなかったのかもしれない。クラス全体の行き詰まりを打開するのに、このワークショップは有効であった。だがその代償として神田君を排除することになってしまった。そもそもなぜ宿題は「**家族の人に**抱きしめてもらって来ること」だったのだろうか。無条件の愛というものを実感してもらいたいのが課題の狙いだったとすれば、児童にとって最も身近にいて、その無条件の愛を実感しやすい存在が家族だから、そのような課題設定にしたということだろうか。しかし無

＊28　ＤＶＤより書き起こし。

条件の愛の供給源が普遍的に家族であるわけではない。あくまでその蓋然性が（今のところ）高い、ということだけである。神田君以外にも、それを期待できない環境に暮らしている児童はいたかもしれない。一方で神田君は、親からの無条件の愛を享受はできなくても、小野君を傷つけないという否定形の「良さ」を体現して、教室の中で既に愛を実践していた。彼を中心に据えた学級づくりの中で、このような「無茶ぶり」の課題を全員一律に出すことを回避できたかもしれない。また、岡野が課題を発表した時に、大熊が「猫でもいい？」と尋ね、そのアイデアは却下された。しかしながら、常識的な家族の範疇から外れる存在、ペットだけでなくたとえば近所の顔見知りのおばさんのような非血縁者も含めて課題設定をすれば、このように神田君を追い詰めることはなかったかもしれない。

5．親子関係が抜き差しならなくなるとき：無条件の愛が揺らぐとき

場面変わってある日、坂道の家屋に住む老女あきこがスーパーマーケットの外で店員の和美（演・富田靖子）に呼び止められた。腕をつかまれ、「鞄の中、見せてもらってもいいかなあ。おばあちゃん、プチトマト入れたよね」と話しかけ、鞄から商品を取り出す。「レジ、とおってませんよね？　ご家族の方いらっしゃいます？」[*29]。「いいえ」と返事するあきこを店内の事務所に連れていく。「おばあちゃんお名前は？」の問いかけにも無言である。本作冒頭のシーンでも教師の正田から「ボケてる」と陰口を叩かれていたあきこだが、少しずつ認知機能が弱り、生活がスムーズに行かなくなってきているのは確かなようだ。それにしても店員の扱い方はまるで幼児にでも接するような態度である。

しばらくして「釈放」されたあきこが自宅に帰ってくる。一息つくと、追い立てられたように家の前を掃き始める。まるでそうすることで、ざわついた気持ちを静めようとするかのように。そこに、いつも朝夕通学で通りかかる弘也が近づいてきた（実は彼はさきほどのスーパーの店員和美の息子である）。挨拶をされて嬉しくなったあきこは「ほんとにいい子ねあなたは。なにか、お菓子でもあればあげたいの

＊29　DVDからの書き起こし。

に……」と言うが、弘也は「しらないひとからおかしはもらいません」と返す。あまり噛み合っていない会話だが、構わずあきこは彼相手に、戦争の頃の話しをはじめる。

あきこ：わたしね、昔、キャラメル工場で働いてたのよ。……キャラメルわかる？

弘　也：はい。

あきこ：（小声で）秘密のおかし。

弘　也：……ひみつのおかし？

あきこ：戦争中でね、何を作ってるのか秘密にしなきゃならなかったの。……でも一つくらい、弟にあげればよかったわねえ。弟が死んじゃうってわかってたら、一つくらい持ってきたのに。……疎開から帰って来て、次の日に空襲があったの……家も焼けて。

弘　也：……。

あきこ：あ……ごめんなさいね、引き止めて。

弘　也：こんにちは、さようなら。

あきこ：また明日ね。[*30]

あきこは日中ほとんど誰とも会話を交わすことなく、たまに接点があった人間からは陰で、あるいは大っぴらに「認知症」扱いされ、まともに接遇されない。行きずりの小学生である弘也だけが、今のところ唯一、彼女を特別な目でみないで自然な態度で相手してくれる存在である。しかしあきこには、空襲で両親と弟を失った壮絶な過去があり、天涯孤独の中でここまで生き抜いてきた固有の人生があった。認知症というレッテルは、そうしたこれまでの生に対するレスペクトを一挙になきものにし、当人をスティグマ化するものである。[*31] こうした態度の急変・落差の背後にあるのも、「良い／悪い」の二元

＊30　高田「きみはいい子（シナリオ）」二五—二六頁。

＊31　中井久夫は、認知症のケアにおいては「自尊心の再建が重要な鍵」だと述べている（中井久夫『認知症に手さぐりで接近する』一六三頁）。同じことは夜尿症に悩む小野君のケアについても言えるだろう。

論に固執し条件付きの愛しか許容できない人間観である。

ある日の下校時刻。ほうきを手に家の前にあきこが出ると、弘也が道端にしゃがみこんでランドセルの中をさぐっていた。探し物が見つからないらしく手を頭にやってうめいている。あきこが尋ねると「かぎ、なくしました。かぎ、貸して下さい」と弘也。「私のかぎでは、あなたのうちの鍵は開かないのよ」と説き、母は五時まで仕事と聞いて、あきこは家の中に弘也を招じ入れた。あきこはお茶を入れ、湯飲みをさし出す。弘也はおちつかずまだランドセルをごそごそ探っている。「みんなで飲みましょうね」という言葉にとまどう弘也だが、あきこは仏壇の前にお茶を備え、父と母と弟の分だと話し、「身体はなくてもここにちゃんといるの」と語る。仏壇にはお手玉が三つ備えてある。あきこがそれを手に取って弘也に遊び方を教える。しばらくお手玉をいじったあと、弘也が自分でお手玉を仏壇に戻し、もとあったように三つ重ねて置く。そして見よう見まねで手を合わせる。

呼び鈴が鳴った。開けてみると、連絡を受けた弘也の母親和美が立っていた。いきなり深々と頭を下げ「申し訳ありませんご迷惑をおかけして、申し訳ありませんでした」と平謝りする。そしてふと顔を上げたとき、あきこがあの時のスーパーの客だったと気づき、動転していっそう深く謝り倒すのだった。

あきこ：そんな、私の方が遊んでもらって、楽しかったんですよ。どうぞ、おあがりになって。
和　美：でも……障害がありますから、ご迷惑をかけたと思います。
あきこ：障害？　そうなの？
和　美：大丈夫でしたか？
あきこ：お行儀よくしてましたよ。片づけは出来るし。それにほら、私がさっき、お仏壇にお線香をあげていたら、弘也君も一緒に拝んでくれたのよ。それから、この道を通るとき、こんにちは、さようならって私に言ってくれるの。こーんなにいい子はいないと思うわ。

和　美：そんな……（泣き崩れる）

（中略。二人玄関先に座る）

あきこ：あたしね、子供がいないでしょ。だからいつもうらやましくて……お母さんがすぐに迎えにくるっておっしゃったから、そんなに早く来なくていいのになんて思ったりして。

和　美：そんなこと……すいません。……こんなに誉められるの、初めてで。どこ行っても謝ってばっかりで。ずーっと二人だけでいると、自分の子供なのに、かわいいと思えない、ときもあった……すいません……

あきこ：大丈夫、大丈夫。[*32]

「ずっと二人だけでいる」という言葉から、和美と弘也は母子家庭であると察しがつく。思いがけないあきこの優しい言葉に、普段押し殺していた思いがあふれ出て、和美はひたすら涙に暮れている。弘也母子もまた、世間から「障害児とその母親」という枠に押し込められることにあまりに慣れ過ぎていて、それ以外のアイデンティティの持ち方を忘れてしまっていた感がある。彼女のコミュニケーションスタイルは、口を開けばただひたすら謝って場を取り繕う、それだけになってしまっていた。そしてここで、息子に対し条件付きの愛しか持てない時もある[*33]という告白がなされる。しかしこうした親子関係を強要したのは、障害者母子をとりまく社会環境の側である。他方であきこは、普段から、世間を構成する価値観の外側に弾き出された存在である。そうした立ち位置だからこそ、弘也と和美が忘れかけていた対人世界を共に現前させることができたのである。

おわりに：大団円をむかえるための鍵

ふたたび四年二組の教室。児童たちは楽しそうに給食を味わっている。今日のメインディッシュは揚

＊32　高田亮「きみはいい子（シナリオ）」四〇頁。表記を障碍から障害に改めた。傍線は引用者。

＊33　健常者の親と障害をもつ子との親子関係を考える際、スニデルスの親のナルシシズムの議論が参考になる。親が子どもでなく、子どもに投影した自分自身を愛してしまう場合がある。その愛には他者性がないため「私の歴史とは現実にはっきり異なる彼の歴史」を愛することができず、自らとの差異（たとえば親ができることを子ができない点）に過剰に苛立ってしまう（スニデルス、前掲、三一七頁）。

げパンだ。岡野は、空席のままの神田君の席を見やっている。手元の揚げパンに目を落とす岡野（揚げパンは神田君の好物だ）。放課後、手をつけなかった揚げパンを鞄にしまい、学校を後にしようとする。ふと廊下で、ひまわり教室の前を通りかかると賑やかな声が聞こえる。黒板に「ひまわり組お楽しみ会」、その下に「分数クイズ」と書かれている。中をのぞく岡野。保護者も多数参観に来ている。児童は頻繁に教室を飛び出し、先生たちと追いかけっこになるが、両者ともどこか楽しんでいるようでもある。母親はしきりに「すいません」と恐縮するが、支援学級担当の大宮は笑顔で「それ、今日はやめましょうよ」と返す。弘也が突然「よろこびの歌」を歌い始める。「みどりはゆたかに／またたくもよ……」。和美とあきこもつれだって参観に来ている。

ひまわり学級ではお楽しみ会が続いている。廊下に出て和美、弘也、あきこの三人が話している。あきこはキャラメルを一箱、弘也のために持ってきていた。

あきこ：……わたし今、ほんとうに幸せよ。

和　美：……弘也、あきこさん幸せだって。

弘　也：しあわせは、ばんごはんを食べておふろに入ってふとんに入っておかあさんにおやすみを言ってもらうときのきもちです。

和　美：（微笑み）

あきこ：そうね……ほんとうにそうね。

（弘也……窓の外へ目をやった。あきこ、その視線の先を見やり）

あきこ：……ほんとに、今年も桜がきれいね。[*34]

おりしも教室では『花咲か爺さん』の人形劇が演じられていた。大宮がかごを振ると、皆の上に紙製

＊34　前掲、四五頁。

の花吹雪が舞う。それを食い入るように見つめる岡野。
岡野は校庭に出た。時計は五時を指している。決然とした表情で足を早める岡野。行く先は神田君の住むアパートである。そのうち駆け足になり、町を走り抜けていく。激しく息があがるが、駆け足を止めない。そして玄関前に辿り着く。まっすぐ前を向いて大きくドアをノックする。ここでエンドロールが流れて作品は終わる。

登場人物たちをとりまく状況は、ある意味では何も変わっていない。あきこの認知症は進みこそすれ、解消の見込みはないであろうし、弘也の障害をとりまく周囲のまなざしも簡単に変わりそうにない。岡野のクラスでは、清水さんの登校再開のメドがいつ立つのか分からないし、神田君をとりまく家庭状況も簡単に好転するとは思えない。岡野とクラスの児童たちとの関係は、例の宿題を契機に変わり始めるかもしれないが、数名の児童を取り残した上での「好転」には問題が残る。桜ケ丘小学校の教員スタッフは誰もが、いま目の前にある現実を乗り切ることだけで手一杯で、「だれ一人取り残さない」という意味でのインクルーシブ教育に対する理解は低調であり、抜本的な学校改革が始まりそうな気配はない。マウントを取り合う先輩教師に囲まれ、岡野の茨道はまだまだ続きそうだ。

にもかかわらず本作のエンディングには、何かが変わりそうな、ポジティブな予感がただよっている。その変革とは、制度やカリキュラムの改革とは次元の異なる、より根源的なレベルに関わるものである。人間を生物的次元から切り離し、ひたすら文明化しようとする過程の先頭に立ち牽引する装置としての学校。そこでは日々、「良い／悪い」に人間を弁別する価値観が再生産され、社会へと供給されている。また社会に定着した二元論をエネルギー源とし、学校はさらにその威信を日々高めてもいる。しかしながら、どれほど文明化の過程が進もうとも、良い／悪いの彼岸にあって「唯、生きようとする」人間の営みが止まるわけではない。むしろ逆に今のように、学校教育の側に行き詰まりが言われブレークスルーが求められているとき、これまで否認、抑圧してきた「唯の生」の次元との交流を活性化させることが、行き詰まり打開の糸口になるのではないか。その際に鍵となるのが、既存のコミュニティに直感的に疑問を呈しそこに馴染もうとしない、あるいは馴染もうにも馴染みようがない異端者、たとえば岡野先生、小野君、神田君、弘也君のような存在、さらに社会全体に広げれば独居老人のあきこさんのような存在である。彼、彼女らを排除することなく、生を共にするパートナーとして、迎え入れることがどこまでできるかに、その成否はかかっているのではないか。

参考文献

＊中脇初枝『きみはいい子』ポプラ文庫、二〇一四年（原著は二〇一二年）
＊高田亮「きみはいい子（脚本）」『シナリオ』日本シナリオ作家協会、第七一巻七号、一四—四六頁、二〇一五年
エリアス、N（赤井慧爾、中村元保、吉田正勝訳）『文明化の過程・上——ヨーロッパ上流階層の風俗の変遷』法政大学出版局、一九七七年
エリアス、N（波田節夫・溝辺敬一・羽田洋・藤平浩之訳）『文明化の過程・下——社会の変遷／文明化の理論のための見取図』法政大学出版局、一九七八年
フロリアン、L編（倉石一郎・佐藤貴宣・渋谷亮・濱元伸彦・伊藤駿監訳）『インクルーシブ教育ハンドブック』北大路書房、二〇二三年
中井久夫『認知症に手さぐりで接近する（中井久夫集一〇）』みすず書房、二〇一九年
奥村隆『社会学の歴史Ⅰ』有斐閣、二〇一四年
スニデルス、G（湯浅慎一・細川たかみ訳）『わが子を愛するのはたやすいことではない』法政大学出版局、一九八五年
立岩真也『良い死／唯の生』ちくま学芸文庫、二〇二二年

第10講

社会的オジと安保闘争
［何も生産しないコペル君は何を与えているのか］

『君たちはどう生きるか』（吉野源三郎著［一九三七年］）
『歌集　滑走路』（萩原慎一郎原作［二〇一七年］・大庭功睦監督・桑村さやか脚本［二〇二〇年］）

キーワード
詩的言語
社会科学的認識
ダイアロジックな詩情
貧困
生産関係
生産者と消費者
社会的オジ
七〇年安保闘争
歌の喪失と回復
短歌ブーム

はじめに：二つの『君たちはどう生きるか』と短歌をつなぐ

本講でスポットを当てる作品は、吉野源三郎著『君たちはどう生きるか』である。『君どう』といえば、二〇二三年七月に同タイトルのアニメ映画がスタジオジブリ制作・宮﨑駿監督で公開され、大きな話題となった。原作は一九三七年（昭和一二）に「日本少国民文庫」の一冊として刊行され、戦後にリニューアル版が出された。作者没後の一九八二年、オリジナル版が丸山真男の解説で岩波文庫に加えられ、幾たびかブームを経て現在まで読み継がれてきた名著である。この作品は、主人公コペル君が中学二年生（旧制中学である点に注意）に設定され、クラスの人間関係のもつれ（いじめや裏切り）なども題材にしている点で学校と関わっている。しかしコペル君にとっての真の「学校」が、亡き父に代わり後見人的役割をつとめる叔父さんとの交流の中にあるのは周知の通りである。本講では、同じく好評を博した羽賀翔一による『漫画　君たちはどう生きるか』（二〇一七年）も併せて参照しながらこの作品を読み解いていく。また吉野には、安保闘争に揺れる世相を背景にした『七〇年問題のために闘っている諸君へ』という著作もある。こちらは全く忘れ去られた存在となっているが、そこに含まれる「理想と現実」という文章を中心に、もう一つの『君どう』として復原させることを試みる。この両者を媒介するキーワードが詩的言語、詩情である。今日の閉塞状況を打破する一つの手がかりをポエジーに求めたい。

こうした考察から発展して、最後に昨今の日本における短歌ブームについて考える。その手掛かりにするのが、萩原慎一郎による唯一の歌集である『歌集　滑走路』（二〇一七年）である。この作品をもとに二〇二〇年に映画も制作・公開された（『滑走路』大庭功睦監督・桑村さやか脚本）。作者・萩原は第一歌集の入稿を済ませたあと三十二歳で自ら命を絶った現代日本の歌人だ。「ブーム」と直接の関係はないのだが、二つの『君どう』を結んだ線の延長上に位置づけることができる。

1．『君たちはどう生きるか』の設定と吉野源三郎が嵌っていた窮状

『君たちはどう生きるか』を論じるにあたり、叔父さんの存在を中心としたコペル君の家族関係について簡単に説明しておく。コペル君、本名本田潤一君は「大きな銀行の重役」だった父を二年ばかり前に亡くし、いまは「郊外の小ぢんまりした家」に、「お母さんとコペル君の外には、ばあやと女中が一人、すべてで四人」で暮らしている。かつて住まった「旧市内の邸宅」には多くの「召使」がおり相当の暮らし向きだった。父なきいまも母親が稼ぎに出ている様子はなく、資産でそこそこの暮らしができているようだ。そして現在の家には「近所に住んでいる叔父さんが、ちょくちょくたずねて」来る。この叔父が「お母さんの本当の弟で、大学を出て間もない法学士」である。[*1] 夫を亡くしたコペルの母が、心細さから弟のそばに居を移したということか。昭和戦前期において「学士様」の価値は大変なものだったから、母方もかなりな家柄だったのかもしれない。以上からコペル君の出身階層は相当上流に位置すると考えられる。ただ漫画版では叔父さんは、勤めていた出版社が倒産し無職・浪人の身という設定に

吉野源三郎『君たちはどう生きるか』岩波文庫、一九八二年

『歌集　滑走路』萩原慎一郎　KADOKAWA／角川文庫

＊1　吉野源三郎『君たちはどう生きるか』七頁。

なっている。「失業中の弟を心配して姉さんがいつでもご飯を食べに来いって言うからさ」[*2]と自嘲する叔父さんは肩身狭い高等遊民といった風情で、オリジナル版より尾羽打ち枯らした感じがする。そしてこの叔父がやがて『君どう』の作者になるという漫画版の筋書きは、編集者だった吉野が山本有三のピンチヒッターとして本作を代筆した史実を踏まえたものだろう（後述）。

ここで、作者の吉野源三郎（一八九九—一九八一）その人の人生に目を転じてみよう。東京高等師範学校（現在の筑波大学）附属小学校、同中学校を経て第一高等学校（旧制高校）、東京帝国大学に首尾よく進んだ学校歴だけみるかぎり、キラキラしたエリート人生のように見える。しかし岩倉博による詳細な吉野の伝記[*3]を参照すると、二〇代から三〇代は茨道を傷だらけで歩んできたと形容したくなるエピソードが並ぶ。

一九二五年（二十六歳）三月　東京帝大哲学科卒業。
一九二五年十二月　一年志願兵として近衛砲兵連隊入隊
一九二七年三月　少尉として除隊
一九二七年四月　知人の紹介で三省堂へ、英和辞典編纂に従事
一九二八年十一月　伝手で東京帝大図書館の目録編集係に。
一九三〇年夏　治安維持法により本富士警察署に拘束、帝大図書館退職、失業。
一九三一年七月　演習召集中に逮捕、陸軍衛戍刑務所に一年半収監。自死敢行も失敗。
一九三二年十二月　懲役二年・執行猶予四年で釈放、再失業状態に。
一九三三年十一月　三度目の検挙、十二月転向書簡送り釈放。

東大卒業後、吉野は兵役と治安維持法による弾圧に苦しみ続けた。何がそんなに危険視されたのだろう

＊2　『漫画　君たちはどう生きるか』六五頁。
＊3　岩倉博『吉野源三郎の生涯』。

か。大学卒業後、粟田賢三、古在由重らとフォールレンデルの哲学史を読み、やがて岩波書店から翻訳を刊行している。単訳で『マールブルク学派に於ける認識主観論』も刊行している。哲学青年だった吉野は、三十歳前後からマルクス主義を本格的に学び始めた。それが数多の弾圧の引き金になったのかもしれない。ともあれ、定職に付けない吉野の窮状をみかねた作家・山本有三が、新潮社の『日本少国民文庫』（全十六巻）の編集主任の仕事を紹介したのが一九三五年五月のことだった。この最終巻を山本が執筆する予定だったが、眼の病を患って書くことができなくなり、急きょ編集者の吉野が代わりをつとめることになった。こうしてあの名作が生まれたのであるが、作者吉野の執筆当時の姿は、まさしく漫画版のおじさんのように尾羽打ち枯らした、肩身の狭いものだった。こうした吉野の個人生活史を頭に入れておくと、作品の読み方もまたかわってくるのではないだろうか。

2.「人間って、ほんとに分子みたいなものだね。」：社会科学的認識と詩的言語の結合

本作は十の挿話からなっているが、本節ではコペル君のあだ名の由来を明かす最初のエピソード「へんな経験」を取り上げたい。雨にけぶる東京の街を叔父さんと並んで屋上から見下ろすうち、ふいに認識のコペルニクス的転回が訪れるエピソードである。

この挿話では、デパートの屋上から雨の東京を眺めるうち、コペル君の中に自己を中心とする世界観を脱して、社会や世界の中の構成者（分子）として自らを見る、思考の脱中心化が起こったさまが描かれる。その後に付けられた「おじさんのＮｏｔｅ」には、天動説を批判して地動説を唱えたコペルニクスを引き合いに出し、「君がしみじみと、自分を広い広い世の中の一分子だと感じたということは、ほんとうに大きなことだと、僕は思う」「どうして、なかなか深い意味をもっている」[*4]と、いかに重要な一歩が踏み出されたかが記されている。

この認識転換はのちのエピソードの重要な前触れでもある。このあと「ニュートンの林檎と粉ミル

＊4　吉野『君たちはどう生きるか』二七頁。

ク」の挿話でコペル君は、粉ミルクの缶から、マルクス主義の生産関係概念に相当する「人間分子の関係、網目の法則」を発見する。この発見に先立ち土台ともなったのが、この自分＝分子という認識転換である。さて筆者が印象深く思うのは、こうした社会科学的認識の基礎ともなる認識の脱中心化のエピソードに、詩情あふれる表現がこれでもかとばかり出てくることである。ポエジーと社会科学、一見すると水と油なのだが、どういうことか？

デパートの屋上で、雨中の東京の風景を前にしたコペル君に、いきなり社会科学的認識が訪れたわけではない。彼に訪れたのは詩的直観ともいうべきものであり、それを媒介に認識の脱中心化がなし遂げられたのだ。その点が重要である。

霧雨の中に茫々とひろがっている東京の街を見つめているうちに、眼の下の東京市が一面の海で、ところどころに立っているビルディングが、その海面からつきでている岩のように見えて来たのでした。海の上には、雨空が低く垂れています。コペル君は、その想像の中で、ぼんやりと、この海の下に人間が生きているんだ、と考えていました／だが、ふとその考えに自分で気がつくと、コペル君は、なんだか身ぶるいがしました。[*5]

コペル君が戦慄したのは、眼下に、しかも自分から見えないところに、知らない何十万という人間が生きているということだった。それは「あたりまえのことでありながら、改めて思いかえすと、恐ろしいような気のすること」[*6]だった。固い言葉でいえば彼は、デュルケム的な意味での「社会」を、すなわち事実としての社会を発見したのである。その呼び水となったのが、父とかつて眺めた冬の伊豆の海のイメージだった。冬の海の光景を目の前の東京のビル群に重ねるところに、詩情が萌しているのだ。

さらに叔父さんとの間で、いま目にしている風景の中に一体いくらの人口が住まっているかの問答が

＊5　前掲、一三頁。傍線は引用者が加えた。以下同様。

＊6　前掲、一三頁。

交わされる。叔父さんは、銀座のような都心部では昼夜で人口が大きく異なることを説き、こう結んでいる。「まあ、いって見れば、何十万、いや、ひょっとすると百万を越すくらいな人間が、海の潮のように、満ちたり干たりしているわけさ[*7]」。コペルの心中に去来した海のイメージが、口に出していないのに、どうして叔父さんに伝わったのだろう。テレパシーなのか? まさに「へんな経験」と言うしかない。そして続くシーンでコペルの認識転換が、詩的言語を用いて、彼自身の口から表明されるのだ。

> コペル君は、何か大きな渦の中に、ただよっているような気持でした。
> 「ねえ、叔父さん。」
> 「なんだい。」
> 「人間て……」
> と言いかけて、コペル君は、ちょっと赤くなりました。でも、思い切って言いました。
> 「人間て、まあ、水の分子みたいなものだねえ。」
> 「そう。世の中を海や河にたとえれば、一人一人の人間は、たしかに、その分子だろうね。」
> 「叔父さんも、そうなんだねえ。」
> 「そうさ。君だってそうだよ。ずいぶん、ちびの分子さ。」
> 「馬鹿にしてらあ。分子ってものは小さいにきまってるじゃないか。叔父さんなんか、分子にしちゃあ、ひょろ長すぎらあ[*8]。」。

この場面で注目されるのが、自他ともに巨大な世界を構成する分子に過ぎない（その点で自他とも対等で平等である）という気づきに先立って、世の中を海や河にたとえるという詩的見立て（詩情の発動）が起こっていることである。この点が大切だ。社会科学の礎石ともなる認識のスプリングボードに、実

＊7　前掲、一五頁。

＊8　前掲、一六頁。

はポエジーが一枚かんでいるのだ。さらにこの重要な、それこそコペルニクス的な認識の転換が、照れて赤面しながら語られるところが何ともいえない。社会科学の礎石ともなるような認識とは、したり顔で語るものでなく、自作の詩を初めて披露するときのおずおずとした感じで語るようなものなのかもしれない。

コペル君の認識転換の仕上げが、見ている自分もまた誰かに見られている（かもしれない）ことへの気づきを通して、主体であり同時に客体でもある自己という観念に開かれるシーンである。ここにもポエジーが効いている。眼下を走る自転車をながめたあとの場面である。

その見ず知らずの少年を、自分がこうして遠くから眺めている。そして、眺められている当人の少年は、少しもそれに気づかない。このことは、コペル君には、何だか奇妙な感じでした。少年の走っている所は、さっき、コペル君と叔父さんとが銀座に来たとき、自動車で通ったところです。

「叔父さん、僕たちがあすこを通っていた時にさ――」

と、コペル君は、下を指さしながら言いました。

「誰かが、この屋上から見てたかも知れないねえ。」

「そう、そりゃあ、なんとも知れないな。――いや、今だって、ひょっとすると、どこかの窓から、僕たちを眺めてる人があるかも知れないよ。」

コペル君は近くのビルディングを見廻しました。どのビルディングにも、どのビルディングにも、なんてたくさん窓があることでしょう。叔父さんに、そういわれて見ると、その窓が、みんなコペル君の方に向かっているように思われます。[*9]

窓がみな自分を指向している、というのが詩的表現である。この詩情を媒介とした気づきは、「ふ

＊9　前掲、一八頁。

うっと目まいに似たものを感じ」させる、つまり恐怖感さえ伴うものだった。「見ている自分、見られている自分、それに気がついている自分、自分で自分を遠く眺めている自分、いろいろな自分が、コペル君の心の中で重なりあって[*10]」いた。コペル君をおそったこの「妙な気持」は、主体である自分と客体としての自分の分裂に気づいたことへの戸惑いとも解釈できる。この二者を架橋しまとまりを保つことを、エリクソンならアイデンティティの統合と呼ぶのだろう。彼を襲ったのはアイデンティティ危機ではなく、「アイデンティティという問題機制」に初めて出会ったことへの当惑であった。

最後に銀座からの帰路、二人は「自動車をつかまえて」帰ってくるのだが、車中での会話である。


しばらくして、コペル君が言いました。

「僕、とてもへんな気がしたんだよ。」

「なぜ?」

「だって、叔父さんが、人間の上げ潮とか、人間の引き潮とかいうんだもの。」

「……」

叔父さんは、わからない、というような顔をしました。すると、コペル君は、急にはっきりした声で言いました。

「人間て、叔父さん、ほんとに分子だね。僕、今日、ほんとうにそう思っちゃった[*11]」


コペルニクス的の名に値するほどの認識転換は、コペル君と叔父さんとの合作であった。亡き父への思いから海のイメージをビル群に重ねたコペル君に、「人間の上げ潮とか、人間の引き潮」という詩的言語で応答した叔父さん、このコンビネーションである。詩情が社会科学的認識のスプリングボードとなったことは間違いないが、その過程全体が対話的なものとして成立しているのが興味深い。詩人が一

＊10　前掲、一九頁。
＊11　前掲、二〇―二一頁。

人孤独に頭の中でこね上げるようなものでなく、ダイアロジックな詩情が介在している点を銘記しておきたい。

3．生産者と消費者：浦川君のエピソードから

本節では、中学校の級友という身近な存在から、生産関係や階級といった社会科学的認識へと開かれていったエピソードである「貧しき友」にスポットを当てる。クラスメイトの浦川君は豆腐屋のせがれである。ほかの生徒が「たいてい、有名な実業家や役人や、大学教授、医者、弁護士などの子供たち[*12]」の中でどうしても気おくれし、仲間はずれにされたり馬鹿にされたりすることもしばしばだった。こうした関係性は「勇ましき友」という挿話で詳しく描かれている。ちなみに一九三〇年代に入ると東京では中学校への進学熱が加速し、ごく一握りの者だけのエリート教育機関とは言えなくなっていた（本書第3講、第6講参照）。しかしながら中学校間にも序列が存在し、コペル君たちが通う中学校はその中でも特に名門に位置する上位校だったと推察できよう。

さて、二学期も残り少なくなった初冬のある日のこと。浦川君が四、五日連続で欠席することがあった。恐らく風邪なのだろうが、他に見舞いに行く友達もいそうにないので、コペル君が家を訪ねてみることにした。

> 小石川のある大きなお寺の前で電車をおり、新しい大通りについて、そのまま右へ坂をのぼってゆくと、広い大きな墓地に出ます。その手前の坂の下から左へ、やっと自動車がはいれるくらいな、狭いごみごみとした通りがあって、その右側に浦川君のうちがあるということでした。坂の上の墓地には、コペル君のお父さんのお墓があるので、コペル君は幾度かこの辺に来たことがありましたが、この狭い通りに足を踏みこんだのは、この日がはじめてでした。[*13]

＊12　前掲、三七頁。

＊13　前掲、一〇一頁。

ここでもコペル君は発見の旅の途についている。先ほどは、いつも眺めている街の風景が「改めて思いかえすと、恐ろしいような気のする」ものに不意に思えてきた経験であったが、今回も、父の墓参りで訪ねたことがありながら実はよく知らない横丁に、足を踏み入れたのである。

そうして浦川君の家をさがしあてたのだが、エプロン姿の浦川君を前にあっけにとられる。別に病気だったわけではなく、父が出張で家を空け、店の若い衆が風邪にやられているので浦川君が店の切り盛りにかり出されていたわけである（子守り役も担っている）。

浦川君と並んで腰をかけたものの、コペル君は、何を話しだしていいのかわかりません。それで、フーフーお茶を吹きながら飲んでいました。浦川君も、もじもじしていましたが、やがて、いいにくそうに、

「君、ちょっと待っててね。揚げるのが残ってるから――」

と、いって立ちあがりました。

店の隅に、大きな釜があって、鉄鍋に油がたぎっています。

「すぐだよ、これだけ揚げちまうだけだから――」

そういって浦川君は、竹箸でそばの台を指さしました。そこには、お豆腐を薄く切ったのが、四、五枚のせてありました。それを、こわさないように、そっと鍋の中に落としこみ、揚がったところを竹箸でつまみ出すのでした。コペル君は、油揚というものが、お豆腐を揚げたものだということを、この時はじめて知りました。[*14]

「いまのうち揚げとかないと、夕方、売りにゆくのに間にあわないんさ。」

浦川君は、鍋の中をみつめたまま、そういいました。それから、馴れた手つきで鍋の中の油揚を片づけてゆきました。よく揚がったやつを、長い竹箸の先につまみあげ、ちょいと振って油を切ってから、そば

＊14　前掲、一〇五―一〇六頁。

の金網の上へポイとほうりあげます。そして、次のが揚がるのを待っている間に、金網の上にたまったやつを、箸の先でチョイ、チョイ、チョイと横向きに重ねてゆき、ときどき長い箸の腹でポンポンとたたきます。すると出来あがった油揚が、行儀よく揃って、順々に並んでゆくのでした。

「へえ！」

と、コペル君はおなかの中で感嘆の声をあげました。運動事は何をさせてもカラッ下手な、あの浦川君が、長い箸をこんなに器用に使おうとは、今の今まで知りませんでした。油鍋の前に立っている浦川君は、すっかり商売人です。[*15]

このあと「エプロンをぬぎ、そばにあった新聞紙で手をふ」いて「やっと学校で見馴れた[*16]」姿にもどった浦川君は、コペル君を自分の勉強部屋（北向きの、粗末な三畳の部屋）に案内し、学校の勉強の話などをした。そのうち話題は不在の浦川君の父のことに移り、いま故郷の山形にお金の工面をつけに行っているといった深刻な事情を知ることになる。その問題に決着がついて父が帰ってくるまで、浦川君は学校に戻れないのだ。

コペル君は帰り際に、来週また来て、英語や数学のわからないことを教えたりノートを貸したりする約束をした。家を出たちょうどそのタイミングで、浦川君の父から「ハナシツイタコンヤカエル」と電報が届き、浦川君は胸をなで下ろした。コペル君は約束どおり翌週また浦川君の家を訪ねて勉強のサポートをし、また豆腐屋に設置されているモーター機械のスイッチを入れたり切ったりして「すこぶる満足そうに見とれ[*17]」た。帰ってからコペル君は、遅い時間だったが近所の叔父さんの家を訪ね、二回の訪問のことを話した。一通りの話を興味深く聞いた叔父さんは、ある問いを発する。

話を聞きおわると、叔父さんはいいました。

＊15　前掲、一〇六―一〇七頁。

＊16　前掲、一〇八頁。

＊17　前掲、一一一頁。

「君たちと浦川君とでは、何もかも、たいへんな違いだねえ。それじゃあ、浦川君がみんなといっしょになれないのも、無理はないや。――ところで、コペル君、君に一つ考えてもらいたいんだが――」

「何さ。」

「いったい、君たちと浦川君と、どこが一番大きな相違だと思う?」

「そうだなあ――」

とコペル君は、少々当惑したような顔をしました。そして、しばらくもじもじしていましたが、やがてさも言いにくそうに申しました。

「あのう、浦川君のうちは、――貧乏だろう。だけど、僕のうちはそうじゃない。」

「そのとおりだ。」

と、叔父さんはうなずいて、なおたずねました。

「しかし、うちとうちとの比較でなく、浦川君その人と君たちとでは、どんな違いがあるだろう。」

「さあ。」

　コペル君はちょっと返答に困りました。[*18]

コペル君と浦川君との相違は一体なんだという叔父さんの問いに、コペル君は困惑する。そして彼が帰ったあと、「人間であるからには――貧乏ということについて」と題する長い「おじさんのNote」が綴られることになる。

　いつかコペル君が読むことを想定して書簡体で書かれたこの覚書で、叔父さんはまず、コペル君が浦川君に対して一段高いところに自分を置くような、思いあがった態度を一切とらなかったことを称賛する。そして、人は貧乏な暮らしをしているうち何かにつけ引け目を感じるようになるのが「免れがたい人情」で、だからそういう傷つきやすい人々に余計なはずかしい思いをさせないための慎みを忘れては

＊18　前掲、一二五―一二六頁。

ならないと強調する。このことは大切なことだ、「なぜかというと、……今の世の中で、大多数を占めている人々は貧乏な人々だからだ。そして、大多数の人々が人間らしい暮しが出来ないでいるということが、僕たちの時代で、何よりも大きな問題となっているからだ[*19]」と語る。階級と社会的不平等に対する透徹した認識が表明されているのである。

　このように話を進めたところで叔父さんは、話にひねりを加えてコペル君を揺さぶりにいく。「浦川君のうちだって、まだまだ貧乏とはいえない」のだ、と。

> ……現に浦川君のうちに若い衆となって勤めている人々を考えて見たまえ。あの人々は、何年か後に、せめて浦川君のうちぐらいな店がもてたらと、それを希望に働いているのだ。浦川君のうちでは、貧しいといっても、息子を中学校にあげている。しかし、若い衆たちは、小学校だけで学校をやめなければならなかった。また、浦川君の一家は、まだしも、お豆腐を作る機械を据えつけ、原料の大豆を買いこみ、若い衆を雇い、一種の家内工業を営んで暮しを立てているけれど、若い衆たちは、自分の労力のほかに、なに一つ生計をたててゆくもとでをもっていない。一日中からだを働かせて、それで命をつないでいるのだ。[*20]

　叔父さんが言うには、「もとで」、すなわち資本（capital, Das Kapital）を持つか持たざるかの一線が、人間をより深く決定的に隔てるというのだ。資本を持てる者は、それを生産手段へと換える。コペル君が面白がってさわっていたモーターも、浦川豆腐店が所有する生産手段の一つであった。他方で、来訪の際にたまたま風邪で臥せっていた「若い衆」は、資本も生産手段ももたない、身一つの無産階級者である。コペル君が粗雑に「貧しい」と一括りにしそうになった浦川家にも、このような分断線が走っていることに注意を促したのである。

　それでもこの段階ではまだ、揺さぶりはコペル君自身には十分には達していない。有産／無産の区別

＊19　前掲、一三一頁。

＊20　前掲、一三二―一三三頁。

をしたところで、コペル君が「持つ側」にいるという自己認識はゆるがない。実家の本田家は父亡きあとも、きっと土地家屋、現金、有価証券などありあまるほどの資産があるのだろう。ところがここで叔父さんは、生産者／消費者というまた異なる切り口を示し、刃の切っ先をコペル君自身に向けるのである。

なるほど、貧しい境遇に育ち、小学校を終えただけで、あとはただからだを働かせて生きて来たという人たちには、大人になっても、君だけの知識をもっていない人が多い。……しかし、見方を変えて見ると、あの人々こそ、この世の中全体を、がっしりとその肩にかついでいる人たちなんだ。君なんかとは比べものにならない立派な人たちなんだ。――考えて見たまえ。世の中の人が生きてゆくために必要なものは、どれ一つとして、人間の労働の産物でないものはないじゃあないか。いや、学芸だの、芸術だのという高尚な仕事だって、そのために必要なものは、やはり、すべてあの人々が額に汗して作り出したものだ。あの人々のあの労働なしには、文明もなければ、世の中の進歩もありはしないのだ。[*21]

ところで君自身はどうだろう。君自身は何をつくり出しているだろう。世の中からいろいろなものを受取ってはいるが、逆に世の中に何を与えているかしら。改めて考えるまでもなく君は使う一方で、まだなんにも作り出してはいない。……君の生活というものは、消費専門家の生活といっていいね。[*22]

……自分が消費するものよりも、もっと多くのものを生産して世の中に送り出している人と、何も生産しないで、ただ消費ばかりしている人間と、どっちが立派な人間か、どっちが大切な人間か、――こう尋ねて見たら、それは問題にならないじゃあないか。[*23]

＊21　前掲、一三八頁。

＊22　前掲、一三九頁。

＊23　前掲、一三九頁。

そしてコペル君、この点こそ、――君たちと浦川君との、一番大きな相違なのだよ。浦川君はまだ年がいかないけれど、この世の中で、ものを生み出す人の側に、もう立派にはいっているじゃあないか。浦川君の洋服に油揚のにおいがしみこんでいることは、浦川君の誇りにはなっても、決して恥になることじゃあない。[*24]

浦川君とコペル君の最大の相違は、生産(も)する人か、消費(だけ)する人かの違いにある、というのが叔父さんの最後の結論である。そして前者の後者に対する優位も言わずもがなである、とも付け加えている。

一連の経験を通して最も大きな変容(メタモルフォーゼ)を遂げたのは、浦川君である――あくまでコペル君の認識の中での浦川君だが。その第一段階は、学校でいつも小さくなっている冴えない姿から一変した、エプロン姿できりきり働く頼もしい「商売人」の浦川君へのメタモルフォーゼであった。それは視覚的印象によって直接与えられるものであった。それに対して第二次の変容は、叔父さんとの対話(厳密にはＮｏｔｅを介した未完のやりとり)によってもたらされた。そこでは浦川君は、生産者/消費者という概念対の力を借りて、その存在により抽象的な意味が与えられた。浦川家の人々は、(たぶんなけなしの)資本を機械などの生産手段に換え、ものを生産する側に立っている。その機械や道具を使いこなして油揚をつくることができる浦川君自身も、もちろん立派な生産者である。それまで固有名詞で呼ばれるだけの存在だった浦川君が、新たに抽象的意味を帯びた存在として、コペル君の前に立ち上がってきたのである。

このメタモルフォーゼは、返す刀で自己像にも変容を迫るものである。それまで本田潤一という固有名詞でしか認識してこなかった自分を、「何も作り出していない人間」「世の中に何も与えていない人間」という(たぶんにネガティブな)抽象性をもって認識するようになったのである。しかしこの認識

---

*24 前掲、一三九頁。

変容は、コペル君にはいささか酷なものだったかもしれない。それを知ってか、一種のフォローのように、叔父さんは最後にコペル君に謎かけをする。

君は、毎日の生活に必要な品物ということから考えると、たしかに消費ばかりしていて、なに一つ生産していない。しかし、自分では気がつかないうちに、ほかの点で、ある大きなものを、日々生み出しているのだ。それは、いったい、なんだろう。[*25]

「僕はわざとこの問題の答を言わないでおく」として、読者にボールを投げたままこの本は閉じられている。私もこのボールをそのまま、本書の読者に投げかけたいと思う。

4. 中間考察：「社会的オジ」という存在について

ここで中間考察をはさみこんでみよう。『君どう』のような少年を主人公とする物語においてしばしば、息苦しさの緩和剤のような存在としてオジさん的人物が登場するのはなぜだろうか――たとえば『ドラえもん』に限らず藤子・F・不二雄作品において、小うるさい父親になぜか生活力に乏しいきょうだい（売れない漫画家や芸術家という設定が多い）がいて、そのオジがしばしば家を訪ねては少年に役に立たない与太話をし、呆れられながらも少年の気持ちをほぐしていたように。この問題に「社会的オジ」という概念で迫ったのが教育社会学者の亀山佳明[*26]である。

亀山によれば社会的オジに子どもたちは現実に出会うことができないからこそ、フィクションの世界で繰り返しその存在が描かれるという。まず亀山はベイトソンに依拠して、日常世界における相互作用を「相補型」と「対称型」に分類する。相補型とは、世話をする側とされる側、支配する側とされる側というように、相互作用当事者間に補完的な役割分化が成立している関係である。いっぽう対称型と

＊25　前掲、一四一頁。

＊26　亀山佳明「子どもの社会化と準拠者」。

＊27　前掲、九九頁。

は、ライバルと張り合う競争関係のように同じ財の交換を行う関係である。どちらの関係も、相互作用が頻繁化し拡大発展していくにつれ、当事者間に耐えがたいストレスが蓄積され、最後に関係が破壊・破綻する危険（ベイトソンの用語では分裂生成）にさらされている。相補型の典型例は母子関係であるが、関係の深化につれて依存と保護がエスカレートしいびつな姿になってしまう場合がある。対称型の典型は学級における仲間関係であり、競争やライバル関係がエスカレートし敵意や嫉妬が蓄積され関係が破綻することがある。また家庭内では父子関係も対称型の一つである。

社会的オジは、主として家族内における相互作用システムの分裂生成を回避する調節者である。オジという存在は「相互作用パターンを相補型にも対称型にも自在に切り替えることができる」[＊27]。母親との関係において危機が亢進した際にはそこに介入して対称型の相互作用をもちこみ、また父親との関係が暴走しそうな時には相補型相互作用をもちこみ中和をはかるということである。またオジとの相互作用を通じて、子どもは関係パターンの切り替え方も学ぶという。相互作用パターンの「切り替え装置」が内在化されるのである。

また亀山によれば、現代社会の子どもたちは二つのジレンマに苦しめられている。第一は「自律と依存のジレンマ」である。現代では修学期間が非常に長期化し、自律した存在として社会に出るまでに長期の年月を要する。その間は親に依存しなければならず、目標とする自律から隔てられる矛盾にさいなまれる。長期にわたる依存の中で子どもは自らの無力さを自覚し、それが怒りとなって暴発する可能性がある。第二は「協同と競争のジレンマ」である。現代の学校教育では他者との協調、協同が価値とされるが、他方で試験や受験制度などを通して互いが競争することを絶えず強いられる。協同のなかでつちかった親密さが相乗作用を起こして競争を激化させ、嫉妬や敵対を増大させる可能性がある。

以上を踏まえて『君たちはどう生きるか』の叔父さんを振り返ってみよう。前記のようにコペル君は父を喪失し、専業主婦の母との母子密着性が非常に高い家族環境にある。その二人に介在する叔父さんの役割が非常に重要なことは言うまでもない。「人間＝水の分子」のエピソードのなかのやりとりに見られたように（「叔父さんなんか、分子にしちゃあ、ひょろ長すぎらあ。」）、時にぞんざいな口を利いてからかいの対象にできるほど、叔父さんとの関係はフラットなものであった。その関係性は、世話を焼いてもらうという負い目（相補性）から無縁で、かつ何かの真理に向けてストイックに思考に集中するという道具性がある。独身で生活力がない（特に漫画版では）叔父の属性は、相補性の緩和にプラスに働いている。また叔父さんとの交流を通して関係の「切り替え」を学んだコペル君は、物語後半に訪れる友人関係の危機に起因する懊悩の場面でも、心配する母親との間で分裂生成に陥ることなく、母親から共感と支援を引き出すことができた（「石段の想い出」）。

また一方で、コペル君が通う都会の（名門）旧制中学校というところは、生き馬の目を抜くような学業競争と力の張り合いが繰り広げられる場でもある。コペル君自身は巧みに遊泳し破綻を免れているが、浦川君は対称型相互作用における分裂生成の犠牲者とも言える。叔父さんは、学校で生起するできごとについてしばしばコペル君の聞き役になり、こわばった気持ちをほぐすケアラーの役割を果たしていた（対称性の緩和）。学級内で仲間外れにされ排除されがちな浦川君についても、3節でみたように社会科学的諸概念の補助線を与えることで、中学校にまん延する競争主義の価値観を相対化し、二人の間の共感と連帯の触媒役を果たしたといえる。

亀山の指摘を待つまでもなく、『ドラえもん』がファンタジーであるように『君どう』もまたフィクションである。このような社会的オジをわたしたちの身の回りに探してもむなしいだけである。しかし、あまりに息苦しすぎる現代の家庭状況を鑑みるならば、なんとか社会の中にオジ的機能を埋め込む仕掛けがないものだろうかと考えこまずにおれない。

5. もう一つの『君たちはどう生きるか』を読む：『七〇年問題のために闘っている諸君へ』

偶然のいたずらから不朽の名著『君たちはどう生きるか』を世に送り出した吉野源三郎であるが、その後、戦時体制下では苛烈な特高体験などを経つつ生き抜き、一九四六年（昭和二十一）創刊の岩波書店『世界』の編集長として戦後の活躍を始める。反核、ベトナム反戦運動、沖縄や水俣の問題など政治に積極的にコミットする中で、一九六九年暮れに吉野は「理想と現実――若い労働者のために」という論稿を書く。この文章は翌年刊行の『七〇年問題のために闘っている諸君へ』に収録された。七〇年安保闘争イコール大学紛争というイメージが強いが、「理想と現実」は次のような書き出しで始まっている。

> 十七、八の青年が職業につき、はじめて社会に出てその実状にふれ、子どものときからのまっすぐな考え方をそのまま、ま正面からこの社会を見てゆくならば、彼の眼に次第にはっきりと見えてくる社会は、けっして明るい社会ではない。[*28]

文中には「諸君」という呼びかけが多出するが、それは大学になど通えず、中卒もしくは高卒で社会に出た、（当時は）大多数の若者に宛てて書かれたものだった。

この論稿の中で吉野が問うたのが「理想と現実との関係」である。資本主義経済の片隅で必死に働き生きる若い労働者は、まじめな人間であればあるほど、自分の無力さを思い知らされて、現実の前では理想なんか空しいと考えがちである。でも「そのままこの問題を通り抜けてしまってはいけない、そこに人生の大きなわかれ道がある」[*29]というのが論稿の趣旨である。そして吉野が出した結論は次のようなものだった。

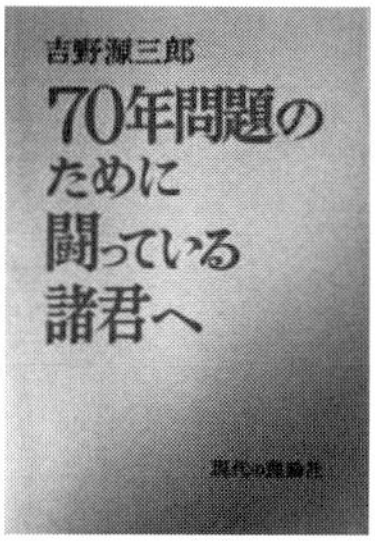

吉野源三郎『七〇年問題のために闘っている諸君へ』現代の理論社、一九七〇年

＊28　吉野源三郎「理想と現実――若い労働者のために」『七〇年問題のために闘っている諸君へ』二四三頁。

＊29　前掲、二五七頁。

理想とは——生きた理想とは——、現実と無縁なものであるどころか、むしろ、現実の中から、現実との関係で生まれてくるものなのだ。[*30]だから理想とは、単に私たちの未来にかかげられている幻影のような標識ではない。生きた理想とは、古い現実の中から生まれ出ようとしている新しい現実の、生き生きとした前触れなのである。[*31]

つまり裏返せば、現実の前に容易く敗れ去り、「空しい」と感じられる理想は理想の名にすら値しない「単なる観念か、単なる空想か、たかだか、ひ弱い欲求の表現に過ぎな[*32]」いのである。非常に突き放した、厳しい議論であるが、恐らく吉野はこのとき、若い労働者たちだけでなく、安保闘争を闘っている大学生のことも念頭においていたことだろう。

ではどうすれば、「現実に社会の中にいる現実の人間の胸に、人間の根源的な欲求の表現となって、自分をあらわす[*33]」ような理想を若者がつかみ取ることができ、それを媒介に多くの者と連帯することができるのか。どうすればよいのかについて著者は多くを語っていない。ただ「諸君、私たちは勉強しなければならないのだ[*34]」と言うのみである。

だがここでこそ、遡ること三十有余年前書かれた『君たちはどう生きるか』が活きてくるのではないか。コペル君の認識転換の飛躍台となったのは、詩的言語、詩情（ポエジー）であった。それは現実から逃避するための道具ではない。現実認識を高みに引き上げる媒介であったことを想起すべきである。社会的現実との格闘に行き詰まったとき、回帰すべきは詩情であり、取り戻さなければならないのは「歌」なのではないだろうか。そう考えたとき視野に入ってくるのが、昨今の短歌ブームである。そこで次節では、ブームの中心にいるとは言いがたいが（作者は故人である）、本講にとって重要な一つの歌集を取り上げたい。

＊30　前掲、二五五頁。
＊31　前掲、二五六—二五七頁。
＊32　前掲、二五五頁。
＊33　前掲、二五五頁。
＊34　前掲、二六一頁。

＊35　桑野隆『言語学のアヴァンギャルド』第四章「詩的言語」一〇九―一六二頁。

6．萩原慎一郎『歌集 滑走路』の世界

ここまで、詩的言語とはなにか、詩情とはなんなのかという問題を避けてきた。このテーマに関係する文献は膨大にあり、本講がそれを解説するのに適した場とも思わない。だが短歌が三十一文字（みそひともじ）の定型詩なのであってみれば、詩的言語について多少とも触れておかないわけにもいかないだろう。この分野で光芒を放っているのは、一九二〇年代のロシアに綺羅星のごとくあらわれた言語学者や文芸評論家たち――すなわち、シクロフスキー、ヤコブソン、トゥイヤーノフ、ヤクビンスキー、バフチンといった面々――であった。これらの人びとの功績を手際よくまとめた桑野隆の文献[*35]を参照し、要点を押えておく。

それらの人びとの主張によれば、詩の要諦はそこに表現されるイメージにはない。そうではなく詩とは、言語の美的機能を活かした芸術である。詩は、それ自体で価値をもつ「言葉」という素材に形式を付与したものである。たとえば詩においては音（歌の調べ）が重要である。この場合、音は内容を盛る単なる器でもなく、独立した意味を担っている。そして作品の独自性は、作品を構成する要素自体ではなく要素の「利用の仕方」にある。語の意味と意義は詩の構成そのものに依存する。「構成としての詩」という考え方である。

また日常言語と詩的言語の比較対比も大きな関心事であった。詩的言語のような芸術の意義は、生活の中で使われる日常言語で失われかけている生の感覚をとりもどし、事物を感じとることである。日常生活の中で私たちは慣習に支配され、事物に対する態度が自動化されている。そこで行われているのは「再認」であって、「見ること（目にすること）」ではない。事物を感じとれ、目にすることができるようになるには、詩的言語に備わった異化作用によって自動化をゆさぶる手法が有効だ。それは、知覚を困難にし長びかせる難渋な形式の手法である。

さて、詩的言語の講釈はこのぐらいにして、『歌集 滑走路』の話に移りたい。萩原慎一郎（一九八四―二〇一七）は中高一貫校の難関を突破し野球部で練習に打ち込むが、次第に同級生のいじめの標的となり、エスカレートしていった。高校、大学とその後遺症に苦しみ続けた。その中で短歌と出会い、歌作の道を歩むようになる。大学卒業後は歌集刊行を目標に、非正規雇用で働きながら歌作にはげんでいった。

抑圧されたままでいるなよ　ぼくたちは三十一文字で鳥になるのだ

掲出歌は「プラトンの書」[*36]冒頭に配されており、歌人としてのスタンスを示したマニフェストである。いきなり破調（五七五七七の定型が破られること）であるが、定型を崩すことも辞さないこの形式にこそ、作者が込めた「独立した意味」を読み取るべきだろう。ままならない境遇を脱したい気持ちを鳥に託すのは常套的ともいえるが、ここでは「三十一文字」と「鳥」の隣接が効いている。

挫折などしたくはないが挫折することはしばしば　東京をゆく

初句と三句で「挫折」がリフレインすることで、調べに勢いが出ている。ここでも言葉は内容を盛る器でなく、それ自体が意味である。また三句から四句にかけて、句切れ、句またがりが起きている。現代短歌に広く使われる技法だが、一気通貫する強い流れが作り出される。そこに一字空けが入り、一転、作者が大東京をとぼとぼ歩く情景へといざなわれる。

単調な労働の日々を切り取った歌も多くみられる（「非正規」[*37]「箱詰めの社会」[*38]、「テロリズム」[*39]）。

＊36　萩原慎一郎『歌集　滑走路』一四―一九頁。
＊37　前掲、六九―七一頁。
＊38　前掲、七二―頁。
＊39　前掲、七五―七七頁。

ぼくも非正規きみも非正規秋がきて牛丼屋にて牛丼食べる

非正規という受け入れがたき現状を受け入れながら生きているのだ

箱詰めの社会の底で潰された蜜柑のごとき若者がいる

今日も雑務で明日も雑務だろうけど朝になったら出かけてゆくよ

非正規の友よ、負けるな　ぼくはただ書類の整理ばかりしている

シュレッダーのごみ捨てにゆく　シュレッダーのごみは誰かが捨てねばならず

自分と似たような境遇にいる他者への連帯のまなざしがやさしい。その中でも六首目には、シュレッダーというモノを自動化して再認しがちなわれわれを、「見ること（目にすること）」へと強制してでも向かわせる力がある。

無垢でいられた小学生時代を追憶する連歌もある（「雲のベンチ」[*40]）。

コスモスが咲いているのは母校なる小学校の脇の道なり

母校なる小学校があることは変わらずぼくは大人になった

*40　前掲、六三―六五頁。

いつまでも少女のままのきみがいて秋の記憶はこの胸にあり

あのときの居場所が今の居場所ではなくなっている冬の公園

ここでなくもっと太陽の照らす場所探して冬の公園を出る

小学校時代の、世界との間に裂け目を経験することがなかった幸福な時間が二度と戻らない悲しみをうたう一方で、五首目には、居場所探しに踏み出そうとする前向き感が表現されている。作者にとって、短歌という表現を得たよろこびは何ものにもかえがたかった。忌まわしい過去の経験から少し距離をおくこともできるようになった。そのことをストレートに歌ったものも散見される（「蒼き旗」[*41]）。

内部にて光り始めて（ここからだ）恋も短歌も人生だって

いいひとに出逢って次第に溶けてきた人間不信かの日抱きけり

思春期が次第に遠くなってきた　驟雨の中を駆け抜けてきた

歌集をしめくくる「模索の果て[*42]」は次の一首から始まっている。

生きているからこそうたうのだとおもう　地球という大きな舞台の上で

＊41　前掲、八九―九三頁。

＊42　前掲、一三八～一四〇頁。

掲出歌は、なぜ作歌を続けるのかという自問への答えであるが、その根底にはなぜ生きるのか、生きねばならないのかという問いが燻っているようにも感じる。同じ問いを歌いあげたウォルト・ホイットマンの詩「我よ、我が人生よ」における解答、「きみがそこにいるということ／生命が息づき、この身がまさしく存在するということ／壮麗な芝居がつづけられ／きみもそこに一篇の詩を寄せることができるということ」[*43]を想起させるものである。

先に筆者は、社会的現実との格闘に行き詰まったとき、回帰すべきは詩情であり、取り戻さなければならないのは「歌」なのではないだろうかと書いた。萩原慎一郎は歌を手にして人生の、社会の理不尽と格闘しつづけた。その中で生み出した作品が静かな共感の輪をひろげた。その一方で作者は自ら命を絶たなければならなかった。そのことをどう捉えたらいいのか分からない。短歌と出会わなければ彼の人生はもっと悲惨だった、短歌によって救われた部分もある、そう言いたげな人もいるだろう。そのようにまとめてしまってよいのか。

少なくとも言えるのは、百年前のロシアの理論家たちが詩の本質としてとらえた、攪乱とか晦渋さといったノイズ的要素が、萩原慎一郎の作品には稀薄だということである。彼の言葉はほとんど抵抗なくつるつると私たちの身体の中に入ってきてしまう。ここにはシクロフスキーの言う自動化の罠が口を開けている。非正規の哀感やいじめ被害の怒りがこれほどたやすく受容され、共感が広がってしまうこの社会的現実にどう異化をもちこむかに、現代短歌や現代詩の真価が問われている。詩や短歌にとっては受難の時代であり、試練の時である。少なくとも今日の短歌ブームに、現在の閉塞状況を突破する契機があるかと問われれば、現時点ではノーと答えざるをえない。だがもし現代短歌によって自動化の罠が克服され、隘路が開かれるとき、多くの人の心をつかむ「理想」が広く共有され、心の底からの怒りにねざした変革のうねりがこの地上を満たすのではないだろうか。

＊43　クラインバウム『いまを生きる』六三—六四頁。

おわりに：戦時下に『君たちはどう生きるか』を読むということ

本講を執筆中の二〇二三年七月現在、この地球上の一部を戦火が覆っている。その影響は全世界におよび、日本でも物価高騰や資源不足が人々を悩ませている。ここで振りかえってみると、吉野源三郎の『君たちはどう生きるか』オリジナル版が刊行されたのは一九三七年、日中戦争の端が開かれたときだった。のちの太平洋戦争開戦時に、ちょうど徴兵年齢にかかったであろうコペル君はじめ彼の級友たちは無事、戦争を生き抜くことができたのか、親友の水谷君一家が住む山の手の大豪邸は空襲で焼けてしまったのか、まだ青年に近い年齢だった叔父さんは大丈夫だったのか、等々考え込んでしまう。

ところで物語の終盤で、これまで叔父さんがこつこつ書きためてきた「おじさんのＮｏｔｅ」をコペル君にすべて渡す。それを読んだコペル君が、叔父さんのノートをモデルにして、これからは自分のノートに所感を書きつけていくことを決意して物語が終わる（「叔父さんに話すようなつもりで、これを書くことにします」）。[*44] これまでコペル君は、壁にぶつかるたびに叔父さんのアシストを借りて乗り越えてきた。それは一種の依存関係である。そうした叔父さんの存在を自己内に取り込み、彼と話すつもりで思考するというのは、依存を脱して自律へと移行することの宣言にほかならない。依存を通して自律へと至るというパラドックスが、ここではいとも簡単に成し遂げられていることに、フィクションの限界を感じることもできよう。

うるわしき自律の物語として『君どう』を読むことができる点を論じたが、教育における自律という価値を疑ってみることも必要だ。ここで戦時下という文脈に戻れば、戦争は人間を一時的にではあれ法や道徳の外、無法・無道の荒野に置き去りにするものである。自らの生存が最優先され、手段をえらばないサバイバル行動が肯定されてしまう。戦時体制下で整備された国民学校制度とそこでの公定カリキュラムは、実は現在のアクティブ・ラーニングも顔負けの、主体的判断力、自律性を重視するもの

＊44　吉野『君たちはどう生きるか』二九六―二九七頁。

だったという（第1講参照）。戦場で、上司の判断をいちいち仰がなくても隘路を開く行動ができることが全国民に期待されたのである。コペル君が歩みはじめた自律への道にも、そうした大状況に呑み込まれてしまう危うさがあった。自律という教育目標は、それと価値のベクトルを異にする別の目標によって補われなければ、人間を大きくミスリードしてしまうことになりかねない。

参考文献

＊吉野源三郎『君たちはどう生きるか』岩波文庫、一九八二年（オリジナル版は新潮社、一九三七年）
＊萩原慎一郎『歌集 滑走路』角川文庫、二〇二〇年（オリジナル版はKADOKAWA、二〇一七年）
岩倉博『吉野源三郎の生涯――平和の意志 編集の力』花伝社、二〇二二年
亀山佳明「子どもの社会化と準拠者――社会的オジの不在について〈子どもの社会学〉」柴野昌山編『教育社会学を学ぶ人のために』世界思想社、一九八五年
クラインバウム、N・H．（白石朗訳）『いまを生きる』新潮文庫、一九八九年
桑野隆『言語学のアヴァンギャルド――ボードアン・ド・クルトネからロシア・フォルマリズムへ』水声社、二〇二一年
吉野源三郎「理想と現実――若い労働者のために」『七〇年問題のために闘っている諸君へ』現代の理論社、一九七〇年（吉野源三郎『人間を信じる』岩波現代文庫、二〇一一年に再録）
吉野源三郎原作／羽賀翔一画『漫画 君たちはどう生きるか』マガジンハウス、二〇一七年

あとがき

本書の原稿の取りまとめは、二〇二三年六月から九月の約三ヶ月間に集中的に行われた。この間、「災害級」などと騒がれる猛暑に日本のみならず、世界中が見舞われた。また福島第一原子力発電所のいわゆる処理水の海洋放出が始まり、十数年前に取り返しのつかない出来事が起きた現実を改めて突きつけられた。萎える気持ちを鼓舞しながら、辛うじて本書の脱稿にこぎつけることができた。暑さに悶えながらパソコンを叩きつつ、去来した思いがある。それは、「来年春にこの本を手に取って授業を受ける学生たちが五十代になる頃、いったい日本の夏はどうなっているのだろう、いや人類は、地球はまだ存続しているのだろうか?」という疑問だった。たった三十年先というスパンでも見通しの立てにくいそんな時代になってしまった。教育という営みは元来、未来に対する一定の展望の上に可能になるものである。その教育に関する入門書を、これほど視界不良の時代に世に送り出すとはなんと皮肉なことだろうか。

本書の一部は、既出の文章に手を加えたり、大幅に加筆してふくらませたものから成っている。初出は以下の通りである。

第2講:「学校はめくるめくワンダーランド!——歴史と経験への旅(第七回)『ブレックファスト・クラブ』の瞠目すべき先見性」『書斎の窓』有斐閣、六九〇号、六五—七〇頁、二〇二三年。

第3講:「学校はめくるめくワンダーランド!——歴史と経験への旅(第三回)『二十四の瞳』が問いかける根深きジェンダー秩序」『書斎の窓』有斐閣、六八六号、四八—五二頁、二〇二三年。「学校はめくるめくワンダーランド！――歴史と経験への旅〈第四回〉壺井栄と松永健哉―都鄙間でちがった〈男女混合組〉のニュアンス」『書斎の窓』有斐閣、六八七号、四八―五三頁、二〇二三年。

第6講：「学校はめくるめくワンダーランド！――歴史と経験への旅〈第一回〉「タイキョウ」の謎を解く」『書斎の窓』有斐閣、六八四号、四八―五二頁、二〇二二年。「学校はめくるめくワンダーランド！――歴史と経験への旅〈第二回〉〈疎開文芸〉が語る闇と日本の二重構造」『書斎の窓』有斐閣、六八五号、四九―五三頁、二〇二三年。

第8講：「学校はめくるめくワンダーランド！――歴史と経験への旅〈第六回〉「うさぎ」をめぐる冒険、あるいは一九三七年のシンクロニシティ」『書斎の窓』有斐閣、六八九号、七〇―七五頁、二〇二三年。

第9講：「学校はめくるめくワンダーランド！――歴史と経験への旅〈第八回〉ラブレー的世界観が見る者を釘づけにする『きみはいい子』」『書斎の窓』有斐閣、六九一号、七四―八〇頁、二〇二四年。

第10講：「学校はめくるめくワンダーランド！――歴史と経験への旅〈第五回〉社会科学的認識と詩的言語の結合：『君たちはどう生きるか』によせて」『書斎の窓』有斐閣、六八八号、六八―七三頁、二〇二三年。

また第7講については、拙著『テクストと映像がひらく教育学』の第11講「教科書無償闘争から展望する未来――タダでもらってもうれしくない教科書」を少し縮め、手を加えた上で再録した。他章で扱った作品と異なり、ここに登場する8ミリ映画『たたかいは炎のように』は一般の市場にまったく流通していない。しかしこの作品が忘れられ、歴史の中に消えていくのはあまりに惜しい。その社会的意義から、少し装いを変えて本書に再録することとした。

『テクストと映像がひらく教育学』の際に引き続き、昭和堂編集部の神戸真理子さんに企画段階から全面的にお世話になった。心より感謝申し上げる。また本書の土台となる連載をＰＲ誌上で自由に書く機会を与えていただいた有斐閣の松井智恵子さん、編集実務を担当して下さった堀美奈子さん、田中拓真さんに御礼申し上げたい。思えば、本書のもとになる原稿に着手した二〇二二年夏、どん底の精神状態のなかでこの企画が心のよすがとなった。それと、短歌の師匠である武富純一先生。以上の方々は人生の恩人ともいうべき存在である。最後に、心の支えとなってくれている遠くの、また身近にいる家族たちに感謝の気持ちを伝えて筆をおきたい。

二〇二三年十月十五日

倉石一郎

人名見出し語一覧

（メインで扱うテクストや作品の著者・作者・原作者・監督・脚本家・演者・主要登場人物は除く）

■著者紹介

倉石一郎（くらいし・いちろう）

1970年兵庫県生まれ。京都大学大学院人間・環境学研究科博士後期課程修了。博士（人間・環境学）。東京外国語大学を経て、京都大学大学院人間・環境学研究科教授。専門は教育学・教育社会学。単著として『教育福祉の社会学――〈包摂と排除〉を超えるメタ理論』（明石書店、2021年）、『テクストと映像がひらく教育学』（昭和堂、2019年）、『増補新版　包摂と排除の教育学――マイノリティ研究から教育福祉社会史へ』（生活書院、2018年）、『アメリカ教育福祉社会史序説――ビジティング・ティーチャーとその時代』（春風社、2014年）、『差別と日常の経験社会学――解読する〈私〉の研究誌』（生活書院、2007年）、共著に『みんなでつくるインクルーシブ教育』（アドバンテージサーバー、2023年）、『問いからはじめる教育史』（有斐閣、2020年）など、訳書にL.フロリアン編『インクルーシブ教育ハンドブック』（共監訳、北大路書房、2023年）、D.ラバリー『教育依存社会アメリカ――学校改革の大義と現実』（共訳、岩波書店、2018年）、ルーリー＋ヒル『黒人ハイスクールの歴史社会学――アフリカ系アメリカ人の闘い 1940–1980』（共訳、昭和堂、2016年）などがある。短歌結社「心の花」会員。

映像と旅する教育学――歴史・経験のトビラをひらく

2024年4月30日　初版第1刷発行

著　者　倉石一郎

発行者　杉田啓三

〒607-8494　京都市山科区日ノ岡堤谷町3-1
発行所　株式会社　昭和堂
TEL（075）502-7500／FAX（075）502-7501

印刷　亜細亜印刷

ISBN978-4-8122-2310-9